D0731843

Windows 10

Windows 10

Pablo Casla Villares

Patricia Corella Fernández

José Luis Raya

La ley prohíbe
fotocopiar este libro

Editado por:
RA-MA Editorial
Madrid, España

Colección American Book Group - Informática y Computación - Volumen 35.
ISBN No. 978-168-165-741-7
Biblioteca del Congreso de los Estados Unidos de América: Número de control 2019935075
www.americanbookgroup.com/publishing.php

Maquetación: Antonio García Tomé
Diseño de portada: Antonio García Tomé
Arte: Pikisuperstar / Freepik

Valora a quien te dedica su tiempo,
te está dando algo que nunca recuperará.

Dedicado a mi mujer Patricia.
Y a mis padres Pablo y Asunción.

ÍNDICE

CONVENCIONES USADAS

Cualquier palabra encerrada entre corchetes "[ ]" equivale a una tecla, siempre que no se esté describiendo la sintaxis de un mandato.

Los valores a sustituir en un mandato se indican entre ángulos "< >", pero dichos símbolos no deben teclearse.

En caso de un signo entre comillas, significa que las comillas no tienen valor ninguno.

Cuando a lo largo del libro se indica *\WINDOWS* como directorio donde se encuentra instalado Windows 10, puede significar cualquier directorio de cualquier disco duro donde se haya realizado la instalación (en nuestra opinión, es preferible indicarlo así que como *%systemroot%* que es menos intuitivo).

1

WINDOWS 10

1.1 INTRODUCCIÓN

Con Windows 10, Microsoft quiere empezar desde cero con esta nueva versión, tal como ya indicó en la presentación del nuevo sistema operativo. Ese es el principal motivo, por el cual se ha saltado de Windows 8 a Windows 10, intentar marcar un punto de inflexión.

La anterior versión, Windows 8, supuso un enorme cambio en el sistema operativo de los chicos de Redmond, quizás el más importante desde su nacimiento, ya que hubo cambios tanto a nivel de apariencia como a nivel de usabilidad del propio sistema.

Entre ellos, destacaban el nuevo interfaz (denominado Modern UI), la desaparición del botón de inicio, diferencias en el manejo de ventanas en modo nativo, etc.

Todos estos cambios no fueron del todo bien recibidos por los usuarios más experimentados en Windows, y fueron muchas las críticas y peticiones de mejora al nuevo sistema.

Microsoft intentó paliar en mayor medida los problemas y carencias indicados por los usuarios, lanzado una importante actualización, denominada Windows 8.1.

Dicha actualización devolvió a los usuarios elementos imprescindibles como eran el botón de inicio, mejor manejo de las ventanas a pantalla completa, etc.

En esta nueva versión, Microsoft ha vuelto a utilizar el interfaz que tanto ha gustado a los usuarios en sistemas opcrativos anteriores, como Windows 7, pero además ha seguido aumentando las posibilidades de interacción y usabilidad que nos ofrecía Windows 8.

En cierto modo, podría verse a Windows 10, como la lógica evolución de un sistema muy completo y pulido como Windows 7, añadiendo todo lo novedoso y accesible que ofrecía Windows 8.

1.2 QUÉ OFRECE EL NUEVO WINDOWS 10

Windows 10 ofrece un amplio abanico de novedades, tanto a nivel de apariencia como de usabilidad, interconexión, etc.

En este epígrafe se describen brevemente algunos de estos cambios.

▼ **Un único sistema para todos los dispositivos**.

Actualmente es habitual que un usuario disponga de varios dispositivos con los que trabaja a diario (equipo de sobremesa, portátil, tablet, Smartphone, etc.)

Microsoft pretende que todos los dispositivos ejecuten el mismo sistema operativo (cada uno con su propio estilo, pero compartiendo núcleo y kernel), además de que las aplicaciones universales descargadas desde la tienda, funcionen en todos los dispositivos.

▼ **Sincronización entre todos los dispositivos**.

Compartir la información del usuario entre sus dispositivos, como contactos, documentos, etc., muy fácil gracias al uso de la nube. Simplemente, será necesario acceder con el login del usuario en el dispositivo para comenzar a trabajar.

▼ **Vuelve el escritorio clásico por defecto**.

A diferencia de Windows 8, donde existían dos escritorios (el clásico de Windows y el Modern UI), en Windows 10 solo existe el escritorio clásico ya conocido en versiones anteriores. Las aplicaciones modernas se integran dentro de este escritorio, como una aplicación más de Windows.

▼ **Regresa el botón de inicio**.

Microsoft vuelve a darle protagonismo al botón de inicio, tras las peticiones de los usuarios. En esta versión, el botón de inicio sirve para acceder a todos los programas instalados, acceso de configuración, etc., pero también se han integrado las aplicaciones más utilizadas, de noticias, correo, tiempo, etc., tal como se disponía en Windows 8.

▼ **El precio**.

Actualizar a Windows 10 será gratuito el primer año, para todos aquellos usuarios que dispongan de Windows 7, Windows 8.1 y Windows Phone 8.1

▼ **Cortana y Edge**.

Dos grandes novedades en esta nueva versión de Windows.

Microsoft presenta el recambio a Internet Explorer, y presenta el nuevo navegador, Edge.

Por otra parte, el asistente por voz proveniente de Windows Phone, Cortana, da el salto a los portátiles y equipos de sobremesa para facilitar al usuario el trabajo diario.

▼ **Continuum**.

Windows 8 pretendía convertir el puntero del ratón, en un dedo que controla una pantalla táctil. Esta experiencia no fue del todo satisfactoria, y en muchos casos el manejo del sistema era bastante complejo.

Por ese motivo, Microsoft ha ideado Continuum.

Este curioso nombre indica que el sistema se adapta automáticamente al modo de interaccionar con él, es decir, si se usa el ratón, las barras laterales, típicas del uso táctil, se desactivaran. Si por el contrario, se dispone de alguna interfaz táctil, se activará automáticamente el control de gestos.

▼ **Incluye escritorios virtuales**.

Posibilidad de crear de forma nativa distintos escritorios virtuales. Con este sistema será posible crear, por ejemplo, un escritorio virtual con las aplicaciones de redes sociales, otro con juegos y otro con las aplicaciones de trabajo.

De esta forma se puede organizar de forma muy eficaz todo el trabajo, siendo el acceso a estos escritorios muy sencillo.

▶ **Vista de tareas**.

Windows también dispondrá de una vista de tareas, desde la que se podrá ver qué aplicaciones están funcionando en un determinado momento, pudiendo acceder a ellas directamente o, mediante el menú contextual, cerrarlas o enviarlas a otro escritorio virtual.

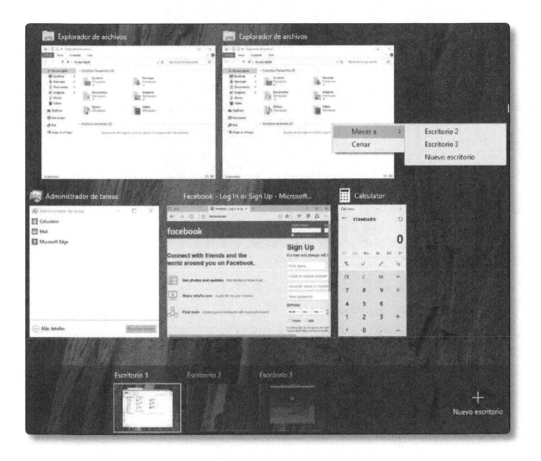

▶ **Centro de actividades. Action Center**.

Windows 10 dispondrá de una nueva barra lateral, disponible a la derecha del escritorio, que será el centro de las notificaciones del sistema.

Dicha barra será la encargada de mostrar, no solo todas las notificaciones importantes del sistema, si no, además, información a través de widgets con información útil para el usuario del equipo, sugerencias propuestas por el sistema, etc.

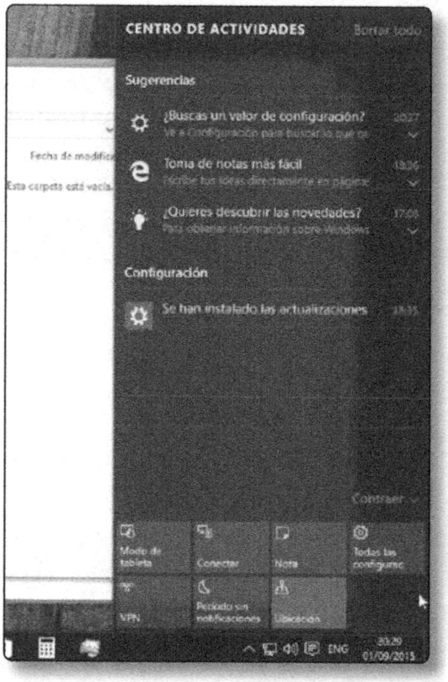

- **OneDrive**.

  La nube, en Windows 10, organizará de forma sencilla todas las fotografías y canciones del usuario de forma sencilla, estando disponibles desde cualquier equipo que acceda el usuario.

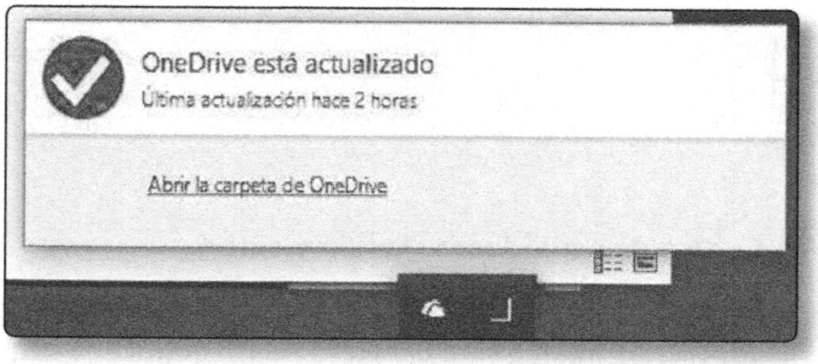

- **Muchas más novedades**.

  Microsoft no para de revolucionar su sistema, ampliando las posibilidades que ofrece al usuario. Entre las más novedosas se podrían destacar:

- **Diseño de aplicaciones holográficas para ejecutar con el interfaz HoloLens**.

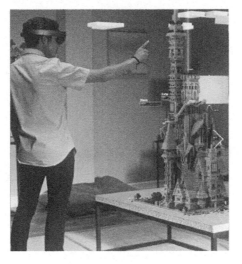

- **Xbox**. Los usuarios podrán jugar a juegos de Xbox One directamente en el PC.

Tal como se puede ver, Windows 10 viene cargado con una gran cantidad de interesantes novedades, las cuales no solo son un lavado de cara de versiones anteriores, si no que Microsoft ha querido poner un punto y aparte con versiones anteriores y sentar las bases de lo que según los chicos de Redmond, van a ser los sistemas operativos del futuro.

2

CONCEPTOS PREVIOS

2.1 REQUISITOS DE WINDOWS 10

Microsoft no ha querido variar mucho los requisitos mínimos para poder ejecutar Windows 10 respecto a su última versión, por lo que si en el equipo que se va a actualizar se ejecuta Windows 8 e, incluso, Windows 7, no se deberían tener demasiados problemas para poder ejecutar correctamente esta nueva versión.

Aun así, es necesario comprobar los requisitos mínimos indicados por Microsoft para verificar si las características del PC cumplen con los requisitos.

Si se desea actualizar el equipo o tableta a Windows 10, será necesario prestar atención a los siguientes requisitos:

▶ Para instalar Windows 10 en un PC, el primer requisito es disponer del sistema operativo actualizado correctamente:

▶ Se debe asegurar de disponer de la versión más reciente del sistema operativo, ya sea de Windows 7 SP1 o Windows 8.1 Update.

▶ Si no se dispone de dicha información, Microsoft ofrece la siguiente web, donde se indicará el sistema operativo actual del equipo:

http://windows.microsoft.com/es-es/windows/which-operating-system

▶ En caso de ser necesario actualizar el equipo, Microsoft también ofrece las siguientes páginas para poder actualizar correctamente el equipo antes de actualizar a Windows 10.

- Descargar Windows 7 SP1:

  http://windows.microsoft.com/es-es/windows7/install-windows-7-service-pack-1

- Descargar Windows 8.1 Update:

  http://windows.microsoft.com/es-es/windows-8/install-latest-update-windows-8-1

2.1.1 Requisitos del sistema para Windows 10

Si deseas ejecutar Windows 10 en el ordenador, los requisitos mínimos indicados por Microsoft son los siguientes:

▶ **Procesador**: procesador o SoC de 1 gigahercio (GHz) o superior.

▶ **RAM**: 1 gigabyte (GB) para 32 bits o 2 GB para 64 bits.

▶ **Espacio en el disco duro**: 16 GB para SO de 32 bits; 20 GB para SO de 64 bits.

▶ **Tarjeta gráfica**: DirectX 9 o posterior con controlador WDDM 1.0.

▶ **Pantalla**: 800×600.

Requisitos adicionales para usar algunas características, indicados por Microsoft:

▶ Para el uso táctil, se necesitará una tableta o un monitor que sea compatible con la función multitáctil.

▶ Para algunas características será necesaria una cuenta Microsoft.

▶ Para un arranque seguro se requiere firmware compatible con UEFI v2.3.1 Errata B y con la entidad de certificación de Microsoft Windows en la base de datos de firmas UEFI.

▶ Algunos administradores de TI podrán habilitar el inicio de sesión seguro (Ctrl + Alt + Supr) antes de que aparezca la pantalla de inicio de sesión. En las tabletas sin teclado, puede que sea necesaria una tableta con el botón Windows porque la combinación de teclas en una tableta es el botón Windows + botón de encendido.

▼ Es posible que algunos juegos y programas requieran tarjetas gráficas compatibles con DirectX 10 o superior para un rendimiento óptimo.

▼ BitLocker To Go requiere una unidad flash USB (solo para Windows 10 Pro).

▼ BitLocker requiere el Módulo de plataforma segura (TPM) 1.2, TPM 2.0 o una unidad flash USB (solo para Windows 10 Pro y Windows 10 Enterprise).

▼ Cliente Hyper-V requiere un sistema de 64 bits con servicios de traducción de direcciones de segundo nivel (SLAT) y 2 GB de RAM adicionales (solo para Windows 10 Pro y Windows 10 Enterprise).

▼ Miracast requiere un adaptador de pantalla que sea compatible con el Modelo de controladores de pantalla de Windows (WDDM) 1.3 y un adaptador Wi-Fi que admita Wi-Fi Direct.

▼ La impresión directa por Wi-Fi requiere un adaptador Wi-Fi que admita Wi-Fi Direct y un dispositivo compatible con la impresión directa por Wi-Fi.

▼ Para instalar un sistema operativo de 64 bits en un PC de 64 bits, el procesador tiene que ser compatible con CMPXCHG16b, PrefetchW y LAHF/SAHF.

▼ InstantGo solo funciona con equipos diseñados para el modo de espera conectado.

▼ El cifrado de dispositivo requiere un PC con InstantGo y TPM 2.0.

▼ Cortana solo está disponible actualmente en Windows 10 para Estados Unidos, Reino Unido, China, Francia, Italia, Alemania y España.

▼ El reconocimiento de voz variará según el micrófono del dispositivo. Para poder disfrutar de una experiencia de voz óptima, se necesitará:

   ● Micrófono de alta calidad.
   ● Controlador de hardware con la geometría de varios micrófonos expuesta.

▶ Windows Hello requiere una cámara de infrarrojos iluminada especial para el reconocimiento facial o la detección del iris, o bien un lector de huellas dactilares que sea compatible con Window Biometric Framework. Para utilizar Windows Hello con una cámara Intel® RealSense™ (F200) es necesario actualizar el software para que funcione con dispositivos Windows 8.1 después de la actualización a Windows 10.

▶ Continuum está disponible en todas las ediciones de escritorio de Windows 10 si se activa y desactiva manualmente el "modo tableta" en el Centro de actividades. Las tabletas y los equipos convertibles con indicadores GPIO o los que tengan un indicador de portátil o tableta táctil se podrán configurar para entrar automáticamente en el "modo tableta".

▶ Continuum para el teléfono está limitado a algunos teléfonos de gama alta en el momento del lanzamiento. El monitor externo debe admitir la entrada HDMI. Los accesorios compatibles con Continuum se venden por separado. La disponibilidad y la experiencia de las aplicaciones varían según el dispositivo y el mercado. Se requiere una suscripción a Office 365 para algunas características.

▶ El streaming de música y vídeo a través de las aplicaciones Música y Películas, y programas de TV no está disponible en todas las regiones. Para ver la lista más actualizada de regiones, se deberá acceder al sitio web de Xbox en Windows.

▶ La aplicación Xbox requiere una cuenta de Xbox Live, que no está disponible en todas las regiones. Para ver la lista más actualizada de regiones, se deberá acceder al sitio web de países y regiones de Xbox Live.

▶ La autenticación en dos fases requiere el uso de un PIN, equipo biométrico (lector de huellas dactilares o cámara por infrarrojos con iluminación), o un teléfono con capacidades Wi-Fi o Bluetooth.

▶ El número de aplicaciones que se pueden acoplar dependerá de la resolución mínima de la aplicación.

La funcionalidad del producto y los gráficos pueden variar en función de la configuración del sistema. Algunas funciones pueden requerir hardware avanzado o adicional.

Características obsoletas respecto a versiones anteriores:

▶ Si se dispone de Windows 7 Home Premium, Windows 7 Professional, Windows 7 Ultimate, Windows 8 Pro con Media Center o Windows 8.1 Pro con Media Center y se realiza la instalación de Windows 10, se eliminará Windows Media Center. Por un tiempo limitado (el "período de elegibilidad"), se instalará una aplicación de reproducción de DVD ("Reproductor de DVD de Windows") en los sistemas actualizados a Windows 10 desde una de estas versiones más antiguas de Windows (un "sistema calificado"). **Nota**: puede que el Reproductor de DVD de Windows no se instale de inmediato; se instalará después de la primera actualización exitosa con Windows Update. El Reproductor de DVD de Windows estará disponible para su compra en la Tienda Windows para los sistemas que sean sistemas calificados, pero donde el período de elegibilidad haya transcurrido; no sean sistemas calificados; o fueron sistemas calificados, pero posteriormente se instaló Windows en forma limpia (en este caso, Windows Update no puede detectar que previamente se trataba de un sistema calificado).

▶ La funcionalidad de MDM no estará disponible en la edición de Windows 10 Home cuando se lance Windows 10.

▶ Los gadgets de escritorio de Windows 7 se eliminarán como parte de la instalación de Windows 10.

▶ Los juegos Solitario, Buscaminas y Corazones que vienen preinstalados en Windows 7 se eliminarán como parte de la instalación de la actualización a Windows 10. Microsoft publicó versiones nuevas de Solitario y Buscaminas, llamadas "Colección de solitarios de Microsoft" y "Buscaminas de Microsoft".

▶ Si se tiene una unidad de disquete, se deberá descargar el controlador más reciente desde Windows Update o del sitio web del fabricante.

▶ Si se dispone de Windows Live Essentials instalado en el sistema, se eliminará la aplicación OneDrive y se reemplazará con la versión de bandeja de entrada de OneDrive.

▶ OneDrive no admite los archivos marcadores de posición en Windows 10. Windows 8.1 mostraba marcadores de posición para los archivos disponibles en OneDrive, pero no de forma local en el dispositivo. En Windows 10, los usuarios pueden elegir qué carpetas quieren sincronizar en la configuración de OneDrive.

▶ El acoplamiento se limita a 2 aplicaciones en el modo tableta.

Además de lo indicado anteriormente, es conveniente tener muy en cuenta las siguientes notas importantes antes de instalar Windows 10 en el equipo:

- Los usuarios de Windows 10 Home recibirán las actualizaciones de Windows Update automáticamente cuando estén disponibles. Los usuarios de Windows 10 Pro y Windows 10 Enterprise tendrán la posibilidad de aplazar las actualizaciones. La cantidad de tiempo que los usuarios de Windows 10 Pro pueden aplazar las actualizaciones es limitado.

- Es posible que los dispositivos con poco almacenamiento, como los discos duros de 32 GB o dispositivos más antiguos con discos duros completos, necesiten más espacio de almacenamiento para realizar la actualización. En las instrucciones que se indicarán durante la actualización se indicarán qué pasos se deben seguir. Quizá sea necesario introducir una unidad flash USB para realizar la actualización.

- Algunos dispositivos, como los que tienen poco espacio disponible o discos duros más pequeños, como los equipos con 32 GB de almacenamiento, podrían tener poco espacio libre disponible después de la actualización. Se puede liberar espacio en disco y eliminar fácilmente archivos (por ejemplo, los archivos temporales) o la versión anterior de Windows con la opción del sistema Almacenamiento. Los archivos de la versión anterior de Windows ofrecen la opción de eliminar Windows 10 y volver a la versión anterior de Windows. Estos archivos se eliminan automáticamente un mes después de la actualización.

- Se requiere una conexión a Internet para realizar la actualización. Windows 10 es un archivo grande (alrededor de 3 GB) y se pueden aplicar tarifas del proveedor de acceso a Internet (ISP).

- Para comprobar la compatibilidad del dispositivo y otra información importante sobre instalación, se recomienda visitar el sitio web del fabricante del dispositivo.

- La posibilidad de actualización de un dispositivo depende de otros factores más allá de las especificaciones del sistema como, por ejemplo, la compatibilidad de los controladores, el firmware, las aplicaciones y las características, con independencia de que el dispositivo cumpla o no las especificaciones mínimas del sistema para Windows 10.

▼ La compatibilidad puede variar en función del dispositivo. Se puede encontrar más información en la página de ciclo de vida de Windows.

▼ Si el equipo o tableta ejecuta actualmente Windows 7 SP1 o Windows 8.1 Update, se puede comprobar si satisface los requisitos mediante **Check my PC (Comprobar mi equipo)** en la aplicación **Obtener Windows 10**. Para abrir esta aplicación, se deberá pulsar en el icono pequeño de Windows que aparece en el extremo derecho de la barra de tareas.

▼ Muchas aplicaciones, archivos y configuraciones se migrarán como parte de la actualización. Sin embargo, puede que algunas aplicaciones o configuraciones no se migren.

▼ En el caso de las aplicaciones antimalware, Windows comprobará durante la actualización si la suscripción al programa antimalware está actualizada (no ha caducado) y si es compatible.

▼ Si la aplicación antimalware es compatible y está actualizada, se conservará durante la actualización a Windows 10.

▼ Si la aplicación antimalware es incompatible, Windows la desinstalará pero conservará la configuración. Una vez completada la actualización, si el proveedor de la aplicación antimalware ha informado a Microsoft de que ha creado una versión compatible disponible para tu suscripción activa, Windows indicará que se instale la última versión disponible con la configuración que estaba establecida antes de la actualización.

▼ Si la suscripción a la aplicación antimalware no está actualizada (ha caducado), Windows desinstalará la aplicación y activará Windows Defender.

▼ Puede que antes de la actualización se quiten algunas aplicaciones del fabricante del equipo original (OEM).

▼ En el caso de algunas aplicaciones de terceros, la aplicación **Obtener Windows 10** analizará si son compatibles. Si hay algún problema conocido que impida la actualización, se notificará la lista de aplicaciones que tienen problemas conocidos. Si se elige aceptar, se quitarán las aplicaciones del sistema antes de realizar la actualización. Se debe asegurar tener una copia de la lista antes de aceptar la eliminación de las aplicaciones.

▼ La configuración de seguridad de los usuarios menores de edad de **Protección infantil** de Microsoft con cuentas locales (cuentas asociadas al equipo) no se migrará a Windows 10 durante la actualización. Esto significa que una vez que se complete la actualización a Windows 10, los progenitores tendrán que establecer la configuración de seguridad del menor junto con una cuenta Microsoft si no tiene una.

2.2 ACTUALIZACIÓN SEGÚN VERSIONES

En las siguientes tablas se puede observar qué versión de Windows 10 se va a obtener de forma gratuita, dependiendo de sistema operativo actual instalado.

▼ Actualización desde Windows 7:

Windows 7	
De la edición	A la edición
Windows 7 Starter	
Windows 7 Home Basic	Windows 10 Home
Windows 7 Home Premium	
Windows 7 Professional	
Windows 7 Ultimate	Windows 10 Pro

▼ Actualización desde Windows 8 y Windows Phone 8.1:

Windows 8	
De la edición	A la edición
Windows Phone 8.1	Windows 10 Mobile
Windows 8.1	Windows 10 Home
Windows 8.1 Pro	
Windows 8.1 Pro para Estudiantes	Windows 10 Pro

Las ediciones "N" y "KN" siguen la ruta de actualización de la edición principal (por ejemplo, Windows 7 Professional N se actualiza a Windows 10 Pro N).

Se excluyen algunas ediciones: Windows 7 Enterprise, Windows 8/8.1 Enterprise y Windows RT/RT 8.1. Los clientes activos de Software Assurance con licencias por volumen tendrán el beneficio de actualizar a las ofertas de Windows 10 para empresas, externas a esta oferta.

2.3 LA FAMILIA DE WINDOWS 10

En la siguiente tabla se puede comprobar las características de las versiones disponibles de Windows 10:

Características	HOME	PRO
Menú Inicio personalizable	√	√
Windows Defender y Firewall de Windows	√	√
Arranque rápido con Hiberboot e InstantGo	√	√
Compatibilidad con TPM	√	√
Ahorro de batería	√	√
Windows Update	√	√
Cortana		
Habla o escribe con naturalidad	√	√
Sugerencias personales y proactivas	√	√
Avisos	√	√
Buscar en la Web, en el dispositivo y en la nube	√	√
Activación de manos libres de "Hola Cortana"	√	√
Windows Hello		
Reconocimiento nativo de huellas dactilares	√	√
Reconocimiento nativo facial y del iris	√	√
Seguridad de nivel empresarial	√	√
Multitarea		
Escritorios virtuales	√	√
Asistencia con el acoplamiento	√	√
Acoplamiento en diferentes monitores	√	√
Almacenamiento en la nube		
15 GB gratuito en la nube de OneDrive	√	√
Microsoft Edge		
Vista de lectura	√	√
Compatibilidad con la entrada manuscrita	√	√
Integración de Cortana	√	√
Aplicaciones		
Mapas	√	√
Fotos	√	√
Correo y calendario	√	√

Música	√	√
Películas y programas de TV	√	√
Tienda Windows	√	√
Juegos		
Aplicación Xbox	√	√
Compatibilidad con el mando de Xbox (por cable)	√	√
Compatibilidad con gráficos DirectX 12	√	√
Streaming de juegos (de Xbox One a PC)	√	√
Game DVR	√	√

Experiencias empresariales de Windows 10

Características básicas	HOME	PRO
Cifrado de dispositivos	√	√
Unión a un dominio		√
Group Policy Management		√
BitLocker		√
IE de modo empresarial (EMIE)		√
Assigned Access 8.1		√
Escritorio remoto		√
Cliente Hyper-V		√
Direct Access		√
Admin. e implementación		
Prueba de aplicaciones de línea de negocio	√	√
Administración de dispositivos móviles	√	√
Capacidad de unirse a Azure AD		√
Tienda para la empresa de Windows 10		√
Seguridad		
Microsoft Passport	√	√
Enterprise Data Protection		
Distribución de Windows		
Windows Update	√	√
Windows Update para la empresa		√
Rama actual para empresas		√

Las ediciones "N" y "KN" de Windows 10 Home y Windows 10 Pro también están disponibles e incluyen la misma funcionalidad que las ediciones estándar, con la salvedad de que no incluyen algunas tecnologías relacionadas con el contenido multimedia (Reproductor de Windows Media, Cámara, Música, Películas y programas de TV) y no incluyen la aplicación Skype.

2.4 MANEJO TÁCTIL

Para aquellos usuarios que nunca han utilizado una pantalla táctil para trabajar con Windows y dispongan de uno de estos dispositivos, es posible que al principio se sientan un poco perdidos y no sepan cómo realizar ciertas acciones que con el uso del teclado y el ratón eran cotidianas.

Para facilitar un poco a los usuarios, tanto aquellos que tienen experiencia en el control táctil del sistema como aquellos que no, Microsoft incluye el modo tableta en Windows 10, además de ofrecer en su página web, un resumen con gestos a realizar y su función.

El modo tableta hace que Windows sea más sencillo e intuitivo de usar con función táctil en dispositivos como convertibles o cuando no quieres usar un teclado y un mouse.

Para activar el modo tableta, selecciona **Centro de Actividades** en la barra de tareas y, luego, selecciona **Modo tableta**.

En el modo tableta, **Inicio** y las aplicaciones (incluidos los programas más antiguos) se abren en pantalla completa.

Para usar dos aplicaciones en paralelo, se deberá arrastrar una aplicación a un lado. Se verá dónde se acopla la aplicación, junto con todas las aplicaciones abiertas que pueden acoplarse a su lado. Se usará el botón **Atrás**, (representado por una fecha apuntando a la izquierda) en la barra de tareas, para retroceder en una aplicación o a la aplicación anterior que estabas usando.

Cuando se finalice de trabajar con una aplicación, se arrastrará a la parte inferior de la pantalla para cerrarla.

Resumen con gestos a realizar y su función:

Nombre	Procedimiento	Función
Pulsar	Pulsa una vez en el elemento.	Abre, selecciona o activa el elemento pulsado. Similar a hacer clic con el mouse.
Presionar y mantener presionado	Presiona el dedo hacia abajo y mantenlo en esa posición un segundo.	Muestra información acerca de un elemento o abre un menú específico de la acción que estás realizando. Por ejemplo, mantén presionado un icono en la pantalla Inicio para cambiar su posición, cambiar su tamaño o anclarlo. Solo funciona con algunos elementos. Similar a hacer clic con el botón secundario del mouse.
Pellizcar o estirar para acercar	Toca la pantalla o un elemento con dos o más dedos, luego acércalos entre sí (pellizco) o aléjalos entre sí (estiramiento).	Acercar o alejar visualmente, como con imágenes o mapas. La pantalla Inicio le ofrece un buen lugar para explorarla.
Deslizar para desplazar	Arrastra los dedos por la pantalla.	Se mueve por el contenido de la pantalla. Similar a desplazarse con el mouse.

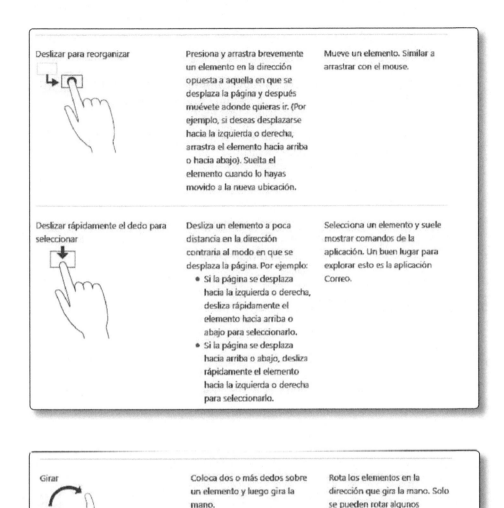

Deslizar para reorganizar

Presiona y arrastra brevemente un elemento en la dirección opuesta a aquella en que se desplaza la página y después muévete adonde quieras ir. (Por ejemplo, si deseas desplazarse hacia la izquierda o derecha, arrastra el elemento hacia arriba o hacia abajo). Suelta el elemento cuando lo hayas movido a la nueva ubicación.

Mueve un elemento. Similar a arrastrar con el mouse.

Deslizar rápidamente el dedo para seleccionar

Desliza un elemento a poca distancia en la dirección contraria al modo en que se desplaza la página. Por ejemplo:
- Si la página se desplaza hacia la izquierda o derecha, desliza rápidamente el elemento hacia arriba o abajo para seleccionarlo.
- Si la página se desplaza hacia arriba o abajo, desliza rápidamente el elemento hacia la izquierda o derecha para seleccionarlo.

Selecciona un elemento y suele mostrar comandos de la aplicación. Un buen lugar para explorar esto es la aplicación Correo.

Girar

Coloca dos o más dedos sobre un elemento y luego gira la mano.

Rota los elementos en la dirección que gira la mano. Solo se pueden rotar algunos elementos.

Resumen de movimientos:

▼ **Seleccionar un elemento**. Pulsar en el panel táctil.

▼ **Desplazar**. Colocar dos dedos en el panel táctil y deslizarlos horizontal o verticalmente.

▼ **Acercar o alejar**. Colocar dos dedos en el panel táctil y acercarlos o separarlos.

▼ **Mostrar más comandos** (como el botón secundario). Pulsar el panel táctil con dos dedos o pulsar la esquina inferior izquierda.

▼ **Ver todas las ventanas abiertas**. Colocar tres dedos en el panel táctil y deslizarlos alejándolos del usuario.

▼ **Mostrar el escritorio**. Colocar tres dedos en el panel táctil y deslizarlos hacia el usuario.

▼ **Cambiar de una ventana abierta a otra**. Colocar tres dedos en el panel táctil y deslizarlos a derecha o izquierda.

2.5 USAR UN LÁPIZ (SURFACE PEN)

Además de utilizar el ratón y los dedos para poder trabajar con Windows, es posible usar un lápiz de tableta.

El uso de un lápiz de tableta con Windows es cómodo, natural y lo más parecido a escribir en papel.

Para utilizarlo, simplemente se apoya la mano en la pantalla y se usa la punta del lápiz para escribir.

Se usará el lápiz como un ratón con el botón de selección [1] o pulsando el botón de borrado [2] para quitar las marcas.

Si se necesita cambiar de mano, ir a **Inicio** - **Configuración** - **Dispositivos** y luego seleccionar **Lápiz**.

2.6 CONCEPTOS BÁSICOS SOBRE TCP/IP

El nombre **TCP/IP** proviene de dos de los protocolos más importantes de la familia de protocolos *Internet*, el **Transmission Control Protocol (TCP)** y el **Internet Protocol (IP)**.

La principal virtud de TCP/IP estriba en que está diseñado para enlazar ordenadores de diferentes tipos, incluyendo PC, minis y *mainframes*, que ejecutan sistemas operativos distintos, sobre redes de área local y redes de área extensa y, por tanto, permite la conexión de equipos distantes geográficamente.

Otro gran factor que ha permitido su expansión es la utilización de TCP/IP como estándar de Internet.

El mayor problema de TCP/IP estriba en la dificultad de su configuración, por lo que no es recomendable su uso para utilizarlo en una red pequeña.

TCP/IP fue desarrollado en 1972 por el Departamento de Defensa de los Estados Unidos, ejecutándose en *ARPANET* (una red de área extensa del Departamento de Defensa). Posteriormente, una red dedicada exclusivamente a aspectos militares denominada *MILNET* se separó de *ARPANET*. Fue el germen de lo que después constituiría Internet.

La arquitectura TCP/IP transfiere datos mediante el ensamblaje de datos en paquetes. Cada paquete comienza con una cabecera que contiene información de control seguida de los datos.

El **Internet Protocol (IP)**, un protocolo del nivel de red de *OSI*, permite a las aplicaciones ejecutarse de forma transparente sobre las redes interconectadas. De esta forma, las aplicaciones no necesitan conocer qué *hardware* está siendo utilizado en la red y, por tanto, la misma aplicación puede ejecutarse en cualquier arquitectura de red.

El **Transmission Control Protocol (TCP)**, un protocolo del nivel de transporte de *OSI*, asegura que los datos sean entregados, que lo que se recibe corresponde con lo que se envió y que los paquetes sean re ensamblados en el orden en que fueron enviados.

UNIX se empezó a comercializar como el principal sistema operativo que utilizaba TCP/IP y llegaron a ser sinónimos.

2.6.1 Cómo denominar a un ordenador en TCP/IP

Es importante que se establezca la identificación de la estación de trabajo de una forma que evite su duplicidad dentro de todos los ordenadores que puedan conectarse. Para ello, en TCP/IP, se utiliza el nombre del equipo y el nombre del dominio de la red.

Para identificar al equipo es necesario nombrarlo evitando que pueda haber dos con el mismo nombre y produzca confusiones al servidor de la red.

Para identificar a la red se utiliza el concepto de dominio. La estructura del dominio se asemeja a un árbol invertido (es decir, el tronco se encuentra en la parte superior y las ramas en la parte inferior) y cada hoja corresponde a un dominio.

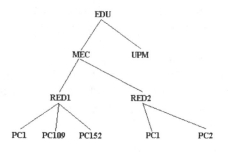

La identificación de un dominio está formada por varios apartados separados por un punto (por ejemplo, *RED1.MEC.EDU*). Cada uno de ellos recibe el nombre de subdominio. El subdominio situado más a la derecha es el de carácter más general y recibe el nombre de dominio de nivel alto.

El **nombre de un dominio completamente calificado** (**FQDN, Full Qualified Domain Name**) ha de empezar por el nombre de la estación de trabajo (*HOST*), un punto y el nombre de la red (*DOMINIO*). Por ejemplo, si se denomina al equipo como *PC109* y a la red principal como *RED1*, la identificación completa de la estación de trabajo sería *PC109.RED1*.

Si, a su vez, esta red formara parte de otra red superior, se volvería a poner otro punto y el nombre de dicha red (por ejemplo, *PC109.RED1.MEC*). En este caso, después del *HOST* vendría el *SUBDOMINIO* (es posible tener varios niveles de subdominios) y, para finalizar, el *DOMINIO*.

También es interesante identificar a la institución de la que forma parte la red, así como la organización o el país a la que pertenece. Para ello, se le habrán de añadir estos dos nuevos conceptos separados, también, por puntos.

DOMINIO DE ALTO NIVEL DE ORGANIZACIÓN	
DOMINIO	**SIGNIFICADO**
com	Organización comercial
edu	Institución educativa
gov	Institución gubernamental
int	Organización internacional
mil	Organización militar
net	Organización de red
org	Organización sin ánimo de lucro
es	Organización española

Si se toma como ejemplo la identificación *RODRIGUEZJL@PC109. RED1. MEC.EDU* se ve que el usuario (*RODRIGUEZJL*) se separa con una arroba del dominio, que está formado por el nombre de la estación (*PC109*), de la red (*RED1*), de la institución (*MEC*) y de la organización (*EDU*).

Existe una institución que se encarga del registro de todas las direcciones IP y sus correspondientes dominios que se denomina **INTERNIC** y que ha delegado para España sus funciones en **REDIRIS**.

Es necesario hacer constar que la definición de dominio dada en este apartado no tiene nada que ver con los dominios definidos por Microsoft para sus sistemas operativos de servidor.

2.6.2 Direccionamiento IPv4

Las direcciones IP consiguen que el envío de datos entre ordenadores se realice de forma eficaz, de forma parecida a como se utilizan los números de teléfono en las llamadas telefónicas.

Las direcciones IP de la versión IPv4 tienen 32 bits, formados por cuatro campos de 8 bits (octeto) cada uno, separados por puntos.

Por tanto, las direcciones IP están en representación binaria (por ejemplo, 01111111.00000000.00000000.00000001). Cada uno de los campos de 8 bits puede tener un valor que esté comprendido entre 00000000 (cero en decimal) y 11111111 (255 en decimal).

Normalmente y debido a la dificultad del sistema binario, la dirección IP se representa en decimal. Por ejemplo, la dirección IP indicada anteriormente 01111111 .00000000.00000000.00000001 (en representación binaria) tiene su correspondencia con 127.0.0.1 (en representación decimal).

La forma de pasar de un sistema binario a un sistema decimal se hace por potencias de dos en función de la posición de cada uno dentro del octeto, correspondiendo cero a la primera posición a la derecha y siete a la primera posición de la izquierda (por ejemplo, 00000001 corresponde a 1 ya que $2^0=1$, 00000010 corresponde a 2 ya que $2^1=2$ y 00001000 corresponde a 8 ya que $2^3=8$).

Si hay varios unos en el octeto, se deberán sumar los resultados de las potencias de dos correspondientes a su posición (por ejemplo, 00001001 corresponde a 9 ya que $2^3+2^0=8+1=9$ y 01001001 corresponde a 73 ya que $2^6+2^3+2^0=64+8+1=73$).

Los cuatro octetos de la dirección IP componen una dirección de red y una dirección de equipo que están en función de la clase de red correspondiente.

Existen cinco clases de redes: *A, B, C, D* o *E* (esta diferenciación viene dada en función del número de ordenadores que va a tener la red).

▶ La clase *A* contiene 7 bits para direcciones de red (el primer bit del octeto siempre es un cero) y los 24 bits restantes representan a direcciones de equipo. De esta manera, permite tener un máximo de 128 redes (aunque en realidad tienen 126, ya que están reservadas las redes cuya dirección de red empieza por cero y por 127), cada una de las cuales puede tener 16.777.216 ordenadores (aunque en realidad tienen 16.777.214 ordenadores cada una, ya que se reservan aquellas direcciones de equipo, en binario, cuyos valores sean todos ceros o todos unos). Las direcciones, en representación decimal, estarán comprendidas entre 0.0.0.0. y 127.255.255.255 y la máscara de subred será de 255.0.0.0.

▶ La clase *B* contiene 14 bits para direcciones de red (ya que el valor de los dos primeros bits del primer octeto ha de ser siempre 10) y 16 bits para direcciones de equipo, lo que permite tener un máximo de 16.384 redes, cada una de las cuales puede tener 65.536 ordenadores (aunque en realidad tienen 65.534 ordenadores cada una, ya que se reservan aquellas direcciones de equipo, en binario, cuyos valores sean todos ceros o todos unos). Las direcciones, en representación decimal, estarán comprendidas entre 128.0.0.0 y 191.255.255.255 y su máscara de subred será de 255.255.0.0.

- La clase *C* contiene 21 bits para direcciones de red (ya que el valor de los tres primeros bits del primer octeto ha de ser siempre 110) y 8 bits para direcciones de equipo, lo que permite tener un máximo de 2.097.152 redes, cada una de las cuales puede tener 256 ordenadores (aunque en realidad tienen 254 ordenadores cada una, ya que se reservan aquellas direcciones de equipo, en binario, cuyos valores sean todos ceros o todos unos). Las direcciones, en representación decimal, estarán comprendidas entre 192.0.0.0 y 223.255.255.255 y su máscara de subred será de 255.255.255.0.

- La clase *D* se reserva todas las direcciones para multidestino (*multicasting*), es decir, un ordenador transmite un mensaje a un grupo específico de ordenadores de esta clase. El valor de los cuatro primeros bits del primer octeto ha de ser siempre 1110 y los últimos 28 bits representan los grupos multidestino. Las direcciones, en representación decimal, estarán comprendidas entre 224.0.0.0 y 239.255.255.255.

- La clase *E* se utiliza con fines experimentales únicamente y no está disponible para el público. El valor de los cuatro primeros bits del primer octeto ha de ser siempre 1111 y las direcciones, en representación decimal, estarán comprendidas entre 240.0.0.0 y 255.255.255.255.

La dirección de equipo indica el número que corresponde al ordenador dentro de la red (por ejemplo, al primer ordenador de una dirección de red de clase *C* 192.11.91 se le otorgará la dirección IP 192.11.91.1, al segundo 192.11.91.2, al cuarto 192.11.91.4 y así sucesivamente).

2.6.3 Direccionamiento IPv6

El tamaño de la dirección IPv6 aumenta de 32 a 128 bits para poder soportar un número mayor de nodos direccionables, más niveles de direcciones jerárquicas y una autoconfiguración más sencilla de las direcciones (Windows 10, Windows 8,Windows 7, Vista y Windows Server 2008 pueden ser configurados con direccionamiento IPv6 e IPv4).

Hay tres formas de representar dichas direcciones:

- La primera forma, que es la más aceptada, consiste en representarla de la manera *x:x:x:x:x:x:x:x*, donde las *x* representan los valores hexadecimales de los ocho bloques de 16 bits cada uno.

Ejemplos:

FADB:CA58:96A4:B215:FABC:BA61:7994:1782

A090:1:0:8:A800:290C:1:817B

Como puede observarse, no es necesario escribir todos los ceros que hay por delante de un valor hexadecimal en un campo individual, pero se ha de tener por lo menos una cifra en cada campo.

▼ La segunda forma consiste en suprimir los ceros que se encuentran en medio de las direcciones. La expresión de dos ":" indicaría uno o varios grupos de 16 bits iguales a 0. Por ejemplo, la dirección siguiente:

A123:FF01:0:0:0:0:0:92

se representaría de la manera siguiente:

A123:FF01::92

los "::" sólo pueden aparecer una vez en la dirección.

▼ Otra forma, más cómoda cuando haya un entorno mixto de nodos con direcciones IPv6 e IPv4, es representarla de la manera *x:x:x:x:x:x:d.d.d.d*, donde las *x* son valores hexadecimales (6 grupos de 16 bits en la representación futura) y las *d* son valores decimales (4 grupos de 8 bits en la representación estándar actual).

Ejemplos:

0:0:0:0:0:A234:23.1.67.4

0:0:0:0:0:1:129.154.52.1

o con el formato comprimido

::A234:23.1.67.4

::1:129.154.52.31

El **prefijo** es la parte de la dirección que indica los bits que tienen valores fijos o que son los bits del identificador de red. Los prefijos de los sitios y los identificadores de subred en IPv6 se expresan de la misma forma que la notación *Enrutamiento entre dominios sin clase* (*CIDR*) de IPv4. Un prefijo IPv6 se escribe con la notación *dirección/longitudDePrefijo*.

El **prefijo de sitio** de una dirección IPv6 ocupa como máximo los 48 bits de la parte más a la izquierda de la dirección IPv6. Por ejemplo, el prefijo de sitio de la dirección IPv6 2001:db8:3c4d:0015:0000:0000:1a2f:1a2b/48 se ubica en los 48 bits que hay más a la izquierda (2001:db8:3c4d, ya que cada bloque son 16 bits). Se puede utilizar la representación siguiente (con ceros comprimidos) para representar este prefijo: 2001:db8:3c4d::/48.

También se puede especificar un **prefijo de subred**, que define la topología interna de la red respecto a un encaminador. La dirección IPv6 de ejemplo tiene el siguiente prefijo de subred: 2001:db8:3c4d:15::/64. El prefijo de subred siempre contiene 64 bits. Estos bits incluyen 48 del prefijo de sitio, además de 16 bits para el ID de subred.

2.6.4 Direccionamiento estático o dinámico

TCP/IP es un protocolo que proporciona acceso a Internet y, por ello, necesita una dirección IP en cada ordenador (se ha de indicar en las propiedades del protocolo TCP/IP). Para proporcionar esa dirección se pueden seguir los siguientes métodos de configuración:

▼ **Configuración manual o estática**. Se utilizará este método de configuración cuando se disponga de una red con múltiples segmentos y no se cuente con un servidor DHCP. Será necesario indicar una dirección IP, una máscara de subred (IPv4) o longitud de prefijo de red (IPv6), la puerta de enlace predeterminada y el servidor DNS, el servidor *WINS* o ambos en cada uno de los equipos (incluido el servidor).

▼ **Configuración automática o dinámica**. Con este método se asignará automáticamente una dirección IP al equipo. Hay dos formas posibles:

   • **Configuración automática**. Se utilizará este tipo de configuración cuando se disponga de una red pequeña con un servidor sin necesidad de conexión a Internet y no se cuente con un servidor DHCP. Se deberá indicar que se desea obtener una dirección IP automáticamente y, al no encontrar un servidor DHCP, Windows asignará la dirección IP utilizando:

     – **APIPA (Automatic Private IP Addressing)**. Esta asignación se realizará en IPv4 dentro del rango de direcciones 169.254.0.1-169.254.255.254 y con la máscara de subred 255.255.0.0 (no es necesario indicar la puerta de enlace predeterminada, el servidor DNS o el servidor *WINS*).

     – **Dirección local del enlace**. Es una dirección de uso local identificada por el prefijo 1111 1110 10 (FE80::/10), cuyo ámbito es el del enlace local. Los nodos utilizan estas direcciones para comunicarse con nodos vecinos en el mismo enlace. Es el equivalente a APIPA en IPv6.

▼ **Configuración dinámica**. Este tipo de configuración se utilizará en una red que disponga de un servidor DHCP. Se deberá indicar que se desea obtener una asignación automática de dirección IP y, al encontrar el servidor *CDP*, éste asignará una dirección IP, una máscara de subred, la puerta de enlace predeterminada y el servidor DNS, el servidor *WINS* o ambos a cada uno de los equipos cuando se conecten.

2.6.5 Autoconfiguración en IPv6

La autoconfiguración es el conjunto de pasos por los cuales un equipo decide cómo autoconfigurar sus interfaces de red en IPv6.

Este proceso incluye la creación de una dirección de enlace local, la verificación de que no está duplicada en dicho enlace y la determinación de la información que ha de ser autoconfigurada (direcciones IP y otra información).

Las direcciones IP pueden obtenerse de forma totalmente manual, mediante DHCPv6 (**statefull**, **modo con estado** o configuración predeterminada), o de forma automática (**stateless**, **modo sin estado**, descubrimiento automático o sin intervención).

Este protocolo define la manera de generar una dirección de enlace local, direcciones globales y locales de sitio, mediante el modo sin estado. También define el mecanismo para detectar direcciones duplicadas.

El **modo sin estado** no requiere ninguna configuración manual del equipo, configuración mínima (o ninguna) de routers y no precisa servidores adicionales. Permite a un equipo generar su propia dirección IP mediante una combinación de información disponible localmente e información anunciada por los routers. Los routers anuncian los prefijos que identifican la subred (o subredes) asociadas con el enlace, mientras el equipo genera un **identificador de interfaz**, que identifica de forma única la interfaz en la subred. La dirección IP se compone combinando ambos campos. En ausencia de un router, el equipo sólo puede generar la dirección de enlace local, aunque esto es suficiente para permitir la comunicación entre nodos conectados al mismo enlace.

En el **modo con estado**, el equipo obtiene la dirección de la interfaz y/o la información y parámetros de configuración desde un servidor. Los servidores mantienen una base de datos con las direcciones IP que han sido asignadas a cada host.

Ambos tipos de autoconfiguración se complementan. Un equipo puede usar autoconfiguración sin intervención (**stateless**), para generar su propia dirección, y obtener el resto de parámetros mediante autoconfiguración predeterminada (**stateful**).

El mecanismo de autoconfiguración sin intervención se emplea cuando no importa la dirección exacta que se asigna a un equipo, sino tan sólo asegurarse que es única y correctamente enrutable.

El mecanismo de autoconfiguración predeterminada, por el contrario, asegura que cada equipo tiene una determinada dirección, asignada manualmente.

Cada dirección IP es cedida a una interfaz de red durante un tiempo predefinido (tienen asociado un tiempo de vida, que indican durante cuánto tiempo está vinculada dicha dirección a una determinada interfaz de red. Cuando el tiempo de vida expira, la vinculación se invalida y dicha dirección puede ser reasignada a otra interfaz en cualquier punto de la red).

Para gestionar la expiración de los vínculos, una dirección IP pasa a través de dos fases diferentes mientras está asignada a una interfaz de red. Inicialmente, una dirección es *preferred* (preferida), que significa que su uso es arbitrario y no está restringido. Posteriormente, la dirección pasa a ser *deprecated* (desaprobada), anticipándose a que el vínculo con su interfaz actual vaya a ser anulado.

Mientras se encuentra en estado *desaprobado*, su uso está desaconsejado aunque no prohibido. Cualquier nueva comunicación (por ejemplo, una nueva conexión TCP) deberá usar una dirección *preferida*, siempre que sea posible.

Una dirección *desaprobada* debería utilizarse tan sólo por aquellas aplicaciones que ya la venían utilizando y a las que les es muy difícil cambiar a otra dirección sin interrupción del servicio.

Para asegurarse de que todas las direcciones configuradas son únicas, en un determinado enlace, los nodos ejecutan un algoritmo de detección de direcciones duplicadas, antes de asignarlas a una interfaz. Este algoritmo es ejecutado para todas las direcciones, independientemente de que hayan sido obtenidas mediante **el modo con estado** o **sin estado**.

2.6.6 Resolución de nombres

La resolución de nombres es un proceso que permite a los usuarios conectarse a la red utilizando el nombre de los equipos en lugar de su dirección IP (de esta manera, no es necesario tener que usar la dirección IP que es más difícil de recordar). Windows 10 proporciona dos métodos de resolución de nombres que pueden coexistir conjuntamente:

▼ **DNS**. Es un método que utiliza servidores distribuidos a lo largo de la red para resolver el nombre de un ordenador en su dirección IP. Se necesita DNS para correo electrónico de Internet, navegación por páginas *Web*, trabajar con el Directorio Activo y para los clientes que ejecutan Windows 2000, Windows XP, Vista o 7. Este método de resolución de nombres se instala automáticamente cuando se crea un controlador de dominio o se promociona un servidor a controlador de dominio, a no ser que se detecte que ya existe un servidor DNS.

▼ **WINS**. Si va a disponer de clientes que ejecuten Windows NT u otros sistemas operativos de Windows distintos de Windows 2000, Windows XP, Vista o 7, será necesario utilizar este método de resolución de nombres. Únicamente se puede utilizar con IPv4.

3

LA INSTALACIÓN DE WINDOWS 10

Microsoft ha sorprendido a todo el mundo al distribuir de forma gratuita la actualización de Windows 10 a todos los usuarios que dispongan de Windows 7 o Windows 8.1, instalado legalmente en su equipo, durante el primer año de vida del sistema operativo.

Por ese motivo, el procedimiento más común para instalar Windows 10, será mediante la actualización ofrecida por Microsoft, aunque por supuesto también se verá que hay otros métodos para poder instalarlo.

Podíamos resumir los métodos de instalación de Windows 10 en los siguientes casos:

► **Actualización**. Instalar Windows 10 sobre la versión actual de Windows instalada en el equipo (Windows 7 – Windows 8.1), pudiendo conservar los archivos, las configuraciones y los programas.

► **Instalación limpia**. Instalar Windows 10 en la partición que se seleccione, eliminando los programas y la configuración de esa partición. Será necesario realizar una copia de seguridad de los archivos y de la configuración para poder restaurarlos después de la instalación. Al finalizar será necesario la reinstalación de los programas. En caso de ser una instalación en un equipo nuevo, no será necesario realizar dicha copia de seguridad.

► **Instalación limpia desde Windows 10**. Opción de restaurar una versión limpia, una vez completada la actualización a Windows 10.

Durante el proceso de actualización o instalación, en ciertas pantallas, Windows mostrará un icono situado en la parte inferior izquierda de la ventana.

Al pulsar sobre dicho icono, se mostrarán varios opciones, entre ellas las opciones de accesibilidad del sistema, como son el **Narrador**, la **Lupa** o el **Teclado en pantalla**. Estas opciones facilitan a usuarios con problemas físicos el proceso de instalación.

Estas opciones de accesibilidad tambien estarán disponibles cuando se finalice la instalación del sistema, y serán explicadas en un próximo epígrafe.

3.1 ACTUALIZANDO EL SISTEMA

Tal como se ha indicado con anterioridad, una de las grandes novedades de Windows 10, es la distribución gratuita para todos aquellos usuarios que tengan instalado en su equipo un Windows 7 o un Windows 8.1.

Según estudios, en julio de 2015, los equipos con Windows 8 y Windows 8.1 instalados suman un 13,35% del total, con Windows 7 un 57,2%, un 18,43% de Windows XP y el resto, otros sistemas. Quizás por este motivo, Microsoft ha optado por distribuir gratuitamente esta versión, a fin de homogenizar su mercado de sistemas hacia Windows 10.

De tal forma, todos aquellos usuarios con sistemas Windows 7 y 8.1 podrán actualizar gratuitamente a su versión análoga en Windows 10.

3.1.1 Reserva de la actualización

Lo primero que hay que tener en cuenta es que hay que tener el sistema operativo al día, es decir, con todas las actualizaciones importantes instaladas, de lo contrario no se podrá realizar la actualización a Windows 10.

Debido al inmenso número de equipos a actualizarse en el mundo, Microsoft va a segmentar el envío de la autorización para poder actualizar el equipo. De esta forma, se garantiza la calidad a la hora de poder descargar la actualización de los servidores.

Para realizar la reserva, cuando toque el turno al equipo del usuario, en el área de notificaciones, aparecerá un icono con el símbolo de Windows, tal como se ve en la captura siguiente:

Al pulsar sobre dicho icono, el sistema mostrará el asistente para solicitar la reserva de la actualización gratuita, como se puede observar:

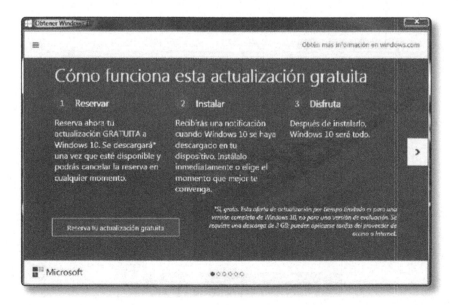

Pulsando sobre las flechas situadas en los laterales de dicha ventana, se podrá acceder a información sobre el nuevo sistema de Microsoft.

Para realizar el proceso de reserva, simplemente se deberá pulsar en **Reserva tu actualización gratuita** en cualquier de las pantallas. En el ejemplo, se pulsará en la última de las ventanas, tal como se muestra a continuación:

Al realizarlo, el sistema mostrará el formulario que se ha de rellenar para poder solicitar la reserva. Dicho formulario, tal como se puede ver a continuación, solo solicitará un email de confirmación.

Una vez rellenados los datos, se deberá pulsar sobre **Enviar confirmación**, y solo quedará esperar a que se reciba la confirmación de actualización.

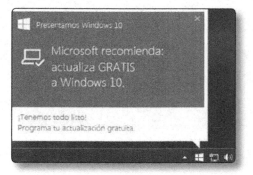

Cuando llegue el turno del equipo, el sistema mostrará el siguiente mensaje en la zona de notificaciones:

Pulsando sobre el icono, el sistema mostrará una ventana donde informará del estado actual de la actualización, en el caso del ejemplo, se encuentra descargándola.

Una vez finalizada la descarga, se mostrará la siguiente ventana donde se deberá aceptar el comienzo de la actualización, pulsando en **Aceptar**.

Estupendo, la actualización comenzará

En primer lugar, aquí se muestran algunas cosas importantes:

Última actualización, julio de 2015

TÉRMINOS DE LICENCIA DEL SOFTWARE DE MICROSOFT

SISTEMA OPERATIVO WINDOWS

SI VIVE EN (O, SI ES UNA EMPRESA, SI SU DOMICILIO COMERCIAL PRINCIPAL SE ENCUENTRA EN) LOS ESTADOS UNIDOS, LEA LA CLÁUSULA DE ARBITRAJE VINCULANTE Y LA RENUNCIA A LA ACCIÓN DE CLASE DE LA SECCIÓN 10, RELATIVA A LA RESOLUCIÓN DE CONFLICTOS.

INFORMACIÓN DE INSTALACIÓN: Algunas características de Windows 10 requieren hardware avanzado; algunas características existentes se han modificado o quitado; Windows 10 se actualiza automáticamente durante el período de asistencia técnica; es posible que la asistencia técnica varíe en función del dispositivo.
Más información

Rechazar   Aceptar

Microsoft   Soporte   Legal

Una vez pulsado, el sistema comenzará a realizar las configuraciones previas a la actualización, tal como se muestra seguidamente:

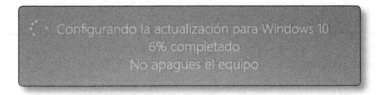

Después, el sistema de actualización mostrará una nueva ventana donde informa del porcentaje del proceso y, además, indica que el sistema se va a reiniciar varias veces antes de finalizar por completo.

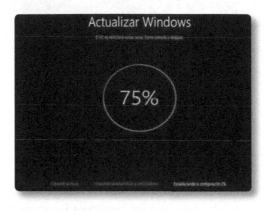

Al finalizar el proceso, el cual puede tardar bastante, el sistema mostrará una ventana donde da la bienvenida al usuario, y se pulsará en **Siguiente**.

En la parte inferior aparece un mensaje que indica **Yo no soy XXX**, siendo XXX el nombre del usuario indicado arriba. En el caso de no ser dicho usuario, se deberá pulsar sobre este menú para seguir las instrucciones del instalador al ser un usuario distinto.

Una vez finalizada la validación de usuario, el sistema mostrará la siguiente ventana donde indica si se quiere **Personalizar la configuración** o, por el contrario, **Usar la configuración rápida**.

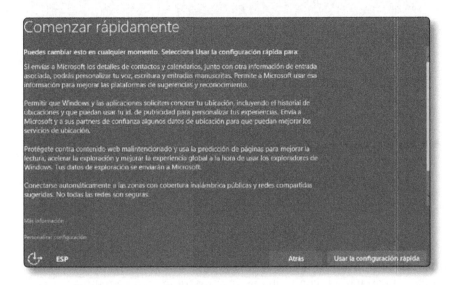

Si se pulsa sobre **Personalizar configuración**, el sistema mostrará una serie de ventanas (mostradas a continuación), en las cuales el usuario podrá activar o desactivar diferentes características de Windows 10.

En la última ventana, el sistema indicará si se utilizan las nuevas aplicaciones de **Fotos, Música, Microsoft Edge y Películas y televisión** como predeterminadas de sistema, o si por el contrario, el usuario desea que continúen los valores predeterminadas anteriores a la actualización.

En esta última ventana, el usuario solo deberá pulsar sobre la opción **Dejarme elegir mis aplicaciones predeterminadas** y, seguidamente, marcar o desmarcar según le interese.

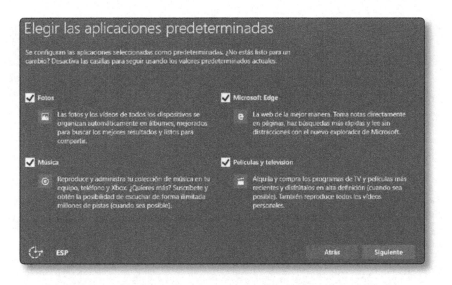

Si en vez de pulsar sobre la opción **Personalizar configuración**, se hubiera pulsado sobre **Usar la configuración rápida**, todas estas se configurarían en la opción por defecto.

Al pulsar en **Siguiente**, el sistema pedirá validarse con el usuario.

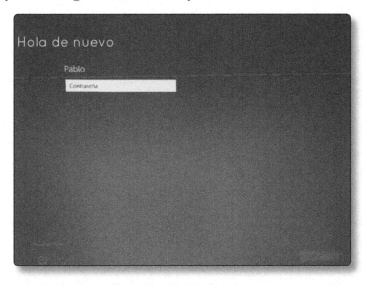

Al finalizar la validación y pulsar en **Siguiente**, el sistema irá mostrando pantallas indicando que está realizando ciertas configuraciones internas, y una vez finalizadas, mostrará el escritorio tal y como estaba antes de actualizarse a Windows 10.

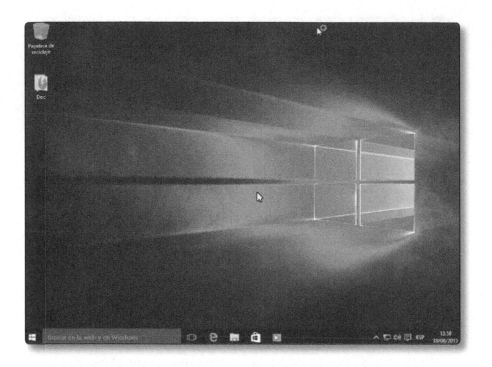

3.2 INSTALACIÓN LIMPIA

3.2.1 Comenzando la actualización

Tal como se ha indicado en el epígrafe anterior, la actualización a Windows 10 es gratuita durante el primer año, para todos aquellos equipos que tengan instalado legalmente Windows 7 y Windows 8.1.

En el caso de que el usuario necesite comprar una copia de Windows 10, ya sea por no tener una copia legal de una versión anterior, venir de equipos Linux, Unix, Mac, etc., Microsoft ofrece la posibilidad de comprar en su página web dicha copia.

Para ello se deberá acceder a la web de Microsoft Store (http://www.microsoftstore.com), seleccionar **Comprar productos** y elegir la versión de Windows 10 que se necesite.

Mostrará la siguiente pantalla, en la que el usuario podrá formalizar el pedido del nuevo sistema operativo, seleccionando la cantidad y el formato que desea:

En el caso del ejemplo, se ha seleccionado comprar Windows 10 Home USB en inglés y otro en español.

Para finalizar el proceso, se deberá pulsar en **Finalizar comprar** y seguir las instrucciones mostradas en pantalla. Se deberá estar dado de alta como usuario de Microsoft para poder realizar las comprar por la web.

Una vez que se tenga el sistema operativo, se procederá a instalarlo en el equipo.

En el ejemplo, se instalará asumiendo que no hubiera ningún sistema operativo instalado en el equipo.

En este caso, una vez conectado el USB al PC e iniciado el equipo (deberá haberse seleccionado el arranque desde el USB en la BIOS), cargará los archivos necesarios. Al cabo de un momento, mostrará la pantalla siguiente:

Se comprobará que los datos sean correctos y, cuando lo sean, se pulsará en **Siguiente,** mostrando la siguiente pantalla:

En este lugar se pueden seleccionar dos alternativas:

▶ **Reparar el equipo**. Si pulsa esta opción, podrá recuperar un sistema que estuviera previamente instalado.

▶ **Instalar ahora**. Si pulsa en esta opción, procederá a continuar con la instalación de este sistema operativo.

Para continuar con la nueva instalación, se pulsará sobre **Instalar ahora**, mostrando el sistema la siguiente ventana de información.

Al poco tiempo, mostrará la siguiente ventana:

Programa de instalación de Windows

Escribe la clave de producto para activar Windows

Tendría que estar en la parte trasera de la caja donde venía Windows o en un mensaje que muestra que ha comprado Windows.

La clave de producto tiene un aspecto similar a: XXXXX-XXXXX-XXXXX-XXXXX-XXXXX

Los guiones se agregarán automáticamente.

Declaración de privacidad   Omitir   Siguiente

En dicha pantalla será necesario cumplimentar la clave del producto y se pulsará sobre **Siguiente**. Este proceso se puede dejar para más adelante, pudiendo continuar con la instalación pulsando sobre **Omitir**.

Seguidamente, se accederá a una pantalla para que se acepten los términos de la licencia de Microsoft.

Una vez leídos, se marcará en **Acepto los términos de licencia**, pulsando en **Siguiente.** Seguidamente, se accederá a una pantalla donde se puede seleccionar cómo se va a realizar la instalación, pudiéndose escoger entre **Actualización** o **Personalizada**.

En el caso de seleccionar la opción de **Actualización**, el sistema mostrará la siguiente ventana informativa.

En este caso, se deberá seleccionar **Personalizada** para realizar una instalación limpia del sistema operativo.

Se puede comprobar cómo el sistema sugiere la realización de una copia de seguridad de los archivos personales antes de continuar con la instalación.

Para continuar con la instalación se pulsará sobre la opción **Personalizada**, mostrando una pantalla parecida a la siguiente:

Se deberá seleccionar la unidad donde se va a realizar la instalación.

En el ejemplo del libro, se va a instalar en un disco duro nuevo y sin formatear, por lo que se deberán realizar algunos procesos antes de poder instalar el sistema operativo.

El primer paso será crear la partición donde se va a instalar el sistema.

En la ventana de instalación se encuentran las siguientes alternativas:

▼ **Actualizar**. Para que refresque la lista de particiones.

▼ **Eliminar**. Si pulsa en esta opción, eliminará la partición.

▼ **Formatear**. Para formatear una partición existente.

▼ **Nuevo**. Si pulsa en esta opción, se creará una nueva partición.

▼ **Cargar controlador**. Si en la lista no aparece ninguna partición, puede ocurrir que el sistema no disponga de los controladores necesarios para ello. Al pulsar en esta opción, le mostrará una nueva pantalla indicándole que introduzca los controladores en la unidad correspondiente y pulse en **Aceptar**. Cuando los haya detectado, volverá a la pantalla anterior pero ya se verán las particiones disponibles.

▼ **Extender**. Si pulsa en esta opción, se extenderá una partición existente.

Para continuar con la instalación se pulsará en **Nuevo**, para crear la nueva partición, debiéndose indicar el tamaño en MB. Seguidamente se pulsará en **Aplicar**:

Nombre	Tamaño total	Espacio disp...	Tipo
Espacio sin asignar en la unidad 0	32.0 GB	32.0 GB	

Actualizar   Eliminar   Formatear   Nuevo

Cargar contr.   Extender   Tamaño: 32768 MB   Aplicar   Cancelar

El programa de instalación avisará de que se crearán particiones especiales para el correcto funcionamiento del sistema.

Al pulsar en **Aceptar**, se mostrarán las particiones creadas:

Se seleccionará la partición en la que desea instalar el sistema operativo, y se pulsará en **Siguiente,** empezando el proceso (si hubiera una instalación previa, se mostrará un mensaje en donde indica que los archivos de dicha instalación se guardarán en una carpeta llamada *windows.old*; cuando se haya acabado la instalación, se podrán borrar o mantener para consulta).

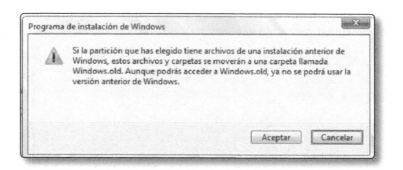

Una vez leída la información, se continuará con el proceso, pulsando en **Aceptar**.

Se mostrará una pantalla parecida a la siguiente:

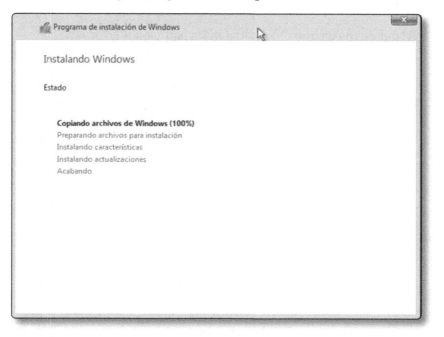

Durante el proceso, en la parte inferior se mostrará una barra, la cual indica la situación del proceso de instalación:

Cuando haya acabado de marcar toda la lista de actuaciones a realizar, el sistema se reinicializará, realizando los últimos procesos antes de la finalización del proceso de instalación.

Una vez finalizado el proceso de instalación, será necesario configurar el sistema. Para ello, Windows irá solicitando una serie de datos mediante varias pantallas de configuración.

3.2.2 Personalizando y configurando el sistema

En la primera ventana mostrada, si no se indicó la clave del producto, el proceso de instalación la solicitará de nuevo. Igual que anteriormente, se podrá indicar y seguir con la instalación pulsando en **Siguiente**, o aplazarlo y continuar con la instalación pulsando en **Hazlo más adelante**:

Ahora es necesario que escribas la clave del producto

Búscala en la caja del DVD de Windows, en un mensaje de correo electrónico de confirmación de compra de Windows o en la pegatina del Certificado de autenticidad que encontrarás en el equipo, en el adaptador de alimentación o dentro del compartimiento de la batería del portátil. (Si el equipo está enchufado, puedes quitar la batería sin problemas).

Escribe la clave del producto

Su apariencia es similar a esta: XXXXX-XXXXX-XXXXX-XXXXX-XXXXX

Declaración de privacidad

Hazlo más adelante

Siguiente

Seguidamente se pulsará en **Siguiente**, mostrando el sistema la siguiente ventana de configuración:

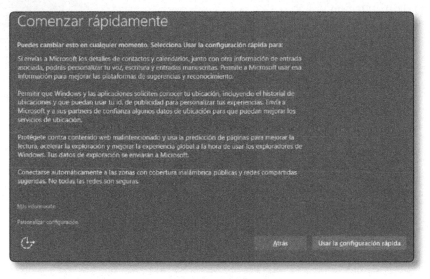

En esta ventana se podrá seleccionar una configuración del sistema estándar o **Configuración rápida**, en la que se realizarán todas las acciones visibles en la captura anterior. Para aceptar se deberá pulsar en **Usar la configuración rápida**.

Por el contrario, si se quiere personalizar la configuración del sistema, se deberá pulsar en **Personalizar**, mostrando el sistema las siguientes ventanas:

En esta primera ventana, se activarán o desactivarán opciones en las que el sistema informará a Microsoft de cuestiones como su localización o información sobre datos de escritura o voz. Una vez finalizado, pulse en **Siguiente** para continuar con el proceso y muestre la siguiente ventana:

En esta ventana, se podrán activar o desactivar opciones de exploración o de conectividad del sistema. Una vez finalizado, pulse en **Siguiente** para continuar con el proceso, reiniciándose el sistema y mostrando la siguiente ventana:

El sistema solicita información acerca del usuario del equipo.

Si se selecciona la opción de **Es de mi organización**, el sistema guiará al usuario para poder configurar la cuenta del usuario:

En el caso del ejemplo, se seleccionará la opción **Es mío**. En el caso de pertenecer a una organización, al acceder con el usuario de dicha organización, se tendrá acceso a sus recursos.

3.2.3 Configurando el inicio de sesión

Una vez finalizado, se deberá pulsar en **Siguiente**. En este punto de la instalación se finalizará la configuración personalizada y se comenzará a configurar el inicio de sesión. El sistema muestra la siguiente ventana:

En esta ventana, el usuario puede indicar el usuario y contraseña de Microsoft que tiene, y pulsar en **Iniciar sesión**, para acceder al Windows 10 con su propio usuario Microsoft.

Si el usuario no recuerda la contraseña, podrá recuperarla pulsando sobre **Olvidé mi contraseña** y siguiendo las instrucciones del sistema.

En el caso de no disponer de usuario, se podrán realizar dos acciones: pulsar en **Crear una cuenta ahora mismo**, para crear en ese momento un usuario Microsoft, o en **Omitir este paso**. Al pulsar esta última opción, el sistema mostrará la siguiente ventana donde se creará un usuario local del sistema:

Para finalizar, se pulsará en **Siguiente**, y continuará la instalación, aunque el usuario no podrá beneficiarse de todas las novedades y características especiales de Windows 10 al no estar conectado con un usuario Microsoft.

En el caso de no tener cuenta Microsoft, pero querer crear una, se pulsará sobre **Crear una cuenta ahora mismo.** Al pulsar, el sistema mostrará la siguiente ventana:

El usuario deberá rellenar todos los campos indicados. En el caso de no disponer de cuenta de correo, podrá pulsar en **Obtener una nueva dirección de correo**, mostrando el sistema la siguiente ventana:

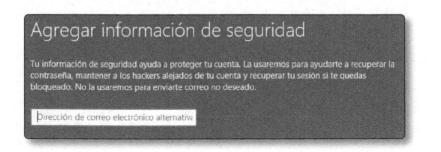

Una vez rellenado, se pulsará en **Siguiente**, y en la siguiente ventana se deberá indicar un número de teléfono por motivos de seguridad:

Si en vez de número de teléfono se desea indicar un email alternativo, se deberá pulsar en **Agregar una dirección de correo electrónico alternativa en su lugar**, y en la ventana que muestra el sistema, indicar dicho email.

Una vez indicada una de las dos opciones, se pulsará en **Siguiente**, mostrando la siguiente ventana:

Una vez seleccionadas las opciones deseadas, y pulsado sobre **Siguiente**, podrá configurar un PIN como método de seguridad, en vez de la habitual contraseña.

Si desea omitir esta opción, se pulsará en **Omitir este paso**, de lo contrario se pulsará en **Establecer un PIN**, pudiendo seleccionar su nuevo PIN en la siguiente ventana:

Una vez indicado, se pulsará en **Siguiente**.

La siguiente ventana, muestra al usuario como Windows 10 puede almacenar los documentos e imágenes en el servicio OneDrive de forma predeterminada, teniendo acceso desde cualquier dispositivo desde el que se acceda con su usuario de Microsoft. Por el contrario, si se pulsa en **Guardar los archivos nuevos solo en el equipo de forma predeterminada**, esta nueva función quedará desactivada, y no copiará nada en la nube.

En el caso del ejemplo, se aceptará la copia en la nube y se pulsará en **Siguiente**, mostrando el sistema una nueva ventana donde informa de una de las novedades en Windows 10, **Cortana**:

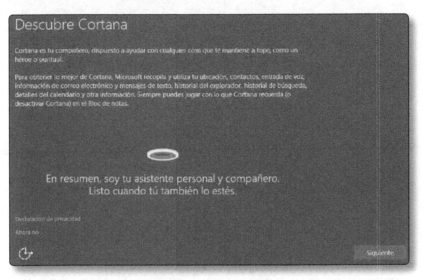

En dicha ventana, el sistema informa de las características de Cortana, para finalizar se pulsará en **siguiente**. El sistema continuará con el proceso de instalación.

Estamos preparando algunas cosas

Al finalizar todos los procesos, el sistema mostrará el escritorio de Windows 10, y una ventana donde indica si se permite que otros equipos puedan detectar el nuevo equipo. Se pulsará en la opción deseada.

Windows 10 ya está listo para comenzar a trabajar.

3.3 INSTALACIÓN LIMPIA DESPUES DE ACTUALIZAR

Al realizar una actualización desde Windows 7 o Windows 8.1 a Windows 10, el sistema va a quedar de una manera muy parecida a la que tenía en su versión anterior.

Esta afirmación, que es de pura lógica, también indica que cualquier problema que se tuviera de lentitud por errores en aplicaciones o cualquier tipo de aplicación conflictiva, es muy probable que esté igualmente en Windows 10.

Por ello, a veces es necesario realizar una instalación limpia del sistema para solventar estos problemas. Este proceso no debería ser difícil, pero pueden surgir complicaciones, sobre todo en el tema referido a la activación o validación de licencias.

Recuerde que para actualizar de forma gratuita, el proceso de instalación verifica que el sistema operativo que tiene el equipo es legal. En una instalación limpia se debe realizar esta activación de nuevo. Estos dos procesos se han descrito en los epígrafes anteriores, y lo que se va a explicar en este, es un 'truco' para obtener una instalación limpia, después de una actualización.

El primer paso a seguir, está claro que es realizar una actualización del sistema, tal como se ha explicado en el epígrafe anterior. De esta forma, el sistema se activará usando la nueva plataforma online de activación de Microsoft, y la información del equipo quedará asociada permanentemente a la edición de Windows 10 que corresponda. Esto permitirá más tarde reinstalar Windows 10 en dicho equipo, incluso formateando el disco duro, las veces necesarias.

Una vez actualizado, se deberá verificar que Windows 10 este correctamente activado. Esto se realiza desde la opción **Configuración – Actualización y seguridad – Activación**.

Si el sistema está activo, mostrará un mensaje parecido al siguiente:

Windows

Edición   Windows 10 Pro

Activación   Windows está activado

Cambiar la clave de producto

Una vez comprobado este paso, se puede proceder a la instalación limpia del sistema.

Se recomienda hacer una copia de seguridad de los archivos que el usuario quiera conservar. Para ello, se utiliza la aplicación que proporciona Windows 10, y a la que se accede desde **Configuración – Actualización y seguridad – Copia de seguridad**.

Windows Update
Windows Defender
Copia de seguridad
Recuperación
Activación
Para programadores

Copia de seguridad con Historial de archivos

Realiza una copia de seguridad de tus archivos en otra unidad y restáuralos si los originales se pierden, se dañan o se eliminan.

\+ Agregar una unidad

Más opciones

¿Buscas una copia de seguridad anterior?

Si creaste una copia de seguridad mediante la herramienta Copia de seguridad y restauración de Windows 7, todavía funcionará en Windows 10.

Ir a Copias de seguridad y restauración (Windows 7)

Una vez realizada la copia de seguridad opcional, se accederá a la opción de **Recuperación** desde el mismo menú, mostrando la siguiente ventana:

Seguidamente, se pulsará en **Comenzar**, en el apartado **Restablecer este PC**. De las opciones que ofrece, y que se pueden observar en la siguiente captura, se seleccionaría **Quitar todo**.

Después de que finalice el proceso, se tendrá una versión limpia y activada. Seguidamente, se podrán recuperar los ficheros personales de la copia de seguridad realizada con anterioridad, y el usuario podrá comenzar a instalar de nuevo las aplicaciones que necesite.

3.4 CREAR UN MEDIO DE INSTALACIÓN

Es posible que un usuario necesite un medio para poder reinstalar Windows 10 en su PC, por ejemplo, porque no hayan funcionado las opciones de recuperación del sistema o porque quiera actualizar un equipo sin pasar por el proceso de reserva (aunque es recomendable). Para estos casos, Microsoft ofrece desde su página web, la opción de obtener dicho medio.

Microsoft, desde la web https://www.microsoft.com/es-es/software-download/windows10, permite descargarse una aplicación, la cual permite al usuario generar una versión de Windows 10 instalable desde DVD o USB.

Una vez accedido a la web, se deberá seleccionar la versión que se va a descargar:

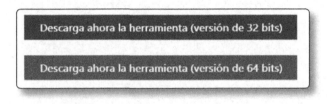

Una vez descargada, se abrirá la aplicación, donde se deberá seleccionar la opción, **Crear un medio de instalación para otro PC**.

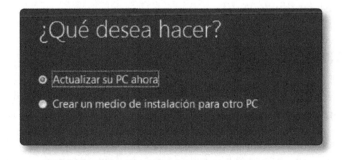

El programa comenzará a descargar el software. Seguidamente, se deberá indicar la versión que se quiere realizar en el medio de instalación.

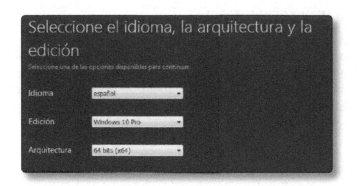

Y para finalizar en medio en el que se va a crear: DVD o USB.

Al finalizar el proceso, el usuario dispondrá de un DVD o un USB listo para instalar Windows 10 en un PC, ya sea para actualizar desde Windows 7 o Windows 8.1, o para reinstalar Windows 10.

3.5 UTILIZACIÓN DE PCMOVER

Windows Easy Transfer, esa útil aplicación que se había convertido en un clásico a la hora de migrar datos entre equipos, no está disponible en Windows 10.

En cambio, Microsoft comunica que se ha unido a Laplink para crear PCmover Express, una herramienta gratuita para realizar la transferencia de archivos seleccionados, carpetas, etc., desde un PC con versión antigua de Windows a Windows 10.

Para descargar la aplicación, se accederá a la dirección web http://pcmoverfree.azurewebsites.net/ y se procederá a descargar dicho software, siendo gratuita para uso personal.

La utilización de este software es muy sencilla.

Para poder usarlo, lo primero es tener instalado en ambos equipos la aplicación. Será necesario tener permisos de administrador para una buena funcionalidad. Además, se recomienda cerrar todos los programas que estén funcionando y desactivar cualquier tarea programada.

Como se indica, el primer paso es tener instalado el software en el equipo antiguo, en el caso del ejemplo es un Windows 8.

Al ejecutar el archivo instalador, mostrará una ventana donde se deberá seleccionar el idioma de instalación:

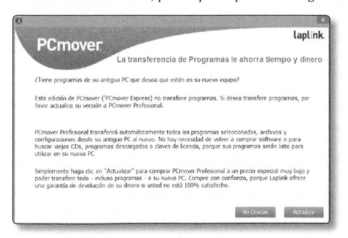

Una vez seleccionado, se pulsará en **Siguiente**. El sistema mostrará una ventana donde indica que para poder transferir programas, es necesario adquirir la versión profesional del programa (pulsando en **Actualizar**). En el caso del ejemplo solo se necesita transferir documentos, por lo que se pulsa en **No gracias**.

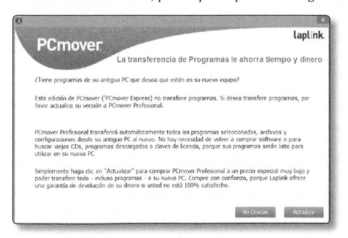

El instalador comenzará a descargar el programa de la red:

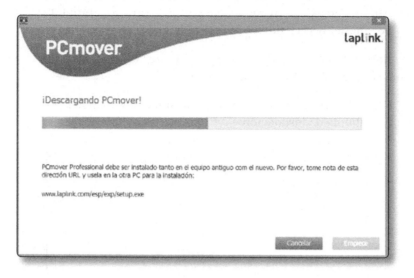

Si necesita algún software adicional, lo comunicará, tal como se puede observar en la siguiente captura. Se pulsará en **Install** para continuar.

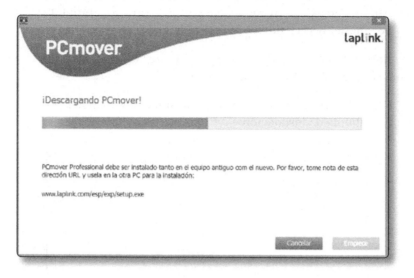

Seguidamente, se aceptarán los términos del contrato de licencia y se pulsará en **Siguiente**. En la nueva ventana, se introducirá información sobre el usuario.

Continuará la instalación seleccionando el directorio de destino para finalizar correctamente el proceso.

Una vez finalizada la instalación, mostrará una nueva ventana donde indicará una serie de consejos. Se pulsará en **Next**.

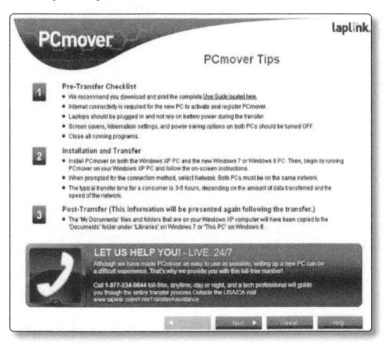

En la siguiente ventana se seleccionará la opción **PC to PC Transfer** y seguidamente se pulsará en **Next.**

Seguidamente, se deberá indicar qué PC es en el que se está trabajando. En este caso, se pulsará sobre **Antiguo** y se pulsará en **Próximo**.

En la siguiente ventana, se deberá seleccionar el método de conexión entre ambos PCs.

Las opciones disponibles son: a través de una red WIFI o LAN, a través del cable Ethernet de Laplink o, por último, a través de un cable USB Laplink. Lo habitual será seleccionar la primera opción.

Seguidamente, se deberá iniciar el programa en el PC destino.

Además de seleccionar la misma opción, **PC to PC Transfer**, se deberá indicar que éste es el equipo de destino de la transferencia.

Se deberá indicar el nombre del usuario y su correo electrónico.

Seguidamente, se seleccionará el PC antiguo desde el explorador que facilita el programa, y se pulsará en **Next**.

Es posible que sea necesario realizar o verificar ciertas opciones dependiendo de la configuración de ambos sistemas.

El sistema comenzará el análisis del PC, tal como se observa en la siguiente captura:

Seguidamente, se deberán seleccionar los datos a transferir.

El programa permite seleccionar cuentas de usuario, directorios, unidades de disco o aplicar filtros. Todo ello permite al usuario tener un control absoluto de lo que se va a transferir.

Una vez finalizado y pulsado en **Next**, el programa ofrecerá la opción de instalar automáticamente algunos programas Bing y Office 365, pudiendo marcarse o desmarcase para evitar su instalación. Seguidamente, se pulsará en **Siguiente**.

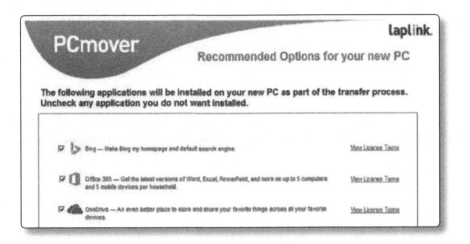

En ese momento, comenzará la transferencia de información entre los dos equipo, la cual puede tardar bastante tiempo, dependiendo de la cantidad de datos a transferir.

Al finalizar, el programa mostrará un informe del proceso de transferencia.

Para ello, en la ventana donde indica que se ha finalizado el proceso, se pulsará en **View Reports**.

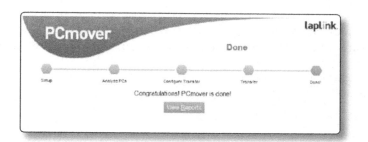

Entre ellos, puede resultar interesante la opción de **Applications**, ya que como se indicó, este software gratis no transfiere las aplicaciones, pero sí informa de aquellas que estaban instaladas en el PC antiguo, e indica si son compatibles con el sistema del nuevo PC.

Seguidamente, se reiniciará el sistema para finalizar el proceso.

La aplicación también ofrece la posibilidad de deshacer la transferencia. Para ello, al acceder a la aplicación después de realizar el proceso, mostrará una opción denominada **Undo Previous Transfer**, desde la que se podrá realizar dicho proceso.

3.6 AYUDA EN WINDOWS 10

Como es habitual en los últimos sistemas operativos de Microsoft, la documentación no suele venir impresa, sino que se encuentra grabada en el disco duro y se puede acceder a ella desde el propio ordenador en cualquier momento.

Por supuesto, además se puede acceder, a través de Internet, a las páginas de Microsoft para conseguir actualizaciones, herramientas, soporte técnico, acceso a los mensajes de error, etc.

Existen varios métodos para encontrar ayuda en Windows 10. Uno de ellos es a través de Cortana, novedad en esta versión.

Para ello, solo se deberá acceder a Cortana, ya sea desde el cuadro de búsqueda en la barra de herramientas o accediendo a través del menú de Inicio, y escribir la duda que se tenga, en este caso, cómo cambiar el fondo de pantalla:

Como se puede observar, Cortana muestra resultados tanto del propio equipo como de la web.

Otro método de buscar ayuda es a través de la aplicación **Introducción**. Para acceder a ella se puede buscar a través de Cortana también, tal como se observa en la captura:

Una vez pulsado sobre **Introducción**, Windows mostrará la aplicación que se puede ver en la captura de abajo, donde se puede acceder a multitud de información sobre el sistema y sus novedades.

Windows 10 mantiene de otras versiones los **Tooltips,** que son ventanas emergentes con información que aparecerá al dejar el cursor sobre los menús y botones correspondientes, proporcionando una descripción del uso de ese botón o de qué opciones se encontrarán en ese menú.

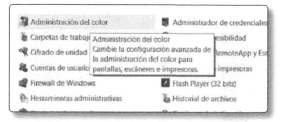

También se podrán encontrar preguntas en color azul que enlazarán directamente con la parte de la ayuda en la que se responde a esa pregunta. Si el texto en vez de ser una pregunta es una acción, al pulsar sobre ella se accederá a la ventana desde donde se podrá realizar dicha acción.

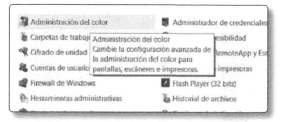

4

EXPLORANDO WINDOWS 10

Microsoft ha escuchado las sugerencias y peticiones de los usuarios, un poco desconformes con el cambio que supuso Windows 8, y ha realizado las modificaciones necesarias en el sistema para convencer a los usuarios para que vuelvan a confiar en su sistema operativo.

Se han recuperado opciones imprescindibles para los usuarios, como el menú de inicio o el escritorio tradicional, pero también se ha mantenido el camino que ha marcado Microsoft hacia la existencia de un sistema universal, independientemente de la plataforma con la que se trabaje, y de la conectividad con el mundo.

En este capítulo se van a explicar brevemente muchas de las novedades de Windows 10, con el fin de que el lector vaya conociéndolas y familiarizándose con los cambios sobre las versiones anteriores, pudiendo comenzar a trabajar con el sistema.

4.1 INICIANDO SESIÓN

Después del proceso decarga del sistema operativo, la primera ventana a la que el usuario se enfrenta es la pantalla de bloqueo o *Lock Screen*.

Al igual que ocurría en Windows 8 esta pantalla mostrará, no solo una imagen configurable por el usuario, sino una serie de datos como la hora y día actual, la conectividad del equipo o el indicador de batería. También mostrará información de aplicaciones de terceros, pudiendo mostrarse datos, como correos sin leer, avisos de agenda, el tiempo, etc.

Más adelante, en el epígrafe destinado a la personalización del sistema, se indicará cómo realizarlo.

Para acceder al sistema, el usuario deberá utilizar sus credenciales para validarse en el sistema. Para ello, se pulsará cualquier tecla o se pulsará con el ratón en la pantalla, para ver la ventana de inicio de sesión.

Tal como se observa en la siguiente captura, en la ventana de inicio de sesión se observa el último usuario que trabajó con el sistema, mostrando información de la cuenta de usuario, como el nombre o la cuenta de correo electrónico asociada a ese usuario.

Si el usuario que desea acceder al sistema no fuera el propietario de la cuenta del usuario actual, bastaría con pulsar sobre el nombre de la cuenta de usuarios que aparece en la parte inferior izquierda de la ventana.

En la ventana de validación de la cuenta de usuario, dependiendo de la configuración del usuario, es posible que debajo de la información del usuario aparezca **Opciones de inicio de sesión**, tal como se muestra en la siguiente captura:

Tal como ocurría en Windows 8, el usuario tiene la posibilidad de acceder al sistema, además de con el usuario y contraseña de sus cuentas Microsoft o usuario local, con una contraseña de PIN o con una contraseña de imagen.

La utilización de un PIN, importada de los dispositivos móviles, va a permitir al usuario acceder al equipo utilizando una combinación de cuatro dígitos.

Por el contrario, la contraseña de imagen consiste en repetir sobre una imagen, configurada por el usuario, tres puntos o gestos definidos con anterioridad por el usuario.

La configuración de este tipo de validación se explicará con más detalle en el epígrafe destinado a la configuración de cuentas de usuario.

Una vez introducida, se aceptará la contraseña y, en el caso de ser correcta, se accederá al sistema.

4.2 EL ESCRITORIO

Después del proceso de instalación, y después de logarse en el sistema, la primera ventana que se muestra es el escritorio de Windows, un escritorio reconocido y añorado por cualquier usuario de las versiones anteriores de Windows.

Microsoft ha escuchado a los millones de usuarios que le exigían que volviera el escritorio como eje central del trabajo en el nuevo sistema operativo. Pero el escritorio en Windows 10 viene con muchas sorpresas, tanto buenas como malas. En este epígrafe vamos a ver un poco más en profundidad el nuevo escritorio.

La interfaz predominante en Windows 8, denominada Modern UI, ha pasado a un segundo plano, aunque como ya veremos aún está presente y Microsoft tiene en sus planes seguir depurándola y usándola.

En el Escritorio se encontrarán los accesos directos a las aplicaciones o documentos que haya disponibles en el equipo, siendo una manera rápida de acceder a ellos.

En este sistema operativo se recupera el **Menú de inicio** como principal acceso a los programas favoritos y documentos, tal como ocurría por ejemplo en Windows 7, pero además incluyen los *Live Tiles* o mosaicos dinámicos, claramente heredados de Windows 8, creando una interesante fusión entre ambos sistemas.

Este espacio reservado para los mosaicos puede ser configurado para que ocupe gran parte de la pantalla al acceder a él, por lo que los usuarios pueden utilizar el sistema como si pareciese un Windows 8.

Trabajar con los mosaicos es muy sencillo, y se asemeja a Windows 8.

Tal como se ve en la imagen anterior, al pulsar sobre el menú de inicio, se despliegan a la derecha los Mosaicos o *Live Tiles*. Cada mosaico es una aplicación, a la que se tendrá acceso simplemente pulsando sobre su mosaico.

El espacio donde se encuentran los mosaicos es configurable. Bastará con posicionar el ratón en los bordes hasta que el curso cambie de forma a una fecha doble, y estirar la ventana hasta el tamaño deseado, tal como se observa en la siguiente captura:

Para modificar la posición de un mosaico, simplemente se pulsará sobre él con el botón izquierdo del ratón y, sin soltar, se arrastrará hasta su nueva posición en la pantalla.

En la siguiente captura puede observarse cómo se va a cambiar de lugar el mosaico del **Correo**.

También es posible modificar el tamaño de los mosaicos. Para ello, se pulsará sobre el mosaico en cuestión con el botón derecho del ratón, mostrándose el siguiente menú, donde se podrá cambiar el tamaño del mosaico. También se podrá desanclar del inicio, desactivar la opción de dinámico o anclar a la barra de tareas.

En caso de tratarse de una aplicación no nativa, al realizar la misma operación, se puede observar en la siguiente captura como las opciones que ofrece varían. En este caso, va a permitir al usuario desinstalar la aplicación o abrir la ubicación del programa, y desaparecerá la opción de icono dinámico.

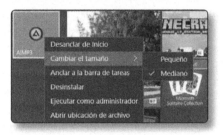

4.3 EL CENTRO DE ACTIVIDADES

Como novedad en Windows 10, el usuario se encontrará con una nueva aplicación denominada **Centro de actividades**.

Esta aplicación será la encargada de agrupar y mostrar las notificaciones de las aplicaciones al usuario. También se tendrá acceso a acciones rápidas y aplicaciones más usadas.

El centro de actividades se encuentra situado en el área de notificación.

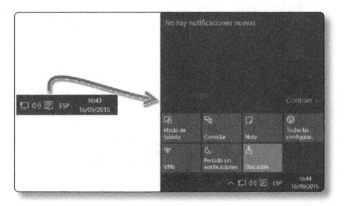

En la parte superior se mostrarán las notificaciones del sistema, mientras que en la parte inferior se tendrá acceso a diferentes acciones o aplicaciones, tal como se puede observar en la captura anterior.

Para configurar qué notificaciones y qué iconos aparecerán, el usuario deberá pulsar en el **Menu de Inicio – Configuración – Sistema** y, finalmente, en **Notificaciones y acciones**.

4.4 VISOR DE TAREAS Y MÚLTIPLES ESCRITORIOS

Entre las muchas novedades que ofrece Windows 10 al usuario, estas dos opciones resultan muy interesantes y en el caso de la, por ejemplo, utilización de múltiples escritorios, añade una funcionalidad muy solicitada por los usuarios y que ya es un clásico en otros sistemas como en GNU/Linux.

El usuario seguirá disponiendo de la opción, anteriormente denominada *Aero Flip*, al pulsar las teclas [**Alt**] + [**Tab**], mostrando miniaturas de las ventanas actuales, permitiendo comprobar qué aplicaciones están abiertas en ese momento, y poder acceder a ellas moviéndose con el uso del tabulador o del ratón, o cerrándolas al pulsar sobre el aspa situada en la esquina superior derecha.

A la nueva vista de tareas se accederá pulsando la combinación de teclas [**Tecla Windows**] + [**Tab**] o pulsando sobre el icono **Vista de tareas**, situados en la barra de aplicaciones:

El sistema mostrará las aplicaciones actualmente abiertas, pudiendo acceder a ellas pulsando sobre su representación en miniatura, o cerrarlas pulsando sobre el aspa situada en la esquina superior izquierda de la misma representación.

Desde este visor, también se gestionarán los escritorios virtuales. Se podrán crear nuevos escritorios, pulsando con el ratón en el icono **Nuevo escritorio** que aparecerá en ese visor de tareas en la parte inferior derecha.

Una vez pulsado, se creará un nuevo escritorio, y desde el propio visor de tareas se podrá cambiar de uno a otro pulsando sobre él.

En la captura anterior se puede observar, en la parte inferior, cómo se ha creado un segundo escritorio virtual, mostrando todas las aplicaciones abiertas en la parte superior. Para cambiar el foco al **Escritorio 1**, simplemente se pulsará sobre su miniatura.

Como ya se ha indicado, cada escritorio tiene su gestión independiente de tareas, es decir, las aplicaciones que se encuentren en ejecución en uno de los escritorios no aparecerán en la barra de tareas de otro.

También se tiene la posibilidad de mover las aplicaciones entre escritorios. Para ello, se arrastrará la aplicación deseada desde el visor de tareas al escritorio destino.

En el ejemplo anterior, se puede observar como la aplicación de **Tiempo**, que se encuentra abierta en el Escritorio 2, va a ser movida al Escritorio 1. Para ello, desde el visor de tareas del Escritorio 2 se ha arrastrado su miniatura al Escritorio 1.

Para cerrar un escritorio virtual, se pulsará en el aspa que aparece en la parte superior derecha de la miniatura del escritorio.

4.5 ACOPLAR APLICACIONES

En versiones anteriores de Windows, era posible acoplar una ventana a la mitad de la pantalla, y una segunda ventana a la otra mitad (conocido como *Aero Snap*). Esta opción era realmente muy interesante a la hora de trabajar con varias aplicaciones abiertas.

Windows 10 ha mejorado esa idea inicial, y ahora es posible acoplar ventanas incluso a las esquinas, lo que permite que se tenga hasta cuatro aplicaciones abiertas a la vez.

Para acoplar una ventana a una posición, se arrastrará dicha ventana desde la barra de título hasta la zona de la pantalla deseada y el contorno de la ventana se adaptará hasta cubrir la zona de la pantalla. Al soltar el botón del ratón, la pantalla se acoplará a la zona.

Al ir acoplando ventanas, Windows 10 mostrará las miniaturas del resto de ventanas disponibles para poder elegir aquella que ocupará la porción de pantalla que queda libre. En la siguiente captura se ve esta funcionalidad. Se ha acoplado la aplicación **Paint** a la zona derecha de la pantalla, y el sistema muestra las miniaturas de las demás aplicaciones abiertas. Si se pulsa sobre una de ellas, se acoplara a la zona libre de la pantalla.

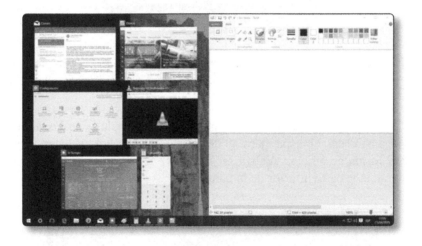

Esta nueva opcion no permite acoplar mas de cuatro ventanas en pantalla, pero sí da libertad al usuario para trabajar con distintos tamaños de ventana.

En la siguiente captura se puede comprobar varios ejemplos de configuración del escritorio con ventanas acopladas.

4.6 MODO TABLETA

Al activar este modo (por ejemplo desde el centro de actividades), la interfaz con el usuario se simplifica notablemente y recuerda mucho al *modern UI* de Windows 8.

Tal como se puede observar en la siguiente captura, en la barra de tareas solo aparecen el acceso al menú de inicio, un botón para volver atrás, Cortana y la vista de tareas.

Todas las aplicaciones estarán maximizadas e, incluso en las aplicaciones nativas, desaparecerá el aspa para poder cerrarlas, y será necesario realizarlo de identica forma a como se realiza en Windows 8, arrastrando la ventana de la aplicación hacia la parte inferior de la pantalla.

Este es un curioso modo de trabajo, que aunque no parece muy apropiado para trabajar en equipos de sobremesa o portátiles, a veces puede resultar muy util al simplificar la interfaz del usuario con el equipo, evitando distracciones.

4.7 CERRAR SESIÓN Y APAGAR

En Windows 10 se recupera el procedimiento de cerrado de sesión o apagado del sistema que se utilizaba en versiones anteriores, y que se realiza principalmente desde el menú de inicio.

Para acceder a estas opciones, deberá pulsar en el icono del menú de inicio, mostrándose en la parte inferior, las opciones de **Iniciar/Apagar**, tal como se puede observar en la siguiente captura:

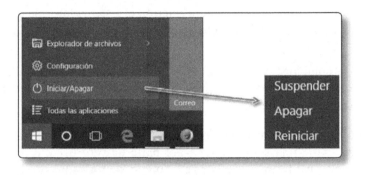

Una vez, un usuario haya accedido al equipo, será posible abrir varias sesiones con usuarios distintos en el sistema y cambiar de uno a otro, sin pérdida de datos de ninguno de los usuarios.

Para ello, una vez se haya iniciado una sesión con una cuenta de usuario, si se pulsa en el menú de inicio, en la parte superior, se podrá observar el usuario actualmente logado. Si se pulsa sobre él, se desplegará un menú donde el sistema ofrece varias opciones:

▼ **Cambiar la configuración de la cuenta**. El sistema abrirá la ventana de configuración de la cuenta de usuario, donde podrá realizar distintas configuraciones. Ya se verá con más detalle en epígrafes posteriores.

▼ **Bloquear**. Si se pulsa, se bloqueará la sesión actual.

▼ **Cerrar sesión**. Si se pulsa, se cerrará la sesión actual.

▼ **Cambio de sesión de usuario**. Si se pulsa sobre cualquiera de los usuarios, el sistema abrirá una sesión con el usuario seleccionado. Tal como se observa en la captura anterior, el sistema informa de qué usuario tiene ya una sesión iniciada, en este caso, el usuario Patricia.

Con la combinación de teclas [**Ctrl**] + [**Alt**] + [**Supr**], se accederá a las mismas opciones que se han detallado anteriormente; con la posibilidad, además, de acceder al Administrador de tareas.

A la hora de apagar el equipo, el sistema mostrará el siguiente mensaje indicando que existe una sesión abierta por parte de otro usuario. En el caso de querer apagar de igual forma, se pulsará en **Apagar de todos los modos**.

5

ACCESORIOS EN WINDOWS 10

5.1 INTRODUCCIÓN

Tal como ocurre en versiones anteriores de los sistemas operativos de Microsoft, Windows 10 incorpora un amplio catálogo de utilidades preinstaladas, con las que el usuario podrá comenzar a trabajar con el equipo desde el primer momento, si bien es cierto que puede ser necesario instalar aplicaciones más potentes para poder trabajar de manera más eficiente.

La mayoría de las aplicaciones son viejas conocidas para los usuarios habituales de sistemas Windows, por lo que la curva de aprendizaje es mínima.

Entre las aplicaciones que ofrece se encuentran: calculadoras, mapas, procesadores de texto básicos, programas de dibujo y retoque fotográfico, calendario, reloj y alarmas, etc.

El acceso a estas aplicaciones se podrá realizar por diversos métodos, pero, habitualmente, se realizará desde el menú de inicio o desde la búsqueda de Windows 10.

Para acceder desde el menú de inicio, se deberá pulsar sobre **el icono de Windows** para acceder al **menú de inicio** y, seguidamente, pulsar en **Todas las aplicaciones**.

De esta forma, se desplegarán todas las aplicaciones instaladas actualmente en el sistema, ordenadas alfabéticamente.

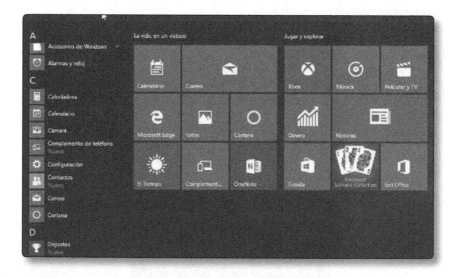

Tal como se puede observar en la siguiente captura, algunas de estas aplicaciones se encuentran englobadas en grupos de aplicaciones, como es el caso de **Accesorios de Windows**.

Para acceder a la aplicación, bastará con pulsar con el botón izquierdo del ratón sobre la aplicación deseada.

También es posible buscar la aplicación en el sistema. Para ello, se pulsará sobre el **botón de inicio** o sobre el botón de **Buscar en la web y en Windows**, o por supuesto, haciendo uso del asistente **Cortana**, y se tecleará el nombre de la aplicación, de esta forma el sistema buscará y mostrará el acceso a la aplicación.

En la siguiente captura se puede observar el resultado de la búsqueda de 'calculadora', mostrando el sistema el icono de acceso a dicha aplicación:

Para acceder a la aplicación, bastará con volver a pulsar con el botón izquierdo del ratón sobre la aplicación deseada.

También accediendo al **menú de inicio**, en la parte superior de la ventana, se tendrá acceso a las aplicaciones **Más usadas**, donde se tendrá un acceso más rápido a las aplicaciones que más utilice el usuario.

Seguidamente se hará una breve descripción de los accesorios más importantes en Windows 10.

5.2 ALARMAS Y RELOJ

Windows 10 ha incorporado esta nueva aplicación donde se combina el ya conocido reloj de Windows, con la nueva utilidad de alarmas.

Al acceder a la aplicación, mostrará en la parte superior las distintas opciones del programa: **Alarma, Reloj internacional, Temporizador** y **Cronometro.**

En **Alarma**, se podrán gestionar las alarmas del sistema.

Para dar de alta, simplemente se pulsará sobre el icono con forma de +, y se rellanarán los datos que se solicita. Se finalizará pulsando en el icono con forma de disco.

Para modificar una alarma se pulsa sobre ella y se modifican los datos que se quiera. Para borrarla, se pulsa sobre el icono **Administrar** (situado en la parte inferior) y se borra pulsando sobre la papelera.

Va a permitir al usuario configurar alarmas recurrentes también. Estas alarmas se escuchan aun cuando el dispositivo esté suspendido o silenciado, y además se podrán posponer o anular desde la pantalla de bloqueo.

En la opción de **Reloj internacional**, se pueden dar de alta distintos usos horarios, pulsando sobre el icono con forma de +.

Las opciones de **Temporizador** y **Cronómetro**, son las habituales de otros dispositivos, como móviles, y no tiene ninguna complejidad su uso.

5.3 CONTACTOS

Contactos va a permitir al usuario estar siempre conectado a todos sus conocidos, centralizando todos los contactos del usuario en una única aplicación.

Esta aplicación permite, de una manera muy sencilla, configurar un amplio número de aplicaciones, tales como Hotmail, Gmail, iCloud, etc.

Para añadir una nueva cuenta de correo o red social, la primera vez que se accede, se deberá pulsar en la opción **Agregar** cuentas, tal como se observa en la figura de abajo:

Al pulsar, el sistema mostrará una ventana donde se deberá seleccionar el tipo de cuenta que se quiere configurar. Pulsando en **Configuración avanzada**, se tendrá acceso a otros tipos de cuentas, como cuentas POP o IMAP:

Pulsando sobre el tipo de cuenta deseado, el sistema mostrará una ventana donde se deberá configurar el acceso, siguiendo las indicaciones mostradas en las ventanas.

En el caso del ejemplo, se muestra la ventana de configuración de una cuenta Microsoft:

Una vez configurada la cuenta, se podrá tener acceso a los contactos de dicha cuenta, tal como se observa en la siguiente captura:

Se podrán eliminar o editar los contactos. Para ello, se puede pulsar con el botón derecho del ratón en el contacto, accediendo a su menú contextual y seleccionar la opción deseada, o desde la parte derecha de la ventana de contactos, pulsando sobre la opción de editar (representada por un lápiz) o desplegando las opciones de contacto, tal como se puede observar en las siguientes capturas:

Es posible añadir manualmente contactos. Para ello, desde la pantalla principal se pulsará sobre el signo +.

Una vez pulsado, se deberá añadir toda la información disponible para ese usuario, tal como se observa en la siguiente captura:

Finalmente, se pulsará en **Guardar**.

Pulsando en el icono representado por tres puntos, se accederá a la **Configuración**.

Desde esta ventana se podrá **Agregar una cuenta**, **Obtener aplicaciones sociales** (Facebook, Twitter, etc.), editar una cuenta ya configurada y personalizar **Pantalla de la lista de contactos**.

5.4 CORTANA

Microsoft define a Cortana como el nuevo asistente personal e inteligente a servicio del usuario.

Bajo esta definición tan escueta, se esconde un ambicioso proyecto en el que Cortana se convertirá en un ayudante muy eficaz para el usuario del equipo.

En un principio, los asistentes fueron desarrollados para ayudar a los usuario de dispositivos móviles, facilitando las tareas de estos, evitando la necesidad de teclear en las reducidas pantallas de, por ejemplo, los móviles.

Esta función en un equipo de sobremesa no tiene tanto importancia, ya que el uso del teclado y el ratón es extremadamente sencillo y rápido, entonces, ¿qué hace de Cortana un producto tan novedoso?

Cortana es capaz de realizar búsquedas o abrir programas como otros asistentes pero la gran novedad es que es capaz de aprender del usuario, entender sus necesidades y adelantarse a ellas. Dicho de otro modo, Cortana será capaz de realizar tareas antes de que el usuario se las solicite, gracias a su capacidad de aprender los hábitos y necesidades del usuario.

De esta forma, informará de las noticias que más le interesen al usuario, recordará eventos como cumpleaños o citas, avisará de cambios de clima si detecta que los va a haber cuando el usuario suele salir a correr, etc.

Antes de comenzar, indicar que para que funcione correctamente, es necesario una cuenta de Microsoft. Si se está usando una cuenta local no asociada a Microsoft para logarse, Cortana no realizará su función.

Nada más acceder a Windows 10 por primera vez, Cortana se encuentra en la barra de tareas, junto al botón de inicio:

Si se desea cambiar esta configuración, bastará con pulsar con el botón derecho del ratón sobre una zona libre de la barra de tareas, y en el menú obtenido, pulsar en **Cortana** y seleccionar cómo se desea que se muestre.

Para comunicarse con Cortana se dispondrá de las opciones de teclado o micrófono. La diferencia será en el método de respuesta, ya que si se realiza la consulta por teclado, la respuesta será visual, pero si se realiza utilizando la voz (micrófono) la respuesta será hablada por la propia Cortana.

Al pulsar sobre Cortana, se muestra la pestaña de Inicio, donde se ven las noticias, avisos, alarmas, etc. En la parte izquierda se tendrá acceso a las opciones de menu de **Inicio, Cuaderno, Recordatorios** y **Comentarios**.

La opcion de **Cuaderno** es la más importate, ya que desde ella se podrá configurar el comportamiento de Cortana desde la cuenta asociada de Microsoft, cómo se dirige hacia el usaurio, opciones de privacidad, personalizar la informacion que va a utilizar, etc.

La opcion de **Recordatorio**, va a permitir gestionar las alarmas asociadas al usuario.

Los recordatorios pueden ser de muchos tipos, tal como se observa en la siguiente captura:

Por último, la opción de **Comentario** permite al usuario enviar ideas o comentarios a Microsoft para poder mejorar el programa.

Para que la experiencia sea completa, será necesario realizar un par de tareas antes de comenzar a trabajar.

La primera de ellas es activar la opción de que Cortana responda a la voz del usuario sin necesidad de usar ratón o teclado. Para ello, se accederá a **Cuaderno - Configuración**, y se activará la opcion **Hola Cortana**.

A Cortana hay que 'enseñarla' para que reconozca la voz del usuario, por lo que lo primero que se deberá realizar para poder usar bien esta potente herramienta es realizar ese 'entrenamiento', consistente en leer varias frases que nos propondrá Cortana. Desde el mismo menú que se observa en la captura anterior, se pulsará en **Reconocer mi voz**, y se seguirán las instrucciones.

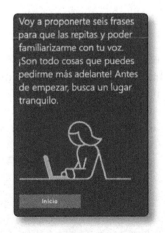

Usar Cortana es muy sencillo, basta con indicar, vía teclado o micrófono, la búsqueda o acción que el usuario desea realizar.

En el ejemplo, se consulta "tiempo en Madrid". En la captura de la izquierda, vía teclado y en la captura de la derecha, vía micrófono.

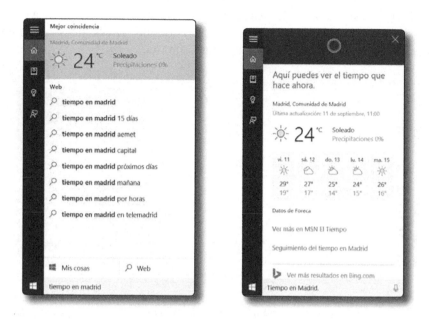

Tal como se observa, los resultados varían. En la búsqueda por teclado muestra el tiempo que va a haber en Madrid y, además, sugiere diversas búsquedas en la Web. Por otro lado, en la parte inferior permite rehacer la búsqueda solo buscando en **Mis cosas** (en local) o **Web**.

Por otro lado, al realizar la búsqueda vía voz, Cortana nos responde con su propia voz indicando el tiempo que va a hacer, además de mostrarlo en pantalla.

Además de búsquedas, se pueden indicar que se realicen acciones, como por ejemplo, si se indica "Escuchar mi música", Cortana entenderá que el usuario desea oír sus archivos musicales, por lo que abrirá Groove y comenzará a reproducirla.

Cortana está también integrada en aplicaciones como Edge. Tal como se verá en el epígrafe destinado a Microsoft Edge, es posible usar los servicios de Cortana directamente desde esa aplicación, ampliando su funcionalidad enormemente.

Como ya se ha indicado, Cortana proviene de los dispositivos móviles, donde ya lleva algún tiempo funcionando. En la siguiente web se muestran algunas de los comandos que se le puede indicar:

http://www.windowsphone.com/es-es/how-to/wp8/cortana/what-can-i-say-to-cortana

5.5 FOTOS

Fotos es la nueva aplicación para visualizar y gestionar las fotos e imágenes de usuario.

Al pulsar sobre una fotografía, la aplicación se abrirá mostrándola en la pantalla.

Para desplazarse a la siguiente o anterior fotografía, bastará con usar las teclas de flechas del teclado, girar la rueda del ratón o pulsar con el ratón en las flechas que aparecen en los bordes derecho e izquierdo de la ventana de **Fotos**.

Si se pulsa sobre el icono representado con tres puntos, se accederá al menú, donde hay opciones interesantes como **Compartir** la imagen, **Girar, Imprimir o Establecer como pantalla de bloqueo** o **fondo**.

Entre las opciones destaca **Editar**. Al pulsar sobre esta opción, se mostrará una ventana de edición básica de imágenes, en la que el usuario podrá realizar acciones sencillas de edición como añadir filtros y efectos, o modificar el color y los niveles de brillo, contraste, etc.

Se seleccionará a la izquierda el tipo de modificación a realizar y en la derecha, se mostrarán todas las modificaciones disponibles.

En la parte superior, se encuentra el icono **Ver Colección**.

Al pulsar sobre él, se tendrá acceso a la galería de fotos. Desde ella se tendrá acceso a las colecciones y álbumes, ordenados cronológicamente.

En la parte inferior, se tendrá acceso a la configuración de la aplicación **Fotos**, donde se podrán definir, por ejemplo, los directorios de las fotografías, si se muestran los elementos de OneDrive, etc.

5.6 DINERO

Microsoft ha mejorado su aplicación Finanzas de Windows 8 y presenta esta nueva herramienta que permite al usuario ver en tiempo real el estado del mercado bursátil y poder estar al día de la evolución del mundo de los negocios y de las últimas noticias del sector. Además, ofrece una calculadora de hipotecas e información de cambio de divisas.

En la parte derecha de la ventana se podrá acceder al menú desde el que el usuario podrá moverse por las distintas opciones de esta aplicación, siendo posible crearse un portafolio personalizado.

Una vez seleccionado, la aplicación mostrará la información. En el caso del ejemplo, se muestra información bursátil.

5.7 EL TIEMPO

Con esta aplicación, el usuario estará informado del estado meteorológico de un lugar en concreto, de una manera muy sencilla y visual.

La aplicación muestra gran cantidad información como: temperaturas máximas y mínimas, velocidad del viento, probabilidad de lluvias, etc.

Como en la mayoría de las aplicaciones nativas, si se despliega el menú principal, situado a la izquierda, se accederá a los distintos menús. En este caso concreto, a la **Previsión**, **Mapas**, **Historial**, etc.

5.8 LA PAPELERA DE RECICLAJE

La papelera de reciclaje es un área de almacenamiento, es decir, una parte del disco duro del equipo, donde se almacena información del equipo (archivos y carpetas) antes de su eliminación definitiva.

Cuando se elimina un archivo o una carpeta del equipo, no se elimina inmediatamente. Dicho archivo o carpeta se mueve a la Papelera de reciclaje, desde la que aún es posible recuperarlo. Esto es muy útil ante posibles errores en la eliminación de información en el equipo.

Si se accede al escritorio del sistema, pulsando en la pantalla de inicio del escritorio, se podrá comprobar que está representada en el escritorio por un icono con forma de papelera. Si no hay ninguna información en ella, el icono tendrá la forma de una papelera vacía. Si por el contrario hubiera información, el icono representaría una papelera llena.

El icono de la Papelera de reciclaje suele estar situado en el escritorio, pero es posible ocultarlo.

Para ello, se pulsará con el botón derecho del ratón sobre una zona limpia del escritorio para acceder al menú contextual. Seguidamente, se seleccionará la opción **Personalizar**.

En la ventana de **Personalización** abierta por el sistema, se deberá pulsar en **Temas** y seguidamente, en la opción **Configuración de icono del escritorio**, situada en la parte derecha.

Se abrirá la ventana de configuración que se muestra a continuación:

En esta pantalla se pulsará en la opción Papelera de reciclaje, para activarla y que el sistema muestre el icono en el escritorio.

También es posible cambiar el icono de la papelera por otro. Para ello, se pulsará en cambiar icono, una vez seleccionado el icono de papelera llena o papelera vacía.

Aunque el icono de la papelera esté oculto, los archivos que se eliminen se seguirán almacenando en ella hasta que se decida eliminarlos definitivamente.

Para eliminar un archivo o una carpeta del equipo hay varios procedimientos:

▸ Seleccionando el archivo o carpeta y pulsando la tecla [**Supr**].
▸ Pulsando el archivo o carpeta y arrastrándolo hasta la papelera.
▸ Pulsando con el botón derecho del ratón y seleccionando Eliminar en las opciones que se muestran.

Una vez que un archivo o carpeta ha sido borrado y enviado a la papelera, es posible recuperarlo.

Para recuperar archivos o carpetas de la papelera de reciclaje, será necesario abrir la propia papelera. Para ello, se pulsará dos veces sobre el icono de la papelera.

Al realizarlo, se abrirá la ventana de la Papelera de reciclaje. Se seleccionará el archivo o carpeta a recuperar y se pulsará sobre **Restaurar elementos seleccionados** en la barra superior, en la pestaña **Herramientas de papelera de reciclaje**.

Si lo que se necesita es restaurar todos los elementos borrados, se pulsará en **Restaurar todos los elementos** sin tener ninguno seleccionado.

Los archivos se restaurarán en las ubicaciones originales donde se encontraban al ser eliminados.

La papelera también se puede vaciar, borrando permanentemente su contenido.

Los archivos y las carpetas que han sido eliminadas y, por tanto, movidos a la Papelera de reciclaje, siguen ocupando espacio en el disco duro del equipo.

Si se desea recuperar ese espacio, se deberán eliminar definitivamente esos archivos o carpetas.

Este proceso se puede realizar de dos formas:

▼ Abriendo la Papelera de reciclaje. Se pueden dar dos opciones:

- Seleccionar el archivo o carpeta que se desea eliminar definitivamente y pulsar la tecla [**Supr**]:

  Pulsar en el botón **Sí** para eliminarlo.

- Si desea vaciar por completo la Papelera de reciclaje, pulse en **Vaciar la papelera de reciclaje** en la barra superior.

▼ Pulsando con el botón derecho del ratón sobre el icono de la Papelera de reciclaje y, después, seleccionando **Vaciar papelera de reciclaje**.

Es posible borrar definitivamente un archivo o una carpeta sin enviarlo antes a la Papelera de reciclaje. Para ello, se seleccionará el archivo y se pulsará la combinación de teclas [**Mayús**] + [**Supr**].

Si se elimina un archivo o una carpeta de una unidad flash USB o de una carpeta de red, es posible que se elimine de manera permanente y no se mueva a la Papelera de reciclaje.

Es posible que un archivo no pueda ser borrado. Esto podría deberse a que está siendo usado por algún programa en el momento de su borrado. Será necesario cerrar el programa e intentar eliminar el archivo de nuevo.

Es posible que se soliciten permisos de administrador para borrar ciertos archivos o carpetas, como archivos del sistema.

Para acceder a las propiedades de la **Papelera**, se pulsará con el botón derecho del ratón sobre la papelera y, después, sobre **Propiedades**.

En la nueva ventana de configuración que se muestra, se podrá configurar el comportamiento de la papelera de reciclaje.

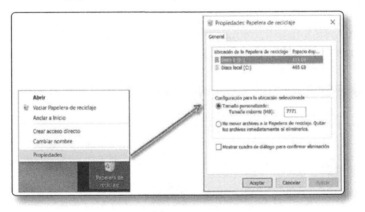

5.9 CALENDARIO

La aplicación **Calendario**, va a permitir al usuario gestionar de manera sencilla, pero con muchísimas opciones, todas sus reuniones, citas o vacaciones.

Al acceder por primera vez a la aplicación, irá guiando paso a paso para configurarla.

En primer lugar, indicará cuáles serán los calendarios que se van a administrar. En el caso del ejemplo se indicará el perteneciente a la cuenta de correo @live.com, aunque es posible añadir más, pulsando en **Agregar cuenta**.

Cuando se abre la herramienta, la primera ventana va a mostrar el mes actual, con los eventos para cada día.

En la parte superior de la ventana se podrá seleccionar la vista del calendario entre las distintas opciones que ofrece: **Día, Semana laboral, Semana o Mes**, o volver al día de **Hoy**.

Crear un nuevo evento es muy sencillo, simplemente se pulsará con el botón izquierdo del ratón sobre el día deseado o pulsando en la opción **+ Nuevo evento**, situado en la parte superior izquierda, abriendo se la siguiente ventana:

Se deberán rellenar los datos que se solicita y pulsar en **Listo**. Si se pulsa en **Más detalles**, se accederá a una nueva ventana donde el usuario tendrá acceso a más opciones a la hora de crear el evento. En la siguiente captura se observa la ventana de creación de un nuevo evento y la posibilidad de configurar la periodicidad del mismo.

Se podrá configurar si el evento se repite diariamente, semanalmente, mensual, etc.

Una vez finalizado, se pulsará en **Guardar y cerrar**, pudiéndose comprobar cómo ya aparece en el calendario.

Para modificar un evento, se pulsará sobre él con el botón izquierdo del ratón, accediendo a la ventana del evento.

El programa también permite configurar el estado del usuario que va a mostrar el calendario, como, por ejemplo, **Disponible, Fuera de la oficina, Ocupado**, etc. y el tiempo.

Además de lo indicado, esta aplicación permite al usuario tener un control total de una forma muy sencilla de su calendario, añadiendo o modificando eventos, enviando invitaciones, etc.

5.10 ONEDRIVE

OneDrive es el almacenamiento gratuito en línea que todo usuario poseedor de una cuenta de Microsoft va a disponer para su uso personal.

OneDrive va a permitir a los usuarios administrar y usar ese espacio de la forma más sencilla y cómoda posible, guardando sus archivos personales y pudiendo abrirlos desde cualquier PC, teléfono o Tablet al acceder con su usuario.

Para trabajar con OneDrive, desde el explorador de archivos, se seleccionará la carpeta de OneDrive, o directamente al pulsar sobre el icono de la aplicación OneDrive, se abrirá dicho directorio, tal como se observa en la siguiente captura:

Para guardar un fichero y subirlo a OneDrive, se deberá seleccionar la carpeta de OneDrive de la lista de ubicaciones y copiar el archivo directamente, como si se tratase de una carpeta local.

Todos los documentos que se suban a OneDrive estarán disponibles desde cualquier equipo o dispositivo donde el usuario este logado con su usuario de Microsoft.

También se puede acceder a OneDrive, desde la página web https://onedrive.live.com/about/es-es/:

Al validarse, el usuario tendrá acceso a las carpetas y documentos compartidos:

Los archivos que se guardan en OneDrive, estarán disponibles en línea y también sin conexión a Internet en local. Esto quiere decir que el usuario podrá trabajar con los documentos en local aunque no disponga de conexión a Internet en ese momento. Cuando el usuario vuelva a conectarse a la red, OneDrive actualizará las versiones de los archivos en línea, con los cambios que se han realizado en los archivos sin conexión.

Para conocer qué archivo o carpeta está sincronizada o no, Windows usará los siguientes iconos del Explorador de archivos, los cuales indican el estado de sincronización:

▶ El elemento está sincronizado con la versión en línea.

▶ Actualmente se está sincronizando.

▶ La versión en local no está sincronizada. Para averiguar el motivo, deberá pulsar con el botón derecho del ratón sobre el icono de OneDrive situado en la barra de tareas. Seguidamente, se pulsará sobre **Ver problemas de sincronización**.

Es posible configurar el comportamiento de OneDrive: Para ello, se volverá a pulsar con el botón derecho del ratón sobre el icono de OneDrive situado en la barra de tareas. Seguidamente, se pulsará sobre **Configuración**, mostrando la siguiente ventana:

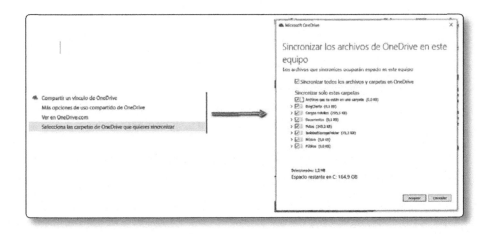

Navegando por las diferentes pestañas se podrá configurar el inicio automático de la aplicación, se podrá desvincular OneDrive de la sesión actual, elegir dónde se guardarán los documentos e imágenes, seleccionar qué carpetas se sincronizarán, etc.

Esta última opción también se podrá acceder desde el Explorador de archivos, seleccionado una carpeta de OneDrive y pulsando con el botón derecho del ratón, y en el menú contextual, elegir **Selecciona las carpetas de OneDrive que quieres sincronizar**, abriéndose la ventana de configuración.

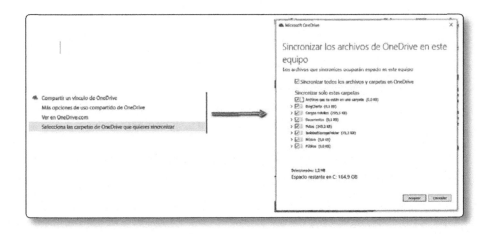

5.11 EL EXPLORADOR DE WINDOWS

Clásico en todas las versiones de Windows, el explorador es un programa básico en el trabajo diario con y para el sistema operativo.

Esta aplicación permite al usuario administrar todos los archivos y documentos que tenga el equipo o cualquier otro dispositivo que haya conectado.

Se podrán realizar multitud de tareas con los ficheros, como copiar y borrar archivos, además de ver y moverlos en el equipo.

Al ejecutar la aplicación, el sistema abrirá la siguiente ventana:

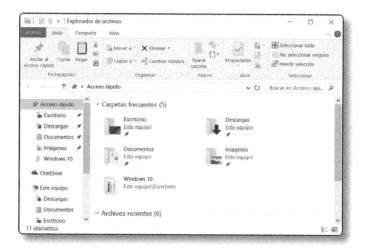

La ventana del Explorador se divide en varios paneles:

▶ En la parte superior se encuentra la barra de direcciones y el cuadro de búsqueda.

La barra de direcciones informará de en qué directorio se encuentra el usuario.

Según el usuario se vaya desplazando por los directorios, se irá indicando toda la ruta en la que se encuentra el usuario.

Para volver desde algún directorio al actual, bastará con pulsar sobre el nombre de la carpeta y se accederá directamente a ese directorio.

Al final de cada directorio, aparecerá una flecha que, si se pulsa sobre ella, mostrará un desplegable con las carpetas que haya dentro de ese directorio.

Si se pulsa sobre uno de estos directorios, se accederá directamente a su contenido:

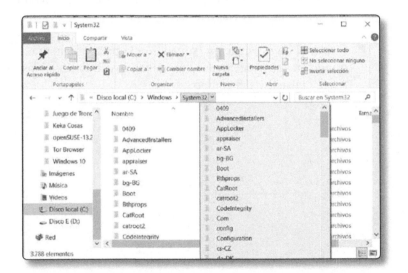

También es posible escribir directamente sobre la barra de direcciones la ruta a la que se desea acceder. Una vez se haya acabado de escribir la dirección, se pulsará sobre el icono con forma de flecha apuntando a la derecha que aparecerá al final de la barra de direcciones.

En la parte final de la barra se encuentra el icono para actualizar el directorio, por si se han producido cambios recientes y no se han reflejado aún en el Explorador.

El cuadro de búsqueda funciona automáticamente en cuando se teclee algún carácter. De esta manera, se podrá realizar una búsqueda más exacta y progresiva.

▶ La **barra de herramientas**, situada bajo la barra de direcciones, contiene las opciones más comunes y habituales que el usuario utilizará diariamente.

Dichas opciones cambiarán dependiendo de qué tipo de archivo se haya seleccionado y permitirán unas acciones más determinadas y exclusivas para cada tipo de fichero

▶ El **panel de navegación**, situado en la parte izquierda de la ventana, se divide en varios apartados, como son los favoritos o las bibliotecas que tenga el usuario del equipo.

En la parte inferior se tendrá acceso a todas las unidades disponibles en el equipo y por las que se podrá navegar. Para ello, se pulsará en el icono con forma de flecha situado delante de cada unidad o directorio para que se despliegue el contenido de esa unidad o directorio. En este panel no se mostrará ningún archivo.

Moverse por los árboles de directorios es muy sencillo desde esta ventana, y el sistema de expandir las carpetas sin necesidad de acceder a ellas facilita el trabajo enormemente al usuario.

▶ El **panel de archivos** se encuentra en la parte central de la ventana y ocupa la mayor parte de ésta.

En este panel se mostrarán los archivos y carpetas que contengan la dirección seleccionada en la barra de direcciones.

Si lo que se ha realizado es una búsqueda, solamente aparecerán aquellos elementos que coincidan con los parámetros de dicha búsqueda.

La información que se muestra en este panel es configurable por el usuario y variará según sus necesidades.

Para ello, una vez situado el usuario en el directorio deseado, se pulsará sobre la pestaña Vistas, que se encuentra en la barra de herramientas.

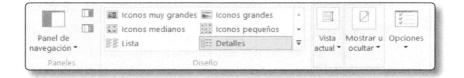

En la opción **Paneles,** se podrá configurar la disposición de los paneles en el Explorador. Para ello, se seleccionará una de las opciones disponibles.

También es posible cambiar el tipo de vista.

Para ello, en las opciones de diseño, se pulsará sobre la vista deseada.

Los diferentes tipos de vista son:

- **Iconos muy grandes**. Esta vista está recomendada especialmente para las imágenes, ya que muestra un gran icono con la vista previa de las imágenes del directorio actual.

  La información mostrada es escasa, ya que solo se ve el nombre del archivo o carpeta.

- **Iconos grandes**. En esta vista, las imágenes seguirán representadas por su vista previa, aunque de un tamaño menor a la anterior vista. Los demás archivos y carpetas estarán representados por sus iconos correspondientes. Al igual que en la vista anterior, la única información que se verá, será el nombre del fichero o carpeta.

- **Iconos medianos**. Los archivos y carpetas siguen representados por sus iconos o por su vista previa, pero se disminuye el tamaño. Esta vista es utilizada cuando existe una gran cantidad de elementos en los directorios en los que se trabaja.

- **Iconos pequeños**. En esta vista ya no hay vista previa de los archivos de imagen, y todos los archivos o carpetas se representan por sus iconos correspondientes.

- **Lista**. Aparecerán todos los iconos, en tamaño pequeño, uno debajo de otro. Solo se mostrará el nombre del fichero o de la carpeta. Esta vista se utiliza cuando se trabaja con gran cantidad de ficheros.

- **Detalles**. En esta vista se muestran los iconos uno debajo de otro. Además, se incluye información detallada de cada elemento a la derecha de éste, dispuesta en columnas con el tipo de información que se indica en su parte superior.

  La información que se muestra en las columnas es configurable por el usuario. Para ello, se pulsará con el botón derecho del ratón en barra de propiedades del fichero. Mostrará una ventana con las posibles características que se pueden ver. Bastará con activar o desactivar las características, pulsando sobre ellas, para que se muestren o no

  Una vez se haya indicado qué propiedades se van a mostrar, es posible ordenar los elementos atendiendo a dichas propiedades.

  Para ello, bastará con pulsar en la propiedad elegida para que la lista de elementos se ordene de forma ascendente o descendente atendiendo a dicha propiedad.

- **Mosaicos**. En esta vista, los archivos y carpetas aparecerán representados por su vista previa o por su icono correspondiente. Mostrará el nombre del elemento, el tipo y, si es un archivo, aparecerá el tamaño que ocupa en KB.

- **Contenido**. Mostrará una vista previa e iconos de los elementos. Se verá el nombre del elemento y el tamaño que ocupa en KB. Además, mostrará información específica dependiendo del tipo de archivo con el que se trabaje.

Para trabajar con archivos o carpetas, será necesario seleccionar primero aquellos con los que se desea trabajar.

Para ello, se pulsará con el botón izquierdo del ratón sobre aquel archivo o carpeta que se desee seleccionar.

Al realizar esta operación, el elemento seleccionado cambiará de color, para resaltar que está seleccionado.

Si se quiere seleccionar más de un elemento, se podrá realizar de dos maneras distintas:

▶ Si los elementos son consecutivos, hay que pulsar sobre el primer elemento a seleccionar y, manteniendo presionada la tecla [**Mayús**], pulsar sobre el último de los elementos a seleccionar.

  Esta operación también se puede realizar utilizando únicamente el ratón. Para ello, pulse con el botón izquierdo del ratón sobre una zona libre del Explorador, cerca del elemento que se quiera seleccionar, y arrástrelo hasta el último fichero que desee seleccionar. En el momento que se arrastre, aparecerá un recuadro azul que irá mostrando qué ficheros van a ser seleccionados. Al soltar el ratón, los elementos quedarán seleccionados.

▶ Si los elementos que desea seleccionar no son consecutivos, seleccione el primero de los elementos y pulse la tecla [**Ctrl**]. Sin dejar de pulsarla, se irán seleccionando con el ratón aquellos elementos que desee añadir a la selección. Una vez seleccionados todos los elementos, deje de pulsar la tecla [**Ctrl**].

Ambos procedimientos se pueden combinar y realizar a la vez, aunque hay que prestar atención, ya que al soltar cualquiera de las dos teclas, [**Ctrl**] o [**Mayús**], se podría perder la selección correcta de los elementos.

Es posible seleccionar todos los elementos de una carpeta con alguno de los procedimientos anteriores o simplemente pulsando [**Ctrl**] + [**E**].

Hay varias formas de crear una carpeta en el equipo desde el Explorador de Windows.

En la barra de herramientas, en la opción de **Nuevo**, al pulsar sobre la opción **Nueva carpeta**, se creará una nueva carpeta en el directorio donde se encuentre el usuario.

Otro método consiste en pulsar con el botón derecho del ratón en una zona libre de la ubicación donde se quiere crear la nueva carpeta, mostrando la siguiente ventana.

Se pulsará sobre **Nuevo** y **Carpeta**. De esta manera, se creará una carpeta en el directorio actual, con el nombre de **Nueva carpeta**. Este nombre se puede cambiar justo en el momento de crear la carpeta o con posterioridad, como ya se verá más adelante.

La creación de ficheros comparte procedimiento con los directorios en algunos casos, pero, generalmente, se realizará desde la propia aplicación que está utilizando el usuario. Normalmente, utilizará la opción de **Guardar** para generarlo.

En determinados casos se podrá seleccionar, en la ventana que se ha visto anteriormente, crear un archivo. Un ejemplo muy sencillo es crear un **documento de texto** con extensión *.TXT* (es decir, un texto sin formato).

Si lo que se desea es eliminar alguno de estos elementos, al igual que antes, el usuario tiene varios procedimientos que puede seguir:

▶ El usuario puede pulsar con el botón derecho del ratón sobre el elemento que desee y elegir **Eliminar** entre las opciones mostradas.

▶ Seleccionar el elemento o elementos a eliminar y pulsar la tecla [**Supr**].

▶ Por último, **seleccionar** los elementos a eliminar y arrastrarlos hasta la Papelera de reciclaje.

En cualquiera de los tres procedimientos anteriores, el sistema mostrará un mensaje, preguntando si se está seguro de la eliminación de dicho elemento.

Al validar, los elementos serán enviados a la Papelera de reciclaje.

Es posible activar o desactivar esta comprobación. Para ello, desde el **Escritorio**, se pulsará con el botón derecho del ratón sobre la **Papelera de reciclaje**, seleccionando **Propiedades**.

En la ventana que mostrará el sistema, se deberá marcar o desmarcar la opción **Mostrar cuadro de diálogo para confirmar la eliminación.**

Ya se ha indicado anteriormente que es posible cambiar el nombre de un elemento cualquiera desde el Explorador.

Para cambiar el nombre de un elemento, en primer lugar se seleccionará el elemento que se quiere renombrar, a continuación se mostrará su menú contextual y se pulsará sobre **Cambiar nombre**. Después se mostrará el Explorador con el cursor sobre el nombre del elemento. Por último, teclee el nuevo nombre y pulse la tecla [**Intro**] para validar.

A la hora de trabajar con archivos y directorios, un proceso muy habitual y cotidiano es copiar o mover dichos elementos de un lugar a otro.

Al copiar un elemento del equipo, lo que se está realizando es una duplicación de dicho elemento

Para realizar una copia, se seleccionará el o los elementos a copiar, se mostrará su menú contextual y se pulsará sobre **Copiar.**

Una vez realizado, se desplazará a la carpeta destino donde se quiere copiar el elemento y, mostrando su menú contextual, se pulsará sobre **Pegar**.

Si el destino de la copia es la misma carpeta donde se encuentra el original, el sistema renombrará automáticamente el nuevo elemento, insertando al final del nombre la palabra **copia** (si el proceso se realizase más de una vez, se añadirían números además.

Esta misma operación se puede realizar sin necesidad de utilizar el menú contextual. Bastará con seleccionar el elemento a copiar y pulsar la combinación de teclas [**Ctrl**] + [**C**] para copiar el archivo. Una vez se haya situado en la carpeta destino, se pulsará la combinación [**Ctrl**] + [**V**], para pegar el elemento.

Si lo que se quiere en vez de copiar un archivo es moverlo, el procedimiento es ligeramente distinto, pero aun así, no entraña dificultad para el usuario.

Al mover un elemento se realizan dos operaciones. Primero se realiza la copia del elemento y luego se produce la eliminación de ese elemento en la ubicación original. Este proceso de eliminación es transparente al usuario.

Igual que en el proceso de copia, se seleccionarán los elementos a mover, seguidamente se mostrará su menú contextual y se pulsará sobre **Cortar**.

Una vez realizado, se desplazará a la carpeta destino donde se quiere copiar el elemento y, mostrando su menú contextual, se pulsará sobre **Pegar**.

Si en el proceso, en la ubicación destino, existe algún elemento con el mismo nombre, el sistema mostrará la siguiente ventana:

En esta pantalla se podrá seleccionar una de las tres siguientes opciones:

▸ **Reemplazar el archivo en el destino**. Reemplazará el archivo en la carpeta de destino con el archivo que se está moviendo.

▸ **Omitir este archivo**. No se realizará el proceso de mover el archivo y todo se quedará como estaba.

▸ **Comparar información de ambos archivos**. Al pulsar sobre esta opción, el sistema abrirá una nueva ventana donde se podrá seleccionar cuál de los archivos se va a conservar o, incluso, si se van a conservar ambos archivos. Además de seleccionar los archivos, existe la posibilidad de seleccionar la carpeta completa, tal como se puede observar en la siguiente captura:

Si existicra más de un caso en el momento de mover, el sistema mostrará una nueva opción, **Permitirme decidir por cada archivo**, desde la cual se podrá decidir elemento a elemento que es lo que tiene que realizar.

Los ficheros y carpetas con los que se trabaja en el equipo tienen propiedades y características propias para cada uno.

Algunas de estas propiedades se pueden modificar y otras, como el tamaño, no son modificables por el usuario.

Para visualizar las propiedades de una carpeta o de un fichero primero deberá seleccionarlo. Una vez realizado, muestre su menú contextual y seleccione **Propiedades**. Se mostrará una ventana, con cuatro pestañas, en las que se podrán ver y configurar muchas de las propiedades del fichero o carpeta:

▼ **General**. Esta pestaña se divide en varios grupos en los que se mostrará información sobre el fichero.

En el primero de ellos aparecerá el nombre del elemento, que puede ser modificado por el usuario escribiendo en el recuadro.

Además, se indica el tipo de archivo y con qué aplicación se puede trabajar con ese archivo.

Más abajo se informa de la ubicación del archivo, del tamaño y de la fecha de creación, modificación y último acceso a dicho archivo.

En la parte inferior aparecerán dos casillas con las que se puede activar el modo **Solo lectura** (por lo que sí está activado no será posible eliminarlo) y la propiedad **Oculto** (por la que el fichero o carpeta no será visible).

Si se activa la propiedad **Oculto**, el fichero o carpeta no será visible para el usuario. Si es necesario tener acceso a ese fichero, se puede configurar el sistema para que los archivos con dicha propiedad sean visibles. Para ello, desde el Explorador de Windows, en la opción de vista, se pulsará en **Opciones - Cambiar opciones de carpeta y búsqueda**. En la nueva ventana se pulsará en la pestaña **Ver** y se buscará y activará la casilla **Mostrar archivos, carpetas y unidades ocultos**.

Por último, en la parte inferior de la pestaña general aparecerá un botón, denominado **Avanzados**, con el que se accederá a una nueva ventana, donde se podrán configurar las propiedades como compresión o el cifrado.

▼ **Seguridad**. En esta pestaña se podrá ver y modificar las propiedades de seguridad del elemento. Se podrá dar permisos a usuarios para poder trabajar con dichos elementos.

▼ **Detalles**. Esta pestaña solo aparecerá si es un fichero y no una carpeta, y mostrará información más detallada sobre el fichero. En caso de ser una fotografía digital, aparecerá información sobre el fabricante de la cámara, la resolución, características técnicas de la foto, etc.

Si el usuario no desea que se muestre cierta información, en la parte inferior de la ventana hay un enlace, **Quitar propiedades e información personal**, que dará acceso a una ventana donde se podrá seleccionar qué información no desea que se muestre en las propiedades del fichero.

▼ **Versiones anteriores**. Muestra si existen versiones anteriores del elemento seleccionado. Estas versiones provienen del historial de archivos o de puntos de restauración.

Es posible ordenar o agrupar las carpetas y ficheros de un directorio.

Se podrá ordenar de dos formar principalmente, desde la opción **Vista actual**, situada en la barra de herramientas o desde el menú contextual. En la siguiente captura puede observarse la opción disponible en la barra de herramientas. Simplemente, se desplegarían las opciones disponibles y se seleccionaría la deseada.

Si se quiere realizar desde el menú contextual, se pulsará con el botón derecho del ratón en una zona libre del Explorador de Windows para obtener el menú contextual. Seguidamente, habrá que pulsar en **Ordenar por.**

En el nuevo menú que se desplegará, se podrá seleccionar la característica por la que se van a organizar los ficheros y carpetas (Nombre, Fecha, Tamaño y Clasificación) y si se va a realizar de forma ascendente o descendente.

Por último, es posible configurar ciertos parámetros del sistema, en cuanto al funcionamiento de las ventanas y el comportamiento del ratón sobre ellas.

Para acceder, desde el Explorador de Windows, en la opción de **Vista**, se pulsará en **Opciones - Cambiar opciones de carpeta y búsqueda.**

En la pestaña **General**, en el apartado **Examinar carpetas**, se podrá configurar el modo de comportamiento al abrir una ventana, ya sea abriéndola en la misma ventana o en otra nueva.

En el apartado **Acciones al hacer clic en un elemento**, se podrá configurar si es necesario pulsar dos veces con el botón del ratón o una para poder abrir una carpeta o fichero.

También es posible copiar las propiedades de comportamiento y aspecto de la ventana actual a todas las del sistema.

Para ello, en la pestaña **Ver**, en el apartado **Vistas de carpeta**, pulsar en **Aplicar a las carpetas**.

Si se desea volver a la configuración por defecto del sistema, pulsar en **Restablecer carpetas**.

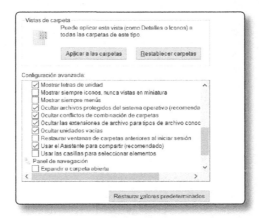

Por último, en la pestaña **Buscar**, se configurará el comportamiento del Explorador al realizar las búsquedas.

5.12 DEPORTES

Nueva versión mejorada de la aplicación Deportes, ya existente en Windows 8.

Desde el menú de la izquierda se tendrá acceso a todas las secciones de la aplicación, incluyendo la opción de añadir **Más deportes** o configurar los **Favoritos** de los usuarios.

Una vez seleccionado, en la parte derecha se mostrará la información, y en la parte superior aparecerá el menú propio de cada sección.

En el caso del ejemplo se muestran las noticias de **Fórmula 1**.

5.13 GROOVE

Esta nueva aplicación, heredera de *Xbox Music*, permite reproducir las colecciones de música del usuario, además de la posibilidad de crear y escuchar lista de reproducción.

También funciona con OneDrive, por lo que al sincronizar la música con la nube, se podrá escuchar en otros dispositivos como teléfonos, tablet e, incluso, en la Xbox.

Además de esta función, Groove destaca cuando se usa con *Groove Music Pass*. Este servicio, no gratuito, permite hacer *streaming* y descargar música de una enorme base de datos de grupos y cantantes.

También permite escuchar emisoras de radio personalizadas, basadas en las preferencias de los usuarios.

Groove Music Pass se puede usar en PC, tablets, Xbox y teléfonos (además de Windows Phone, están incluidos IOS y Android).

5.14 NOTICIAS

Esta aplicación trae todas las noticias del mundo al PC del usuario, pudiendo consultar infinidad de noticias, navegando por las distintas secciones (Titulares, Deportes, Economía, etc.).

En cada apartado se podrá ver la noticia destacada, pero, por supuesto, también se podrán consultar todas las demás noticias.

También ofrece la posibilidad de configurar las secciones favoritas del usuario, añadir o eliminar secciones a las que muestra la aplicación.

5.15 CÁMARA

Si el ordenador posee una cámara web instalada, esta aplicación permite realizar fotografías, videos, video llamadas, etc.

Una vez abierta la aplicación, mostrará un sencillo interfaz, donde se mostrará la imagen actual captada por la cámara web, los botones para hacer fotografías o vídeo y el acceso a la configuración de la aplicación.

Al pulsar sobre la opción de configuración, mostrará una ventana con dos opciones: **Temporizador de fotos y configuración**.

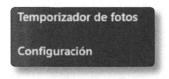

La primera opción permite configurar el temporizador para realizar las capturas.

La opción de **Configuración** muestra al usuario un panel donde poder configurar el comportamiento de la aplicación.

5.16 CORREO

Esta herramienta permite al usuario mantenerse en contacto con sus conocidos de manera muy simple.

La primera vez que se accede, el sistema preguntará cuales son las cuentas de correo que van a estar activas.

Para añadir una, se pulsara sobre + **Agregar cuenta**.

Funciona con Hotmail, Outlook, Google Mail, Yahoo! y otros servicios de email.

Configurar las cuentas de correo es muy sencillo, simplemente se seleccionará el tipo de cuenta a configurar y se seguirán las indicaciones que se muestran en la pantalla.

Una característica importante es que esta herramienta admite notificaciones en pantalla, por lo que el usuario siempre podrá comprobar de manera muy visual si tiene nuevo correo.

Más adelante se verá como configurar el sistema para que se muestre esta información en la pantalla de bloqueo.

Una vez que se ha finalizado la configuración de las cuentas de correo, se mostrará la ventana principal de la aplicación donde, tal como se puede ver en la siguiente captura, se mostrarán los emails de dichas cuentas.

La utilización de este cliente de correo es muy sencilla y parecida a cualquiera de los clientes actuales.

El usuario podrá leer, responder o enviar correos a sus conocidos de manera muy cómoda.

5.17 TIENDA WINDOWS

Al igual que ocurría en Windows 8, esta herramienta permite al usuario buscar e instalar todas las aplicaciones que necesite o considere oportuno.

La mayoría de las aplicaciones son gratuitas o con un precio reducido, lo que facilita al usuario la posibilidad de acceder a miles de aplicaciones.

Estas aplicaciones están diseñadas para trabajar bajo Windows 10, por lo que la integración con el nuevo sistema es completa.

Localizar las aplicaciones en muy sencillo, pues la tienda está organizada en categorías o, también, se puede buscar directamente el nombre de la aplicación, simplemente tecleándolo.

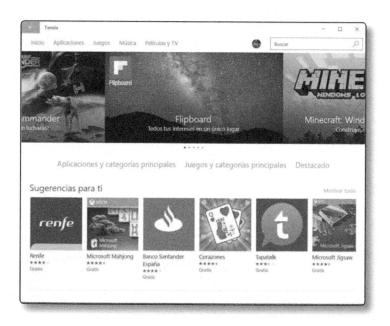

Tal como se ve en la captura anterior, en la parte superior se encuentra un menú donde se podrá seleccionar el tipo de software que busca el usuario (**Aplicaciones**, **Juegos**, **Música**, etc.) y una función de búsqueda.

Si se pulsa sobre el avatar de sesión del usuario, se accederá a las opciones de la **Tienda**, entre las que se encuentra la **Configuración**, **Opciones de pago** o **Mi biblioteca**.

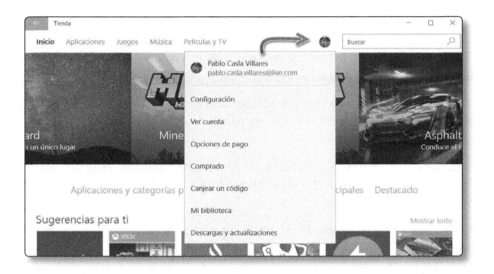

Desde esta herramienta también se tendrá acceso a las actualizaciones de las aplicaciones.

Para ello, en la parte superior se indicará con un mensaje si existen actualizaciones y el número de estas. Pulsando sobre él, se accederá a una nueva ventana donde se podrán seleccionar las actualizaciones a instalar.

También, tal como se observa en la captura anterior, desde el menú de opciones de la cuenta de usuario, también hay un acceso a las **Descargas y actualizaciones**, donde se podrán consultar ambas.

5.18 MAPAS

Esta aplicación permite al usuario buscar lugares a lo largo del mundo, utilizando los mapas de Bing, lo cual es toda una garantía de calidad.

Además de eso, va a permitir obtener instrucciones de cómo llegar a un lugar especificado, informes de tráfico, etc., personalizando las vistas y la información mostrada.

Una vez abierta la aplicación, el sistema mostrará la vista de una zona geográfica en la que se encuentra el usuario, siempre que se haya activado la función de ubicación.

Para activar esta opción, si no lo estuviera, se accederá a la pantalla de **Configuración**, de manera idéntica a como se realiza en todas las aplicaciones nativas que se están explicando. Seguidamente, se pulsará en **Privacidad** – **Abrir configuración de ubicación**.

Se abrirá la ventana de configuración de privacidad (más adelante se explicará con más detalle esta ventana), pudiendo activar o desactivar esta característica, tal como se ve en la siguiente captura:

![Captura de la ventana de configuración de Privacidad mostrando la sección de Ubicación]

Para realizar una búsqueda, se indicará el lugar en la casilla de **Buscar**, y se aceptará o pulsará en el icono con forma de lupa.

Si el buscador encuentra más de una coincidencia con el elemento buscado, mostrará todos los resultados. El usuario solo deberá pulsar sobre el elemento que desea buscar.

Una vez pulsado, la ventana mostrará la ubicación del lugar, y además, en la parte izquierda, mostrará información adicional como datos sobre los alrededores, posibilidad de hacer favorito el ligar o compartirlo.

Si se pulsa sobre **Indicaciones**, mostrará el buscador donde es posible indicar un origen y un destino para un recorrido. En el siguiente ejemplo puede verse un recorrido:

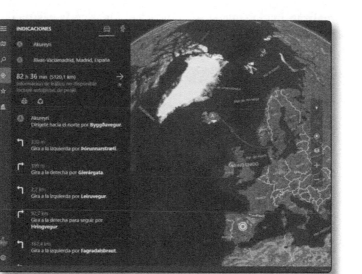

Entre otras muchas opciones (mostrar tráfico, Vista *StreeSide*, etc.), destaca la vista de las principales ciudades en 3D (tal como se puede observar en la siguiente captura) o la descarga de mapas a local para poder usarlos offline.

5.19 INTERNET EXPLORER 11

Esta versión de Windows, aunque ofrece al usuario el nuevo navegador **Edge** como novedad, también ofrece al usuario la posibilidad de seguir utilizando el navegador Internet Explorer 11.

Poco hay que decir de uno de los navegadores web más usados en el mundo y con más número de usuarios.

Es un navegador muy rápido y fácil de usar, simplemente se abre la aplicación y se comienza a navegar por la web, introduciendo una dirección web o utilizando buscadores.

5.20 EL BLOC DE NOTAS

El **Bloc de notas** es un sencillo editor, muy útil para trabajar con archivos de texto con los que no sea necesario ejecutar editores más complejos.

Una vez ejecutado el programa, mostrará su ventana principal (es la que se muestra en la captura siguiente y en ella se ha escrito un pequeño texto).

En la parte superior de la ventana se encuentran las opciones en las que se podrá configurar el texto insertado.

Desde el menú **Archivo** se podrá crear un nuevo documento, abrir uno existente, guardar el trabajo actual o imprimir.

También en este menú, y desde la opción **Configurar página**, se podrán modificar las propiedades del documento (como el tamaño o la orientación), además de configurar el encabezado y el pie de página.

En el menú **Edición** se podrán realizar tareas: cortar y pegar texto, buscar y reemplazar texto en el documento o informar de la hora y fecha actual del sistema en el documento.

En el menú **Formato** se podrá configurar la fuente y el estilo de letra que va a utilizar el documento.

5.21 LA CALCULADORA

Esta aplicación, al igual que en versiones anteriores, va a permitir al usuario realizar desde las más simples operaciones aritméticas a complejas operaciones científicas.

En la siguiente captura se puede observar la calculadora estándar, científica y programador.

La calculadora **Estándar** sigue siendo la forma más cómoda de realizar las operaciones más comunes.

La calculadora **Científica** va a permitir al usuario la realización de operación matemáticas complejas.

La calculadora **Programador** recoge algunas de las opciones incluidas en versiones anteriores de la calculadora científica, además de numerosas opciones nuevas.

Además de los distintos tipos de calculadora, existen varias funciones específicas para facilitar al usuario el cálculo de ellas.

Para cambiar de tipo de calculadora, se pulsará como en casi todas las aplicaciones, en el icono formado por tres barras horizontales. Al hacerlo, se podrán ver todas las opciones de esta aplicación.

Tal como se observa, además de los tres tipos de calculadora, existe una función de **convertidor**, con un número elevado de medidas (**Volumen**, **Longitud**, **Peso y masa**, **Temperatura**, **Energía**, **Área**, **Velocidad**, **Tiempo**, **Potencia**, **Datos**, **Presión y Ángulo**).

Como ejemplo, se va a realizar la transformación de años en segundos. Para ello, se seleccionará la opción **Tiempo**.

En la parte superior, se seleccionara **Años** y en la inferior **Segundos**. Si se requiere cambiar alguna unidad, se pulsará sobre la unidad en concreto (en azul) y se desplegarán las opciones disponibles para esa medida (dependiendo de la medida elegida, variarán en cada caso).

En el ejemplo, se observa cómo se transforma 38 años en segundos, y las opciones de tiempo disponibles para seleccionar.

5.22 GRABADORA VOZ

En Windows 10, la **grabadora de voz** realiza las funciones de la antigua grabadora de sonidos, manteniendo su simplicidad de funcionamiento.

Para comenzar a grabar, se pulsará sobre el icono del micrófono. La aplicación comenzará a grabar, mostrando en la ventana el tiempo de grabación. También se podrá detener la grabación, pausarla o añadir una marca.

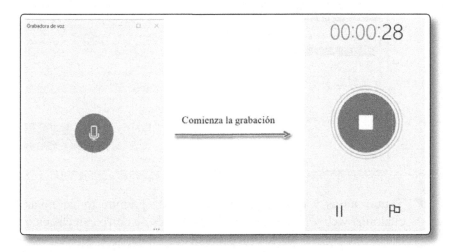

Al finalizar la grabación, la aplicación mostrará el registro de grabaciones, desde el que se podrán gestionar éstas.

5.23 MICROSOFT EDGE

Microsoft intenta recuperar el trono de los navegadores web que durante mucho tiempo obtuvo con el Internet Explorer, y que últimamente le ha sido arrebatado por Firefox, Chrome, etc., apostando por un cambio radical de concepto respecto a Internet Explorer, y lo han bautizado como **Microsoft Edge**.

Las principales novedades que ofrece Edge respecto a sus predecesores son:

▼ **Integración de Cortana**. El nuevo asistente de Windows 10, está totalmente integrado en Edge, permitiendo hacer búsquedas más precisas utilizando el aprendizaje de Cortana, tal como ya se explicó en el epígrafe dedicado al asistente.

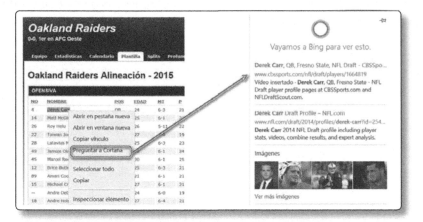

▼ **Tomar notas y dibujar en la web**. Edge permite tomar notas sobre cualquier web y luego compartirlas a través de correo electrónico y otra red social. Estas notas también se puede guardar en OneNote.

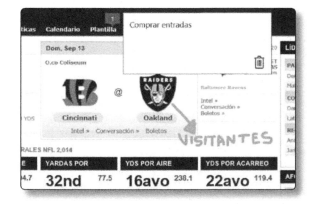

▼ **Modo lectura**. Prácticamente la interfaz visual del navegador desaparece y solo se verá en la pantalla la información y los contenidos, evitando las distracciones por publicidad, anuncios, etc., tal como se observa en el siguiente ejemplo:

▼ **Buenos datos de rendimiento**. Después de realizar pruebas de eficiencia, Edge devuelve unos resultados muy buenos, superando en muchas pruebas a algunos de sus competidores.

▼ **Soporte para extensiones**. Este era un punto diferenciador en contra de Internet Explorer, pero Microsoft quiere corregir errores y va a permitir el desarrollo de extensiones, asemejándose así a sus principales rivales.

Nada más abrir el programa, se puede comprobar cómo se ha simplificado enormemente el interfaz respecto a sus predecesores.

Tal como se observa en la captura anterior, en la parte superior se encuentra la barra de pestañas, donde se irán alojando las distintas pestañas que se vayan abriendo, además de poder cerrarlas o abrir nuevas.

En la parte superior izquierda, se encuentran los controles de navegación, donde se podrá actualizar la página y avanzar/retroceder en la navegación, además de la barra de dirección para introducir *Urls*.

En la parte superior derecha se encuentran las opciones de acceso directo al navegador: **Vista de Lectura**, **Favoritos**, **Hub** (**Favoritos**, **Lista de lectura**, **Historial**, **Descargas**), **Crear un nota web** y **Compartir**.

Por último, en la parte superior derecha, se encuentra el menú **Mas acciones**, donde tal como indica, el usuario encontrará desde la opción de **Imprimir**, acceso a las **Herramientas de desarrollo F12**, **Abrir con internet Explorer** (IE no ha desaparecido de Windows 10 y es totalmente funcional) y el menú de **Configuración**.

Ventana nueva
Ventana InPrivate nueva
Zoom   — 125% +
Buscar en la página
Imprimir
Anclar a Inicio
Herramientas de desarrollo F12
Abrir con Internet Explorer
Enviar comentarios
Configuración

Desde este menú de **Configuración**, el usuario tendrá acceso a multitud de opciones para configurar el comportamiento de la aplicación. Desde opciones de bloqueo de *popups*, uso del controvertido Flash Player, indicar buscador predeterminado, gestión de *cookies*, etc.

5.24 ONE NOTE

Esta aplicación permite la toma de notas, la recopilación de información y la colaboración multiusuario.

Además de eso, permite insertar notas (a mano o con teclado), agregar dibujos, diagramas, fotografías, audio, vídeo, etc.

El resultado es una aplicación muy interesante y sencilla, a la que el usuario puede sacar mucho partido.

5.25 NOTAS RÁPIDAS

Las **notas rápidas** vuelven a estar disponibles en Windows 10 y consisten en simular los conocidos *post-it* en el escritorio del equipo.

En este sistema, se creará una nota independiente por cada apunte que se haga y que se podrá colocar en cualquier posición del escritorio:

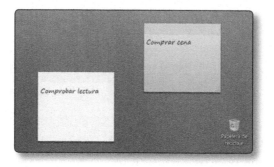

Estas notas son configurables individualmente en cuanto a su tamaño, forma y color.

En la parte superior de cada nota se encuentran dos iconos: uno con forma de "+" para crear una nota con las mismas características que la actual y otro con forma de "X" que se utiliza para eliminar esa nota.

Estas notas no se comportan de forma individual, por lo que si se pulsa sobre una nota con el ratón, todas las notas pasarán a primer plano.

5.26 PAINT

Paint se ha convertido en las últimas versiones de Windows, en una aplicación muy versátil a la hora de trabajar con imágenes y en Windows 10 continua siendo un gran aliado para los usuarios que quieren hacer sencillas ediciones.

Permite al usuario dibujar y editar imágenes sencillas de una manera cómoda. Esta aplicación no está concebida como un programa de tratamiento de imágenes digitales, por lo que las ediciones que se podrán realizar serán muy básicas, aunque han aumentado con respecto a versiones anteriores del programa.

Su ventana principal se divide en dos partes. La parte superior donde se localiza la barra de herramientas de acceso rápido y la cinta con las distintas opciones disponibles, y una segunda parte de mayor tamaño, donde se encuentra el área de dibujo:

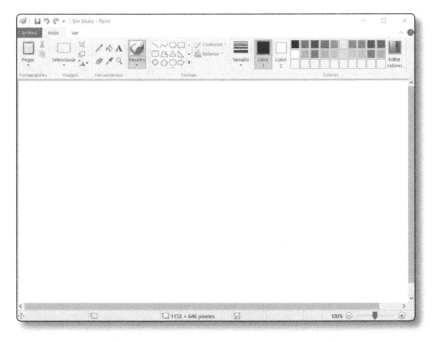

La cinta es donde se encuentran la mayoría de las utilidades para la edición o creación de nuevas imágenes. Algunas de ellas poseen en la parte inferior una flecha negra, pulsando sobre ella se accederá a nuevas opciones:

▶ En el primer apartado, **Portapapeles**, se podrá pegar una imagen, desde el portapapeles o desde otro archivo, en la nueva imagen. También será posible copiar al portapapeles una sección de la imagen de *Paint* o cortar secciones desde la imagen actual.

- En el apartado **Imagen**, con la utilidad **Seleccionar**, el usuario podrá seleccionar secciones de la imagen actual.

  En este apartado, además, se encuentra la opción de recortar partes de la imagen con la utilidad **Recortar**.

  La opción **Cambiar de tamaño y sesgar** permite al usuario de manera sencilla editar las propiedades de la imagen:

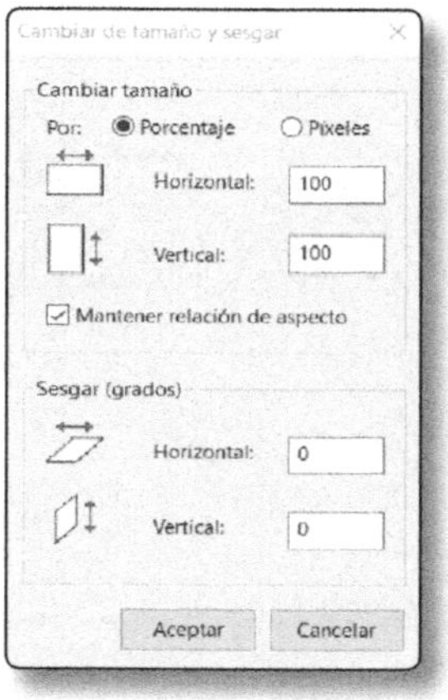

  La última opción del apartado **Imagen, Girar o voltear**, permite realizar el giro o volteo de la imagen actual.

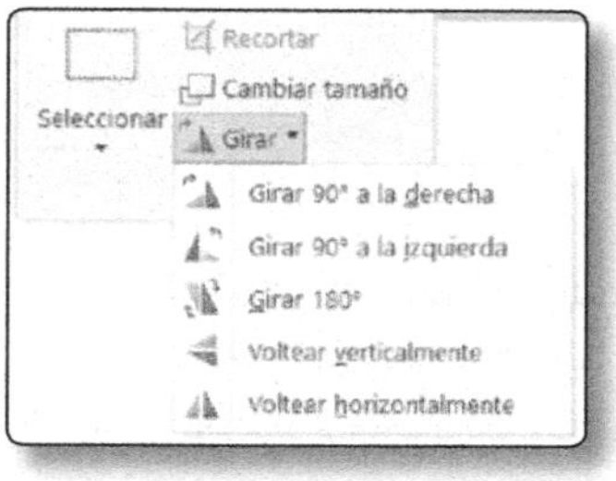

- En el apartado **Herramientas** se encuentran las siguientes opciones:

  - **Lápiz**. Dibujará una línea de forma libre, con el ancho y el color seleccionado.

  - **Relleno con color**. Rellenará la zona de lienzo seleccionada con el color primario si se pulsa con el botón izquierdo del ratón, o con el color secundario si se pulsa con el derecho.

- **Texto**. Con esta opción el usuario podrá insertar texto en la imagen. Al pulsar sobre el icono, se deberá seleccionar la sección de la imagen donde se va a insertar el texto. Se podrán configurar las propiedades del texto en la nueva cinta de opciones que se abrirá en la parte superior.

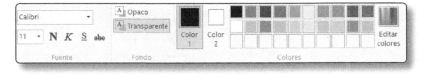

- **Borrador**. Esta opción borrará una parte de la imagen y la reemplazará por el color de fondo.

- **Selector de color**. Esta opción permite al usuario seleccionar un color de la imagen actual de *Paint*.

- **Lupa**. La lupa cambiará la ampliación de una zona de la imagen, permitiendo ver un mayor detalle en esa zona.

▶ En el apartado **Pinceles** el usuario podrá modificar el tipo de pincel que va a usar y elegir entre una gran cantidad de opciones como son: oleo, crayón, acuarela etc.

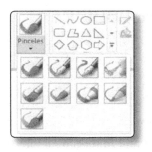

▶ En el apartado **Formas** se podrá seleccionar una forma predefinida para agregar a la imagen. Además, se podrá configurar el tipo de contorno que va a tener la nueva forma y el tipo de relleno.

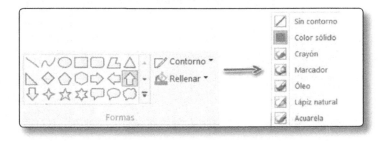

▸ En el apartado **Tamaño** se configurará el ancho de línea que se utilizará en las distintas herramientas:

▸ En el apartado **Colores** se elegirá el color primario y el secundario, también se dispondrá de una paleta con los colores más usados y, por último, la opción para editar los colores a elección del usuario:

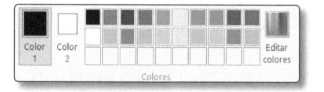

5.27 PANEL DE ENTRADA MATEMÁTICA

El **Panel de entrada matemática** vuelve a estar disponible en Windows 10, y permitir al usuario crear documentos o presentaciones al poder insertar las fórmulas en programas de cálculo o de procesamiento de datos, utilizando el reconocedor matemático integrado en Windows 10.

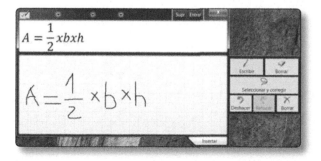

Para poder insertar formulas, el panel de entrada matemática está preparado para usarse con pantallas táctiles, con ratón, con el lápiz de una *Tablet PC* o, incluso, con un digitalizador interno.

Se pulsará sobre **Escribir** y se indicará la formula sobre el área de escritura. La expresión matemática reconocida aparecerá en el área de vista previa.

Si la expresión que se ha introducido no es correcta, se pulsará sobre el icono **Borrar**, después, y sobre la parte de la fórmula incorrecta. De esta manera, dicha parte desaparecerá.

También, se dispone de los botones **Deshacer** $A = \frac{1}{2} x b x h A = \frac{1}{2} x b x h$ y **Rehacer**, que se pueden utilizar en caso de equivocación al realizar modificaciones en las fórmulas.

Si la expresión no es reconocida correctamente por el programa se deberá pulsar en **Seleccionar y corregir** y seleccionar la parte de la formula no reconocida. El sistema mostrará una serie de alternativas a la expresión original para que seleccione la correcta:

Cuando la fórmula esté correcta, se podrá pulsar sobre el icono **Insertar**, situado en la parte inferior, para almacenar la fórmula en la memoria.

De esta manera, se podrá tener acceso a esta fórmula desde la opción **Historial**, situada en la barra de tareas de la ventana del panel de entrada matemática, en este caso varias fórmulas para cálculo de áreas.

5.28 PELÍCULAS Y TV

Esta aplicación permite al usuario, no solo ver los videos que posee en su equipo, si no que le posibilita comprar o alquilar películas, además de poder ver TV.

Al abrir la aplicación, en la parte izquierda, se podrá acceder al menú desde el que se accederá a los distintos apartados, como **Películas, TV, Videos y la** opción **Buscar**.

Desde la opción de **Películas**, el usuario podrá seleccionar qué película quiere comprar o descargarse.

Simplemente tendrá que pulsar sobre la película seleccionada, en la aplicación **Tienda** (la cual se abre de forma automáticamente) , y realizar la compra o alquiler.

Tal como se aprecia en la captura siguiente, hay distintas opciones, como seleccionar la calidad de la película (HD, SD).

La opción de **TV**, funciona de igual forma que **Películas**.

En la opción **Vídeos**, se tendrá acceso a la biblioteca de vídeos del usuario y las descargas realizadas, pudiéndose configurar nuevos directorios que conformarán la biblioteca. Para reproducir, bastará con pulsar sobre el video deseado, y comenzará la reproducción.

Desde el menú situado a la izquierda, también se accede a la configuración de la aplicación, donde será posible editar el comportamiento de la aplicación.

Configuración	
Calidad de la descarga	**Cuenta**
◯ HD	Ver cuenta
◯ SD	Pago y facturación
⦿ Preguntar cada vez	
	Aplicación
Dispositivos de descarga	Ayuda
Mostrar mis dispositivos de descarga	Comentarios
Quitar este dispositivo	Acerca de
Más información	Novedades
Tus vídeos	
Restaurar mis compras de vídeos disponibles	
Elige la ubicación de búsqueda de vídeos	

5.29 RECORTES

El usuario podrá realizar capturas de pantalla completa o recortes de cualquier objeto de la pantalla, gracias a esta sencilla aplicación.

En la opción **Nuevo** se podrá configurar qué tipo de captura se va a realizar. Los tipos de captura posibles son las que se pueden ver en la siguiente figura.

Una vez realizado el recorte, se abrirá una ventana nueva donde se podrán hacer anotaciones y realizar dibujos sobre la captura hecha. También se podrá remarcar partes de la captura.

Desde esta misma pantalla se podrá guardar el recorte o enviarlo mediante la opción **Enviar recorte**.

5.30 WORDPAD

WordPad vuelve a ser ese procesador de texto enriquecido básico que, aunque no tiene toda la potencia de otros procesadores como Word, en la mayoría de los casos será suficiente para poder realizar las tareas habituales del usuario, ya que permite trabajar con gráficos y formatos complejos.

Las opciones están agrupadas en la cinta de opciones de la parte superior de la ventana:

A continuación, se explican las más importantes:

▶ En la parte izquierda de la cinta se encuentran las opciones de **Portapapeles**, incluidas las habituales de **Cortar** y **Copiar**, además de **Pegado** y **Pegado especial**.

▶ En el apartado **Fuente** se podrá configurar el tipo de letra (al igual que en Office, no sólo se muestra en nombre del tipo de letra, sino se representa gráficamente) y otras propiedades como negrita, cursiva, subíndice, sobreíndice, color de texto y resaltado de texto etc.

▼ El apartado **Párrafo** se ha mejorado mucho y se han añadido algunas opciones más que en versiones anteriores.

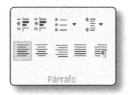

▼ En el apartado **Insertar** se ha incluido la opción de agregar una amplia variedad de formatos de fecha.

También permitirá insertar una imagen, seleccionándola desde el propio equipo, así como insertar un objeto compatible con otros programas como *Office* o *Corel*.

La opción de **Pintar dibujo** abrirá directamente una ventana de *Paint* para que se realice directamente el dibujo que luego será insertado en el documento.

Imagen ▾	Pintar dibujo	Fecha y hora	Insertar objeto
Insertar			

▼ El apartado **Edición** facilita al usuario la búsqueda y posible sustitución de palabras y frases dentro del documento.

🔍 Buscar
ab/ac Reemplazar
⬚ Seleccionar todo

Edición

5.31 CENTRO DE ACCESIBILIDAD

Es la aplicación desde la que se activan o desactivan una serie de pequeños programas que facilitan la accesibilidad al sistema.

Para acceder a esta aplicación se accederá al **Menú de inicio – Configuración** y, luego, se pulsará sobre **Accesibilidad**. Se mostrará la siguiente pantalla:

Windows 10 ofrece diversas utilidades para facilitar la accesibilidad al sistema, ya conocidas de versiones anteriores. Entre las más importantes se encuentran:

▼ **Narrador**. Esta aplicación es un lector de pantalla que leerá todos los elementos en pantalla, como los textos y botones, por donde se desplace el cursor.

En la captura puede observarse las opciones disponibles para la configuración de esta herramienta.

▼ **Iniciar Lupa**. Esta utilidad amplia una parte de la pantalla para facilitar la visualización de esa zona.

Al activar la lupa el sistema mostrará la ventana desde la que se podrá configurar el comportamiento de la aplicación.

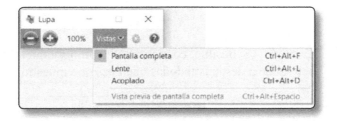

Se podrá ampliar o reducir el zoom de la pantalla, usando los botones "+" y "-".

La lupa tiene tres tipos de vistas:

▼ **Pantalla completa.** Con ella, la ampliación se producirá en toda la pantalla. Se puede mover por ella utilizando el ratón.

▼ **Lente**. Se abrirá una ventana en la que se realizará la ampliación de la imagen. Esta ventana seguirá el movimiento del ratón a lo largo de la pantalla.

▼ **Acoplado**. Con esta opción se abrirá una ventana que se podrá colocar en cualquier parte del escritorio arrastrándola con el ratón. La ampliación se realizará en el lugar en el que se encuentre el puntero del ratón.

También es posible configurar el comportamiento de la aplicación, activando a desactivando las opciones que muestra.

> Aumentar cosas en pantalla
>
> Lupa
> Activado
>
> Invertir colores
> Desactivado
>
> Iniciar Lupa automáticamente
> Desactivado
>
> Seguimiento
>
> Seguir el foco del teclado
> Desactivado
>
> Seguir el cursor del mouse
> Desactivado

▼ **Teclado en pantalla**. Esta utilidad mostrará la imagen de un teclado en la pantalla. El usuario podrá usar el ratón para pulsar en las teclas de este teclado, obteniendo el mismo resultado que el obtenido con un teclado real.

Está pensada para aquellos usuarios con dificultades para poder trabajar con un teclado convencional o dispositivos táctiles.

Estas son algunas de las principales ayudas para la accesibilidad, pero, tal como se muestra en la siguiente pantalla, existen bastantes opciones más para ayudar al usuario a trabajar en el equipo.

5.32 WINDOWS DEFENDER

Windows Defender vuelve a estar disponible en Windows 10.

Permite localizar y eliminar los **programas espías** (también conocidos como **Spyware**), en el equipo y eliminarlos. También permite localizar este tipo de programas antes de que se instalen en el equipo.

Los *Spyware* son aplicaciones programadas para recopilar información del equipo donde están instaladas y enviarla a terceras personas sin autorización del dueño de ésta.

Al abrir la aplicación, se mostrará de ventana de **Inicio**, donde el sistema mostrará un resumen del estado de *Windows Defender*.

Al pulsar sobre el botón **Examinar ahora**, la aplicación comenzará a realizar una búsqueda de las posibles aplicaciones potencialmente peligrosas para el equipo (*Spyware*).

Es posible elegir entre realizar un examen **Rápido**, **Completo** o **Personalizado**. Para ello, se deberá marcar la opción deseada en las opciones situadas sobre el botón **Examinar ahora**.

En la parte superior de la ventana se pueden observar varias pestañas que darán acceso a distintas características del programa.

Si se pulsa sobre la pestaña **Actualizar**, el sistema mostrará la siguiente ventana, desde la que se tendrá acceso a información respecto a la última actualización de las definiciones del programa y la posibilidad de actualizarlas pulsando sobre el botón **Actualizar.**

En la pestaña **Historial**, se mostrará un resumen de todas las alertas que se hayan encontrado en el equipo en exámenes anteriores y las medidas que se tomaron ante dichas amenazas, definiendo la búsqueda entre **Elementos en cuarentena, Elementos permitidos** o **Todos los elementos detectados**.

Por último, si se pulsa sobre **Configuración,** se mostrará la ventana de configuración de **Actualización y seguridad**, donde se definirá el comportamiento de la aplicación.

5.33 REPRODUCTOR DE WINDOWS MEDIA

Otro viejo conocido de los usuarios habituales de Windows es el **Reproductor de Windows Media**, el cual facilita al usuario la reproducción de archivos multimedia digitales, la posibilidad de organizar estos archivos en colecciones o realizar copias de música o vídeo.

El usuario podrá trabajar con el reproductor de Windows Media en dos diferentes vistas:

▶ La **Biblioteca del Reproductor** que ofrece un mayor número de opciones al usuario para trabajar con los archivos multimedia.

▶ La **Reproducción en curso** que es una vista más simplificada del programa.

Para alternar entre ambas vistas, se ha de pulsar sobre el icono situado en la parte inferior derecha de la Biblioteca del Reproductor .

La vista **Reproducción** en curso se muestra a continuación:

La vista **Biblioteca** del reproductor se divide en varios paneles, desde los que el usuario podrá gestionar todos los archivos.

En la parte izquierda se encuentra el panel de navegación, desde el que se podrá localizar de forma sencilla qué tipo de archivo digital se está buscando. Por ejemplo, si se pulsa en **Música**, se desplegará un menú donde se podrá seleccionar que muestre la música por **Intérprete**, **Álbum** o **Género**.

En la parte central, se encuentra el panel de detalles, donde se mostrará información detallada sobre los archivos digitales.

El reproductor de Windows permite crear y mantener listas de reproducción de manera muy sencilla. Bastará con pulsar sobre **Listas de reproducción** y, seguidamente, en **Crear lista de reproducción** en la parte superior. Una vez creada, se deberán ir arrastrando los archivos digitales hasta la lista de reproducción para que formen parte de ella.

De la misma manera, se podrán añadir archivos a proyectos de copia a CD o DVD. Para ello, se ha de pulsar en **Grabar** y arrastrar el archivo. Finalmente, se pulsará en **Iniciar grabación**.

La aplicación también permite al usuario sincronizar un dispositivo portátil, como puede ser un MP3 o MP4. Para ello, será necesario conectar el dispositivo al equipo y arrastrar los archivos que se desean sincronizar.

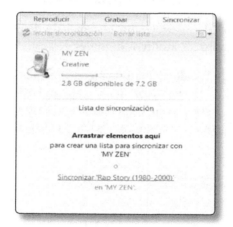

5.34 VISOR DE XPS

XPS, que viene de las siglas *XML Paper Specification*, es un formato de documento pensado para que sea fácil de compartir, leer e imprimir. Es un formato independiente de plataforma (que se podría leer en cualquier sistema operativo), abierto y sin royalties.

Un documento XPS es, por tanto, cualquier archivo que se guarde en formato .xps (*XML Paper Specification*). Se podrá crear documentos XPS con cualquier programa que pueda imprimir en Windows, pero solo se podrá ver documentos XPS mediante el visor de XPS.

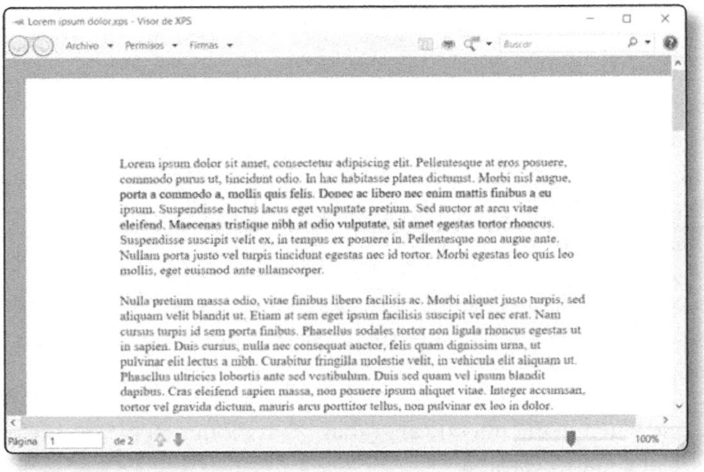

En la barra de menú superior e inferior, este programa ofrece al usuario varias opciones para trabajar con este tipo de archivos, como por ejemplo:

- Guardar una copia del documento XPS en el equipo.
- Encontrar una palabra o una frase en el documento XPS.
- Escribir el número de página o navegar hacia atrás y adelante por las páginas del documento para ir a una página específica.
- Acercar o alejar el texto y las imágenes para que resulte más fácil su lectura.
- Firmar digitalmente el documento XPS.
- Administrar los permisos de acceso al documento y durante cuánto tiempo aplicar permisos de documento.

5.35 GRABACIÓN DE ACCIONES DE USUARIO

Esta aplicación va a capturar automáticamente las acciones realizadas en un equipo, incluida una descripción de texto que detalle los lugares en los que se pulsó con el ratón y una imagen de la pantalla (es decir, una captura de pantalla) que muestre dichas acciones.

Una vez que se hayan capturado estos pasos, se podrán guardar en un archivo para que lo use un profesional de soporte técnico u otra persona que le ayude con un problema del equipo.

Hay que tener en cuenta que al grabar las acciones en el equipo, no se grabará nada de lo que el usuario escriba.

Antes de comenzar la grabación, se deberá pulsar en el botón con forma de interrogación y seguidamente en **Configuración**, para configurar correctamente la grabación.

Para comenzar la grabación se pulsara en **Iniciar grabación**, comenzando el proceso.

Si fuese necesario indicar alguna nota o comentario a la grabación, se deberá pulsar sobre la opción **Agregar comentario**, abriendo el sistema una pequeña ventana donde se añadirá dicho comentario.

Una vez realizado los procesos y, para finalizar la grabación, se pulsará en **Detener grabación**.

Una vez finalizada, se podrá acceder al informe que ha generado el programa con todas las acciones realizadas durante el proceso, tanto a nivel de capturas como de acciones, tal como se puede ver en la siguiente captura.

Este programa es muy útil a la hora de tener un registro visual completo de las acciones realizadas por un usuario, por ejemplo, para ser analizadas por un técnico a la hora de detectar un problema.

5.36 WINDOWS JOURNAL

Esta aplicación va a permitir al usuario tomar notas manuscritas en pantallas táctiles o con el uso del ratón.

El usuario tendrá a su disposición múltiples opciones, en el menú superior, como son: cambiar el tamaño del lápiz, el uso de un marcador, insertar un objeto, guardar, imprimir, etc.

Al iniciar el programa por primera vez, es posible que solicite instalar el controlador de impresión de escritura de notas de Journal.

Windows Journal   ✕

¿Desea instalar el controlador de impresión de Escritura de notas de Journal?

Puede usar el controlador de impresora de Escritura de notas de Journal para capturar una imagen electrónica del documento que podrá navegar, imprimir, anotar o compartir.

🛡 Instalar

→ Cancelar

Simplemente, se pulsará en **Instalar**, para continuar con el proceso de instalación.

Una vez instalado, ya se puede comenzar a tomar notas y utilizar todas las opciones que ofrece esta interesante aplicación.

5.37 XBOX

Microsoft ha conseguido unir su consola Xbox con Windows 10 para conseguir una nueva experiencia en el mundo de los videojuegos.

Se han rediseñado para Windows 10 grandes juegos, incluidos *Minecraft*, *Gigantic*, *Killer Instinct* y *Gears of War*.

Será posible retar a amigos, conseguir logros y formar parte de la comunidad de juegos más importante del mundo con el multijugador de *Xbox Live*.

También es posible mantener charlas en grupo, jugar en modo multijugador entre varios dispositivos (PC - *Xbox One*) y poder retransmitir juegos de *Xbox One* en *streaming* a cualquier PC con Windows 10.

Gracias a la nueva versión de *Direct 3D*, **DirectX 12**, la calidad de los juegos aumenta de forma notable, siendo más rápido y eficiente que nunca para sacar el máximo partido al hardware gráfico disponible.

También en Windows 10 hay hueco para los clásicos, ya que viene incluido el Microsoft *Solitarie Collection*, con el que poder jugar horas y horas.

6

HERRAMIENTAS ADMINISTRATIVAS DEL SISTEMA

Windows 10 ofrece al usuario un amplio número de utilidades o aplicaciones cuyo cometido es administrar y optimizar el rendimiento del sistema.

Entre estas herramientas se encuentra el desfragmentador de disco, monitores de recursos del equipo o analizadores de discos.

Al igual que las herramientas anteriormente explicadas, se podrá acceder a estas aplicaciones desde el **Menú de inicio – Todas las aplicaciones,** o a través de una búsqueda.

Seguidamente se explicará brevemente las herramientas más importantes, indicando su utilidad y el modo de usarlas.

6.1 DESFRAGMENTAR Y OPTIMIZAR UNIDADES.

Al trabajar en un equipo con, por ejemplo, bases de datos, imágenes o usando programas de ofimática, etc., los archivos con los que se trabaja se van fragmentando en el disco duro en varios segmentos o partes, lo que provoca que se ralentice el acceso a ellos y, por consiguiente, el trabajo del propio usuario.

Para evitar esta pérdida de eficiencia, es necesario realizar de forma periódica una desfragmentación en el equipo.

Windows 10 ofrece esta herramienta para subsanar este problema. Como en casi todas las herramientas, se puede acceder de varias formas. En esta ocasión se accederá desde el **Menú de inicio – Todas las aplicaciones – Desfragmentar y optimizar unidades**. Mostrando la siguiente ventana:

Si se pulsa sobre **Analizar**, la herramienta realizará un análisis del disco seleccionado e informará de la necesidad de realizar una desfragmentación o no. Si supera el 10 %, se recomienda realizar la desfragmentación de disco.

Una vez realizado el análisis, si se pulsa en **Optimizar**, el sistema realizará el proceso de optimización del disco seleccionado.

Es posible automatizar el proceso de desfragmentación. Para ello, hay que pulsar en **Cambiar configuración** y se verá la siguiente ventana:

En esta ventana se podrá configurar la ejecución programada del proceso y en que discos se va a realizar.

6.2 INFORMACIÓN DEL SISTEMA

Esta aplicación muestra un amplio catálogo de información del equipo. Navegando por la aplicación se podrá tener acceso a una enorme cantidad de información, tanto a nivel hardware del sistema como software.

Al acceder, el sistema mostrará la siguiente ventana:

El usuario deberá ir desplegando los distintos menús situados a la izquierda, para acceder a la información.

Además de la opción de **Resumen del sistema**, la información se divide en tres grandes grupos:

▼ **Recursos de hardware**. Todo aquello relacionado con el hardware del equipo.

▼ **Componentes**. Información relacionada con los componentes instalados en el equipo.

▼ **Entorno software**. Se podrán consultar las tareas que se están ejecutando en ese mismo momento, los programas que se ejecutan al inicio de la sesión, los trabajos de impresión, etc.

6.3 DIRECTIVA DE SEGURIDAD LOCAL

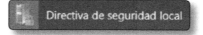

Esta herramienta permite al usuario configurar la directiva de seguridad del sistema.

Debido a la importancia que tiene esta configuración, se recomienda que solo se modifique por un usuario avanzado, ya que, de lo contrario, podrían producirse problemas no deseados en el sistema.

Al iniciar la herramienta, mostrará una ventana parecida a la siguiente:

En ella, en la parte izquierda de la ventana, se puede observar como las directivas se agrupan dependiendo de a qué tipo pertenecen.

Para desplegar los valores, se pulsará en el icono con forma de flecha negra. Al realizarlo, se desplegarán los valores. Si se pulsa sobre uno de estos valores, en la parte derecha de la ventana se mostrarán las directivas que conforman la agrupación seleccionada.

En el siguiente ejemplo, se puede observar cómo se han seleccionado las **Directivas de cuenta** y, dentro de ellas, la **Directiva de contraseñas**. Se puede observar como en la parte izquierda de la ventana aparecen todas la directivas que la conforman, mostrando el nombre de la directiva y su configuración.

Para modificar una directiva, se pulsará dos veces sobre ella o se accederá a su menú contextual y se seleccionará **Propiedades**.

Al realizarlo, el sistema mostrará una nueva ventana donde se podrá modificar la directiva. Según el tipo de directiva será posible modificar determinados aspectos de esta, como si está habilitada o no, o algún valor en concreto. Es posible que el sistema ofrezca una pestaña, denominada **Explicación**, donde se pueda consultar cual es el propósito de la directiva.

En la siguiente captura se muestran las propiedades de la directiva **Vigencia máxima de la contraseña**:

6.4 LIBERADOR DE ESPACIO EN DISCO

Esta aplicación permite liberar espacio del disco, analizando qué información no se usa y, por tanto, se puede eliminar.

Al iniciarla, se mostrará la siguiente ventana donde se deberá seleccionar la unidad en donde se desea liberar espacio.

Una vez seleccionada, la aplicación comenzará el análisis de la unidad.

Al finalizar el análisis, la aplicación mostrará una ventana donde se podrá seleccionar qué tipo de archivos van a ser eliminados.

Para ello, se marcarán las casillas de verificación de las diferentes opciones.

En la parte inferior se mostrará información sobre el tipo de archivos que se van a borrar y, según el tipo de archivo, aparecerán distintas opciones, como **Ver archivos**.

Una vez seleccionado, se pulsará en **Aceptar**.

6.5 EL PROGRAMADOR DE TAREAS

Esta aplicación permite al usuario programar la ejecución automatizada de una acción, a una determinada hora o cuando se produzca un determinado evento.

Al acceder, se mostrará la ventana principal de la herramienta:

Existen dos conceptos implicados en la programación de una tarea que se deben conocer antes de realizar la configuración:

▼ **Desencadenadores**. Son un conjunto de criterios que, si se cumplen, se iniciará la ejecución de la tarea.

Pueden usarse desencadenadores basados en tiempo (se iniciarán las tareas basándose en una programación u hora concreta) o basados en eventos (se iniciarán las tareas como respuesta a ciertos eventos del sistema, como el inicio del sistema por parte del usuario).

▼ **Acciones**. La acción de una tarea es el trabajo que se realizará cuando se ejecute la tarea.

La ventana principal de la aplicación se divide en tres apartados:

▼ La parte izquierda muestra la biblioteca del programador de tarea, donde se tendrá acceso a todas las tareas que se han ido creando en el equipo.

▼ La parte central tendrá acceso a información detallada de cada tarea.

Si se pulsa sobre una determinada tarea, se podrán consultar los desencadenadores de la tarea o las acciones que se llevarán a cabo, pulsando en las distintas pestañas.

▼ La parte de la derecha muestra el módulo de acciones, desde el que se podrá: desde crear nuevas tareas a ejecutar, la tarea actualmente seleccionada o eliminarla.

Para crear una tarea, se pulsará en **Crear tarea básica** o **Crear tarea**, dependiendo del nivel de complejidad que necesite el usuario (en el ejemplo se creará una tarea básica) y se verá la siguiente ventana:

En ella se configurará el nombre de la tarea y la descripción. Seguidamente, pulsar **Siguiente** y se mostrará la siguiente ventana:

En la ventana se configurará el desencadenador de la tarea (en el ejemplo, será **Al iniciarse el equipo**). Pulsar en **Siguiente** para continuar y se verá la ventana:

En esta ventana se configurará la acción a realizar (en el ejemplo, se indicará **Iniciar un programa**). Pulsar en **Siguiente** para continuar y se verá la ventana:

En esta pantalla se indicará qué programa es el que se debe iniciar al arrancar el equipo.

Cuando lo haya indicado, se pulsará en **Siguiente** y mostrará una ventana resumen con las características de la nueva tarea creada.

Para terminar el proceso de creación, pulsar en **Finalizar**.

6.6 EL ADMINISTRADOR DE TAREAS

El **Administrador de tareas** proporciona información acerca de los programas, procesos y servicios que se están ejecutando en el equipo. También muestra medidas de rendimiento del equipo, así como otra información.

Para ejecutar la utilidad, hay que seguir los pasos siguientes:

▶ Pulsar las teclas [**Ctrl**]+[**Alt**]+[**Supr**] y seguidamente pulsar sobre **Administrador de tareas**.

▶ Otro procedimiento sería pulsar con el botón derecho sobre la **Barra de tareas** y seleccionar **Administrador de tareas**, del menú contextual.

Al realizar cualquiera de las opciones, el sistema mostrará una de las siguientes ventanas:

Para cambiar de una a otra, solo se deberá pulsar en **Más detalles**, situado en la parte inferior.

En la pestaña **Procesos** se muestra información acerca de las tareas que se están ejecutando en el equipo y de los procesos que se ejecutan en segundo plano. Si desea finalizar una tarea, se seleccionará y se pulsará en **Finalizar tarea**.

En la pestaña **Rendimiento**, se mostrará una ventana con la información actualizada sobre el rendimiento del equipo:

▶ Gráficos e información de utilización de la **CPU**.
▶ Gráficos e información de utilización de la **Memoria**.
▶ Gráficos e información de utilización de los **Discos** duros.
▶ Gráficos e información de utilización de la conexión (**Ethernet**).

▶ Si se pulsa en abrir el monitor de recursos, se verá más información sobre CPU, disco, red y memoria. Esta nueva herramienta se verá más adelante en detalle.

En la pestaña **Historial de aplicaciones**, se mostrará un resumen de las aplicaciones utilizadas en el equipo últimamente, indicando sus tiempos de uso de la CPU, actividad de red, etc.

En la pestaña **Inicio**, se mostrarán las aplicaciones que se van a ejecutar en el inicio de sesión del equipo.

Será posible deshabilitar las aplicaciones para que no se ejecuten. Para ello, se deberá seleccionar dicha aplicación y pulsar en **Deshabilitar**.

Nombre	Editor	Estado	Impacto de ini...
⚙ Catalyst® Control Center La...	Advanced Micro Devices...	Habilitado	Alto
🟢 CCleaner	Piriform Ltd	Habilitado	Medio
☁ Microsoft OneDrive	Microsoft Corporation	Habilitado	Alto
🔊 Realtek HD Audio Manager	Realtek Semiconductor	Habilitado	Bajo

⌄ Menos detalles   Deshabilitar

En la pestaña **Usuarios**, se mostrará la información de los usuarios conectados al equipo. Se mostrará información como el uso de la CPU, Memoria o Disco de cada uno de los usuarios.

Usuario	Estado	9% CPU	68% Memoria	47% Disco	0% Red
🖥 pablo.casla.villares@live.co...		8,4%	539,3 MB	0,1 MB/s	0 Mbps
🖥 patricia.corella.fernandez@...	Desconectada	0%	85,2 MB	0,1 MB/s	0,1 Mbps

⌄ Menos detalles   Desconectar

Si se pulsa sobre el usuario, en la parte inferior se mostrarán opciones para **Desconectar**, **Cerrar sesión** o **Cambiar de usuario**.

En la pestaña **Detalles**, mostrará un listado completo de los procesos que están ejecutándose actualmente en el sistema.

Nombre	PID	Estado	Nombre ...	CPU	Memori...	Descripción
HxMail.exe	4900	Suspendido	pablo	00	40 K	Microsoft Outlook Mail
HxTsr.exe	1060	Suspendido	pablo	00	1.908 K	Microsoft Outlook Communications
Interrupciones ...	-	En ejecución	SYSTEM	01	0 K	Llamadas a procedimiento diferidas y rutinas de servici...
lsass.exe	708	En ejecución	SYSTEM	00	4.348 K	Local Security Authority Process
Microsoft.Msn...	6044	Suspendido	pablo	00	260 K	Money
Microsoft.Msn...	8116	Suspendido	pablo	00	168 K	News.Windows
Microsoft.Msn...	6304	Suspendido	pablo	00	148 K	Weather.Windows
Microsoft.Photo...	6500	Suspendido	pablo	00	40 K	Microsoft Photos
MOM.exe	1312	En ejecución	pablo	00	1.348 K	Catalyst Control Center: Monitoring program
MOM.exe	9968	En ejecución	patri	00	1.420 K	Catalyst Control Center: Monitoring program
MpCmdRun.exe	2132	En ejecución	Servicio ...	00	1.872 K	Microsoft Malware Protection Command Line Utility
MsMpEng.exe	2136	En ejecución	SYSTEM	00	36.012 K	Antimalware Service Executable
MSOSYNC.EXE	9536	En ejecución	patri	00	3.520 K	Microsoft Office Document Cache
NisSrv.exe	2824	En ejecución	SERVICI...	00	80 K	Microsoft Network Realtime Inspection Service
notepad++.exe	3480	En ejecución	pablo	00	1.260 K	Notepad++ : a free (GNU) source code editor
OneDrive.exe	5096	En ejecución	pablo	00	2.996 K	Microsoft OneDrive
OneDrive.exe	9600	En ejecución	patri	00	6.432 K	Microsoft OneDrive
Proceso inactiv...	0	En ejecución	SYSTEM	88	4 K	Porcentaje de tiempo de inactividad del procesador
RtkNGUI64.exe	5040	En ejecución	pablo	00	1.788 K	Realtek HD Audio Manager
RtkNGUI64.exe	9452	En ejecución	patri	00	1.752 K	Realtek HD Audio Manager

⌄ Menos detalles   Finalizar tarea

Es posible finalizar un proceso, simpleente seleccionándolo y pulsando sobre **Finalizar tarea**.

Por último, en la pestaña **Servicios**, se muestra información acerca de los servicios que están ejecutándose en el equipo.

Pulsando con el botón derecho del ratón sobre estos servicios, se podrá **Iniciar**, **Detener** o **Reiniciar** entre otras opciones, tal como se observa en la siguiente captura:

Nombre	PID	Descripción	Estado	Grupo
AdobeARMservice	1940	Adobe Acrobat Update Service	En ejecución	
AJRouter		Servicio de enrutador de AllJoyn	Detenido	LocalService
ALG		Servicio de puerta de enlace de nivel de aplicación	Detenido	
AMD External Events ...	960	AMD External Events Utility	En ejecución	
AMD FUEL Service	2040	AMD FUEL Service	En ejecución	
AppIDSvc		Identidad de aplicación	Detenido	LocalServic...
Appinfo	316	Información de la aplicación	En ejecución	netsvcs
AppMgmt		Administración de aplicaciones	Detenido	netsvcs
AppReadiness		Preparación de aplicaciones	Detenido	AppReadin...
AppXSvc	8408	Servicio de implementación de AppX (AppXSVC)	En ejecución	wsappx
AudioEndpointBu	*Iniciar*	extremo de audio de Windows	En ejecución	LocalSyste...
Audiosrv	Detener	ows	En ejecución	LocalServic...
AxInstSV	Reiniciar	tiveX (AxInstSV)	Detenido	AxInstSVGr...
BDESVC	Abrir servicios	de unidad BitLocker	Detenido	netsvcs
BFE	Buscar en línea	o de base	En ejecución	LocalServic...
BITS	Ir a detalles	sferencia inteligente en segundo plano (BITS)	En ejecución	netsvcs
BrokerInfrastructure	856	Servicio de infraestructura de tareas en segundo plano	En ejecución	DcomLaunch
Browser		Examinador de equipos	Detenido	netsvcs
BthHFSrv		Servicio manos libres Bluetooth	Detenido	LocalServic...
bthserv		Servicio de compatibilidad con Bluetooth	Detenido	LocalService

⌃ Menos detalles   🔍 Abrir servicios

6.7 MONITOR DE RECURSOS

Es una herramienta que muestra al usuario información en tiempo real sobre el consumo de los recursos del sistema.

Tal como se puede observar en la captura anterior, al acceder a la aplicación se muestra una ventana con toda la información referente al consumo de recursos. En la parte superior se encuentran las pestañas de **Información general**, **CPU**, **Memoria**, **Disco** y **Red**.

En el caso del ejemplo, al seleccionar **Información general**, se podrá comprobar cómo se muestran los procesos que se están ejecutando e información sobre ellos.

6.8 DIAGNÓSTICO DE MEMORIA DE WINDOWS

Al acceder a esta herramienta, el sistema mostrará el siguiente aviso, donde se tendrá que seleccionar la opción que más convenga al usuario:

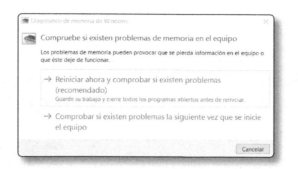

Si se selecciona la primera opción, el sistema se reiniciará y comenzará el proceso de diagnóstico:

6.9 FIREWALL DE WINDOWS CON SEGURIDAD AVANZADA

Un cortafuego (o *firewall* en inglés) es un elemento de hardware o software utilizado en una red de computadoras para controlar las comunicaciones con el exterior, permitiéndolas o bloqueándolas según las políticas de red que se hayan definido.

El firewall puede definirse como un filtro que controla todas las comunicaciones que pasan de una red a otra y en función de su naturaleza permite o deniega su paso. Para permitir o denegar una comunicación, el firewall examina el tipo de servicio al que corresponde, como puede ser HTTP, SMTP o FTP, analizando también si el tráfico es entrante o saliente.

Cuando se instala el firewall, se configura con una serie de reglas que debe cumplir todo el tráfico que pasa a través de él. Por ejemplo, si se instala un firewall en una empresa y se establece una regla que bloquee el protocolo FTP de salida, los usuarios de esa red no podrán establecer sesiones FTP con el exterior.

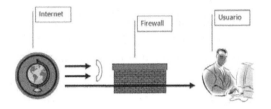

El Firewall de Windows es bastante bueno y muy configurable, aunque en este libro únicamente se va a explicar la configuración básica.

Para acceder, el usuario podrá realizarlo desde el **Panel de control**, en el apartado **Sistema y seguridad** y, finalmente, pulsando en **Firewall de Windows**.

Si se pulsa en la opción **Activar o desactivar Firewall de Windows**, el sistema mostrará la siguiente ventana:

En esta ventana se podrá activar el Firewall de Windows o desactivarlo. Si se activa, se podrá configurar que bloquee todas las conexiones entrantes, incluso las de las listas de programas permitidos y que notifique al usuario cuando el firewall bloquee un nuevo programa.

Este procedimiento se realizará tanto para las redes domésticas como para las redes públicas. Cuando se haya realizado, pulsar en **Aceptar.**

Para configurar la lista de programas permitidos, en la ventana principal, pulse en **Permitir una aplicación o una característica a través de Firewall de Windows** y verá la siguiente ventana:

En esta ventana se configurará marcando o desmarcando los programas con autorización del firewall a comunicarse y en qué tipo de red pueden realizarlo.

Si el programa que se necesita configurar no aparece en el listado, pulsar en **Permitir otra aplicación** para localizarlo.

Cuando se haya terminado, pulsar en **Aceptar**.

De esta forma se puede configurar el Firewall de Windows de una manera sencilla, pero existe la posibilidad de hacerlo de una manera más completa y compleja.

Para ello, se accederá a la configuración avanzada del Firewall, pulsando sobre la opción **Configuración avanzada**, desde el **Menú de Inicio** o en **Herramientas administrativas**.

Al realizar una de las dos acciones anteriores, se podrá ver la pantalla principal de la aplicación, tal como se ve en la siguiente captura:

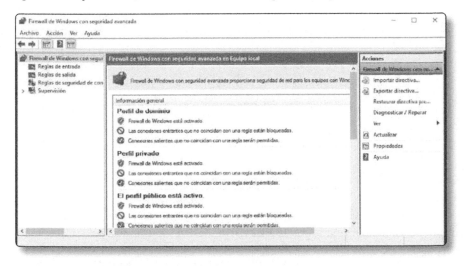

La ventana se divide en tres partes. La zona de la izquierda permite al usuario seleccionar el tipo de regla con el que se va a trabajar, por ejemplo entre reglas de entrada o de salida.

En la parte central se podrá ver el estado del firewall, y, según la selección del usuario, se listarán las distintas reglas, indicando información sobre ellas como, por ejemplo, el nombre, si está activa o no, el programa, el protocolo, etc.

En la parte derecha se encontrarán todas las acciones disponibles para las reglas, como por ejemplo crear una nueva regla, habilitar o deshabilitar una regla, copiar, eliminar, ver sus propiedades, etc.

Crear una nueva regla desde esta herramienta es sencillo. El primer paso será pulsar sobre **Nueva regla**, mostrando el sistema la siguiente ventana:

En ella se deberá seleccionar qué tipo de regla se va a crear. En el caso del ejemplo, se va a crear una regla de **Puerto**.

Una vez seleccionada la opción, se pulsará sobre **Siguiente**, mostrando una ventana donde se deberá especificar si la regla se aplicará sobre TCP o UDP, y sobre qué puertos:

Una vez seleccionada la opción deseada, se pulsará en **Siguiente** y se seleccionarán las acciones o medidas que se deberán llevar a cabo. Las opciones son **Permitir la conexión**, **Bloquear** o **Permitir la conexión si es segura**.

Una vez seleccionada la opción deseada, se pulsará en **Siguiente** y, en la nueva ventana, se seleccionará cuándo va a aplicar la nueva regla. En la siguiente captura se pueden observar las opciones disponibles:

Una vez seleccionada la opción deseada, se pulsará en **Siguiente**, dándole un nombre a la nueva regla en la siguiente ventana.

Para acabar la creación, pulsar en **Finalizar**.

Una vez creada la regla, es posible modificar sus propiedades. Para ello, se deberá seleccionar y, después, pulsar sobre **Propiedades**, situada en el menú de **Acciones**, en la parte derecha de la ventana. Se accederá a la ventana de **Propiedades**, tal como se puede observar en la siguiente captura.

El usuario podrá ver y modificar las propiedades de la regla, navegando por las distintas pestañas.

6.10 VISOR DE EVENTOS

El visor de eventos es la herramienta que permite examinar y administrar los eventos ocurridos en el equipo.

Un evento es un acontecimiento significativo del sistema o de una aplicación que requiere una notificación al usuario.

Los registros de eventos que se muestran en un controlador principal de dominio son:

Vistas personalizadas. Una vez creado un filtro que muestre solo los registros que interesen, se puede guardar con un nombre para utilizarlo después. Ese filtro guardado es una vista personalizada (en un apartado posterior se indica cómo crearlas).

Registros de Windows:

▼ **Aplicación**. Muestra los eventos generados por las aplicaciones o los programas.

▼ **Seguridad**. Muestra los eventos que se producen al hacer un seguimiento de los cambios en el sistema de seguridad o al detectar cualquier fallo.

▼ **Instalación**. Muestra los eventos relacionados con la instalación del sistema operativo o sus componentes.

▼ **Sistema**. Muestra los eventos que se producen en los distintos componentes de Windows.

▼ **Eventos reenviados**. Este registro se utiliza para almacenar los eventos recopilados de equipos remotos (para ello se deberá crear previamente una suscripción de evento).

Registros de aplicaciones y servicios. Estos registros son una nueva categoría de los registros de eventos y permiten almacenar eventos de una única aplicación o componente en lugar de eventos que pueden tener un impacto en todo el sistema.

Suscripciones. El visor de eventos permite ver eventos en un único equipo remoto. Sin embargo, la solución de un problema puede requerir el examen de un conjunto de eventos almacenados en varios registros de diferentes equipos.

El Visor de eventos puede mostrar los siguientes tipos de sucesos:

▼ **Crítico**. Corresponde a un error del que no puede recuperarse automáticamente la aplicación o el componente que desencadenó el evento.

▼ **Error**. Corresponde a un problema importante que puede afectar a la funcionalidad externa a la aplicación o al componente que desencadenó el evento.

▼ **Advertencia**. Corresponde a un evento que no es importante necesariamente, pero que indica la posibilidad de que haya problemas en el futuro.

▼ **Información**. Corresponde a un evento que describe el funcionamiento correcto de una aplicación, un controlador o un servicio.

▼ **Auditoría correcta**. Indica que se ha realizado correctamente el ejercicio de los derechos de un usuario.

▼ **Error de auditoría**. Indica que se ha producido un error en el ejercicio de los derechos de un usuario.

Al acceder a la herramienta, el sistema mostrará la siguiente ventana:

En el panel izquierdo, se mostrarán las distintas opciones de eventos que se pueden visualizar. Desplegando los distintos nodos, se tendrá acceso a los distintos eventos.

Al seleccionar cualquiera de ellos, se verá en el panel central información sobre los eventos seleccionados.

En cada evento se muestra el nivel de suceso, la fecha y la hora, el origen del evento, el identificador del evento y su categoría (es la clasificación según lo define el origen).

Además de dichos datos, muestra un icono a la izquierda de cada registro que corresponde al tipo de suceso:

▸ Un icono con una letra "i" azul en fondo blanco indica que es un suceso informativo, es decir, es un registro de un suceso realizado con éxito.

▸ Un icono con un signo "!" en fondo amarillo indica una advertencia de un error que no es significativo pero que puede ocasionar problemas en el futuro.

▼ Un icono con un signo "!" en fondo rojo indica un error (por pérdida de datos o por pérdida de funciones).

▼ Un icono con un signo "X" en fondo rojo indica un error crítico (por pérdida de datos o por pérdida de funciones).

▼ Un icono con forma de llave indica un intento de acceso de seguridad finalizado correctamente (solo se muestran en el registro de seguridad).

▼ Un icono con forma de candado indica un intento de acceso de seguridad que no ha finalizado correctamente (solo se muestran en el registro de seguridad).

En la siguiente captura se pueden observar los eventos de **Sistema**:

Al pulsar dos veces con el botón izquierdo del ratón sobre un registro, se verá información detallada sobre él. Se podrá desplazar por la lista de registros si se pulsa **Anterior** (flecha arriba) o **Siguiente** (flecha abajo). Pulsar en **Cerrar** para volver a la pantalla principal.

Es posible configurar el visor de eventos para adecuarlo a las necesidades de cada usuario.

Para ello, una vez dentro de la aplicación, se seleccionará el registro que se desea configurar (en el ejemplo, **Registro de Windows - Aplicación**), mostrar su menú contextual y seleccionar **Propiedades**, mostrando la siguiente pantalla:

En la parte superior se pueden observar dos pestañas, **General** y **Suscripciones**.

En **General**, se puede observar la siguiente información:

▶ **Nombre completo**. Corresponde al nombre que aparecerá en el panel izquierdo.

▶ **Ruta de registro**. Corresponde al nombre y ubicación del archivo de registro seleccionado.

▶ **Tamaño del registro**. Muestra el tamaño actual del archivo de este registro.

▶ **Creado**. Muestra la fecha en que se creó este archivo de registro.

▶ **Modificado**. Muestra la fecha en que se realizó la última modificación en este archivo de registro (las entradas que se muestran que tienen fecha posterior están guardadas en la caché y aún no se han grabado en el archivo).

▼ **Con acceso**. Muestra la fecha en que se leyó o escribió por última vez en este archivo de registro.

▼ **Habilitar registro**. Indica si dicho registro está almacenando los eventos que se produzcan.

▼ **Tamaño máx. del registro (KB)**. Permite indicar el espacio máximo en KB que puede tener este archivo de registro.

▼ **Sobrescribir eventos si es necesario (los anteriores primero)**. Al activar esta casilla, se está indicando que, si este registro llega a su tamaño máximo, cada nuevo suceso reemplazará al más antiguo.

▼ **Archivar el registro cuando esté lleno; no sobrescribir eventos**. Al activar esta casilla, se está indicando que cuando el archivo haya llegado a su tamaño máximo, se archivará automáticamente y no se sobrescribirá ningún evento.

▼ **No sobrescribir eventos (vaciar registros manualmente)**. Al activar esta casilla, se está indicando que se conservarán todos los sucesos aunque el registro haya llegado a su tamaño máximo y se tendrán que borrar los sucesos manualmente.

En la parte inferior, también está disponible la opción **Vaciar registros**. Al pulsar sobre ella mostrará el siguiente aviso, donde el usuario seleccionará la opción deseada.

Si se pulsa en la pestaña **Suscripciones**, se verá la pantalla siguiente (en caso de que el servicio Recopilador de eventos de Windows no se esté ejecutando, mostrará un aviso en el que se lo indicará. Pulsar en **Si** para iniciarlo):

Si pulsa en **Crear**, se accederá a una nueva pantalla en donde se podrá añadir una nueva suscripción.

Si se selecciona una suscripción de la lista, se podrán ver sus **Propiedades** para modificar la suscripción; también se podrá **Eliminar** dicha suscripción, **Deshabilitarla**, **Reintentar** su ejecución o **Actualizar** la lista.

Cuando se haya acabado, pulsar en **Aceptar** para volver a la pantalla principal de la utilidad.

6.11 CONFIGURACIÓN DEL SISTEMA

Esta utilidad permite modificar la configuración del arranque del ordenador mediante casillas de verificación.

Para acceder a la herramienta, igual que en la mayoría de las herramientas administrativas, se pulsará sobre el **Menú de inicio – Todas las aplicaciones – Herramientas administrativas** y se seleccionará **Configuración del sistema**.

Obviamente, también se puede acceder a través de una búsqueda.

Se mostrará la siguiente ventana:

En la pestaña **General** se pueden encontrar los apartados referentes a la **Selección de inicio** del sistema:

▼ **Inicio normal**. Si se activa esta casilla, se estará indicando que el sistema se inicie normalmente, es decir, que cargue todos los controladores de dispositivos y servicios (es el método predeterminado).

▼ **Inicio con diagnóstico**. Si se activa esta casilla, se estará indicando que el sistema se cargue con los servicios y controladores básicos para intentar detectar un problema que haya en el sistema.

▼ **Inicio selectivo**. Si se activa esta casilla, se estará indicando que se inicie el sistema con los servicios y controladores básicos y los otros servicios y programas de inicio que el usuario seleccione, activando las casillas que desee.

Si se pulsa en la pestaña **Arranque**, se verá la pantalla siguiente:

En ella se muestran las opciones de arranque para el sistema operativo y opciones de depuración avanzadas como:

▸ **Arranque a prueba de errores**. Si se activa esta casilla, se estará indicando que el sistema se inicie a prueba de errores para intentar detectar los problemas que hubiera. Se tendrá que elegir entre las siguientes opciones:

- **Mínimo**. Se arrancará con la interfaz gráfica de Windows en modo seguro, ejecutando únicamente los servicios críticos del sistema (los servicios de red estarán deshabilitados).

- **Shell alterno**. Se arrancará con el **Símbolo del sistema** en modo seguro ejecutando únicamente los servicios críticos del sistema (los servicios de red y la interfaz gráfica estarán deshabilitados).

- **Reparar Active Directory**. Se arrancará con la interfaz gráfica de Windows en modo seguro, ejecutando únicamente los servicios críticos del sistema y Active Directory (los servicios de red estarán deshabilitados).

- **Red**. Se arrancará con la interfaz gráfica de Windows en modo seguro, ejecutando únicamente los servicios críticos del sistema y los servicios de red.

▸ **Sin arranque de GUI**. No mostrará la pantalla de bienvenida de Windows al arrancar el sistema.

▸ **Registro de arranque**. Almacenará toda la información del proceso de arranque.

▸ **Vídeo base**. Se arrancará con la interfaz gráfica de Windows en modo VGA mínimo.

▸ **Información de arranque del sistema operativo**. Mostrará los nombres de los controladores a medida que se van cargando durante el proceso de arranque del sistema.

▸ **Tiempo de espera**. En este apartado, puede indicar el tiempo que esperará al iniciar el sistema antes de arrancar el sistema operativo predeterminado.

▸ **Convertir en permanente toda la configuración de arranque.** Si se activa esta casilla, todas las selecciones quedarán permanentes y deberán modificarse de nuevo desde esta pantalla (no se desharán seleccionando **Inicio normal** de la pestaña **General**).

▼ **Establecer como predeterminado**. Si hubiera más de un sistema operativo instalado en el equipo, podrá indicar cuál es el predeterminado.

▼ **Eliminar**. Si hubiera más de un sistema operativo instalado en el equipo, podrá seleccionar el que desee y pulsar este botón para eliminarlo.

▼ **Opciones avanzadas**. Si se pulsa en este botón, se verá la siguiente pantalla:

En ella se pueden configurar las siguientes opciones:

● **Número de procesadores**. Si se activa esta casilla, se podrá indicar el número de procesadores que se desea utilizar en el arranque.

● **Cantidad máxima de memoria**. Si se activa esta casilla, se podrá indicar la cantidad de memoria máxima que se desea utilizar en el arranque.

● **Bloqueo de PCI**. Si se activa esta casilla, se estará indicando que Windows no asigne de forma dinámica los recursos IO/IRQ a los dispositivos PCI y permite que dichos dispositivos sean configurados por la BIOS.

● **Depurar**. Si se activa esta casilla, se deberá indicar la configuración global de depuración para que se envíen los datos por el puerto indicado.

Si se pulsa en la pestaña de **Servicios**, se verá una pantalla parecida a la siguiente:

En ella se encuentran todos los servicios que se cargan al iniciar el equipo indicando el estado en el que se encuentran. Se podrá habilitar o deshabilitar los que desee y ver los servicios que no son de Microsoft.

Si se pulsa en la pestaña **Inicio de Windows**, el sistema mostrará una ventana indicando que en esta versión de Windows, para acceder a los elementos de inicio, se tendrá que realizar desde el **Administrador de tareas**.

Si se pulsa sobre el acceso sugerido, se accederá al **Administrador de tareas**, cuya funcionalidad se ha visto con anterioridad en este mismo capítulo.

Si se pulsa en la pestaña **Herramientas**, se verá una pantalla parecida a la siguiente:

En ella se encuentra una lista de herramientas de diagnóstico y otras herramientas avanzadas que se pueden ejecutar.

Si se selecciona una de ellas, en la parte inferior indicará el archivo ejecutable y su ubicación. Pulsar en **Iniciar** para utilizarla.

Cuando haya finalizado, pulsar en **Aceptar** para salir de la utilidad (es posible que sea necesario reiniciar el equipo tras el uso de estas herramientas).

6.12 MONITOR DE RENDIMIENTO

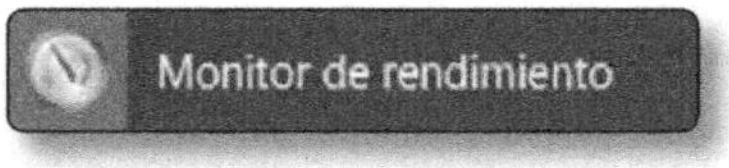

Es una herramienta gráfica que sirve para visualizar datos sobre el rendimiento, en tiempo real y desde archivos de registro. Entre sus posibilidades se encuentran:

- Reunir datos de rendimiento en tiempo real.
- Ver los datos reunidos (tanto los actuales como los anteriores) en un registro de contadores de rendimiento.
- Presentar los datos en un gráfico, en un histograma o en un informe.
- Exportar los datos a otros formatos para mejor análisis.
- Crear páginas HTML a partir de las vistas de rendimiento.

Al acceder a la herramienta, se pulsará sobre **Herramientas de supervisión** y, seguidamente, en la opción **Monitor de rendimiento** en la parte izquierda de la ventana, mostrando una ventana parecida a la siguiente:

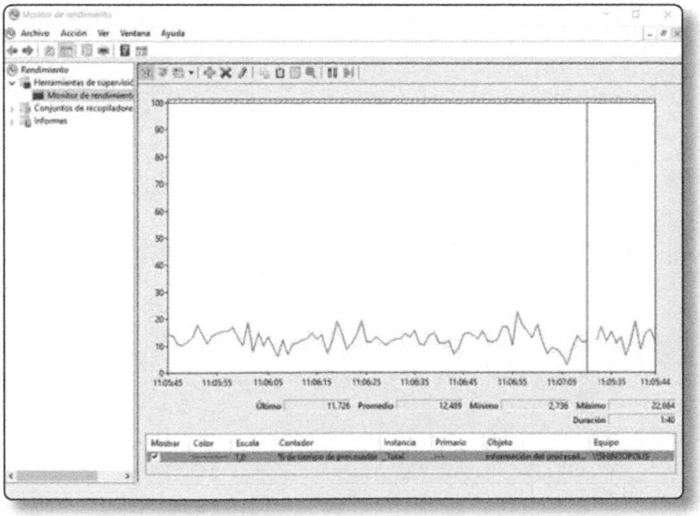

Tal como se puede observar, muestra un gráfico en tiempo real sobre el uso del procesador en porcentaje.

En su parte inferior de la ventana se muestra cinco valores:

- **Último**. Es el último valor leído.
- **Promedio**. Es la media de todos los valores leídos.
- **Mínimo**. Es el valor más pequeño de los leídos.
- **Máximo**. Es el valor mayor de los leídos.
- **Duración**. Muestra el tiempo que se tarda en crear un gráfico completo en la pantalla.

En la parte inferior se muestra la leyenda correspondiente a cada uno de los distintos gráficos (incluyendo color, escala, contador, instancia, objeto y equipo).

En la parte superior de la ventana, en la barra de herramientas, se encuentran las opciones disponibles para poder modificar el comportamiento de la herramienta.

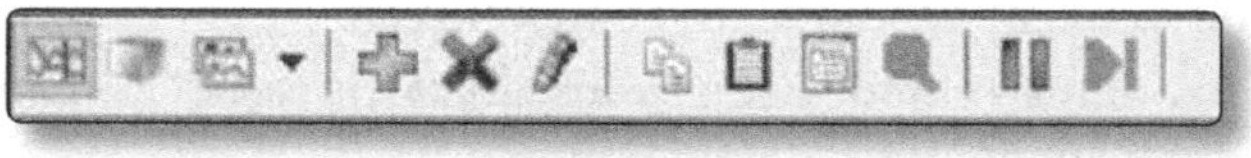

Se puede añadir o eliminar contadores al gráfico, para ello se pulsará en el botón con forma de '+' para añadir, o el botón con forma de '**X**' para eliminar.

Si se quiere añadir un nuevo contador, al pulsar sobre el botón '+', el sistema mostrará la siguiente ventana:

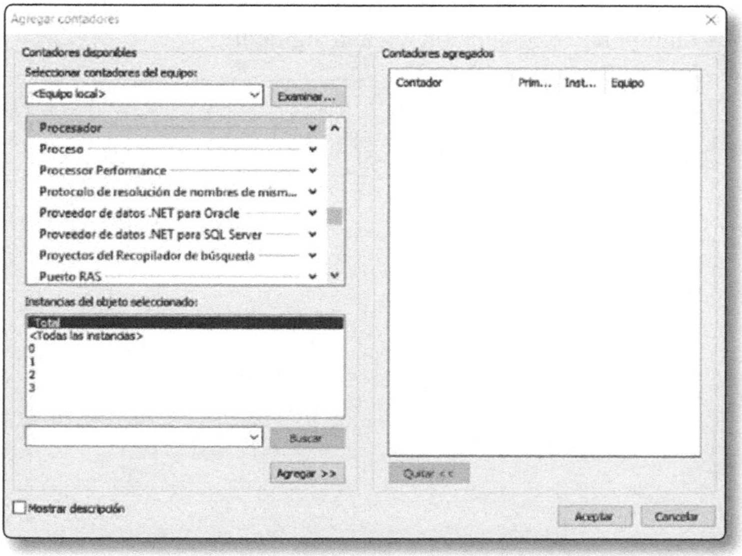

En ella se encuentran los apartados siguientes:

▶ **Seleccionar contadores del equipo**. En este apartado se podrá escribir el nombre del equipo sobre el que se va a realizar el gráfico.

Debajo se podrá seleccionar el objeto que desea monitorizar (si se pulsa en el signo "v" se desplegarán los nodos de los objetos. Seleccione todos los objetos que desee monitorizar.

▶ **Instancias del objeto seleccionado**. En este apartado se podrá seleccionar la instancia que se desea monitorizar, que estará en función del objeto seleccionado (por ejemplo, un equipo con dos discos duros tendrá dos instancias. El seguimiento de los datos se hará en cada instancia). Si se desea, se podrá indicar que se desea realizarlo en todas las instancias.

▶ **Mostrar descripción**. Si se activa esta casilla, se mostrará, en la parte inferior de la pantalla, información sobre el objeto seleccionado.

Una vez seleccionado el contador, se pulsará en **Agregar**, mostrándose en el campo **Contadores agregados**.

En el ejemplo siguiente, se seleccionará los contadores de uso de procesador para todas las instancias y tiempo de uso de disco duro, pero solo para la unidad C.

En la siguiente captura se observa el proceso y el resultado:

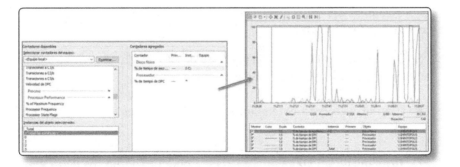

En la parte inferior del gráfico se muestra información sobre los contadores seleccionados.

Si se pulsa en la opción **Propiedades** de la barra de herramientas, situada en la parte superior, se podrá modificar la escala, la apariencia, etc., del gráfico y de los contadores.

Para eliminar un contador del gráfico, bastará con seleccionarlo en el listado de contadores de la parte inferior y pulsar el botón con forma de 'X', o también pulsando en la tecla [**Supr**] del teclado.

Si lo que se desea es que no aparezca en el gráfico, pero no borrarlo, se desmarcará el contador deseado de la columna **Mostrar**.

Tal como se ha indicado anteriormente, los datos pueden ser exportados para poder ser analizados con mayor profundidad o como copia de seguridad.

Para guardar los datos, se deberá mostrar el menú contextual y seleccionar **Guardar configuración como**.

Se deberá indicar la ubicación donde se desea guardar el archivo y el nombre del fichero. Se puede escoger entre dos formatos:

▶ **Página web (con extensión HTM)**. Para poder incorporar el gráfico a una página web.

▶ **Informe (con extensión TSV)**. Para poder exportar los datos a una hoja de cálculo.

Una vez seleccionado el tipo, se pulsará en **Guardar**.

También es posible realizar una captura de imagen. Para ello de nuevo desde el menú contextual se seleccionará **Guardar imagen como**.

6.13 MONITOR DE CONFIABILIDAD

Esta potente herramienta está destinada sobre todo a usuarios avanzados del sistema (administradores, programadores de software, etc.), que necesiten tener acceso a información cómo cuantificar los problemas que haya en el equipo, tanto de hardware y software como de otros posibles cambios.

Para abrir el **Centro de actividades**, se accederá a través del **Panel de control**. Seguidamente, se pulsará en **Sistema y seguridad**.

En el apartado **Mantenimiento**, se pulsará en **Ver historial de confiabilidad**, mostrando la ventana principal de la herramienta, tal como se puede observar en la siguiente captura:

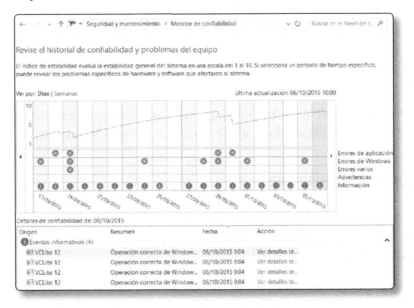

La aplicación valora la estabilidad del equipo entre 1 (menos estable) y 10 (más estable).

Tal como se observa en la captura, el gráfico muestra la evolución de los problemas del equipo en un determinado rango de tiempo. Este rango puede variar entre **Días** o **Semanas**. Para cambiar entre ambos, se seleccionará la opción deseada en la opción **Ver por** situada en la parte izquierda superior del gráfico.

En la parte superior se mostrarán los eventos referentes a la estabilidad del sistema, tales como **Errores de aplicación**, **Errores de Windows**, **Errores varios**, **Advertencias** o **Información**.

Al pulsar sobre una columna en la parte superior de la ventana, en la parte inferior se listarán todos los eventos ocurridos en ese rango de tiempo.

Si se desea acceder a información más detallada del evento, se deberá pulsar en la opción que facilita el sistema en la columna **Acción**, por ejemplo, **Buscar una solución** o **Ver detalles técnicos**.

En la parte inferior de la ventana se podrá pulsar en **Ver todos los informes de problemas** para observar únicamente los problemas que se hayan producido en el equipo. Esta vista no incluye los demás eventos del equipo que se muestran en el **Monitor de confiabilidad**, como los eventos relacionados con la instalación de software.

También en la parte inferior están disponibles las opciones de **Guardar historial de confiabilidad** y **Buscar soluciones para todos los problemas**.

6.14 COMPROBACIÓN DE ERRORES

Cuando un equipo se cierra de forma inadecuada, como cuando se ha realizado un apagado incorrecto o un fallo en la energía del equipo, es posible que los discos se dañen y se pueda perder la información.

Esta herramienta localiza estos fallos e intenta solventarlos sin pérdida de la información por parte del usuario (aunque en muchos casos pueda solventar este tipo de problemas, en numerosas ocasiones será necesario utilizar otro software para realizar una recuperación más satisfactoria de los datos perdidos).

Esta comprobación se podrá realizar en cualquier tipo de almacenamiento, exceptuando aquellos que sean de solo lectura.

Windows 10 lanzará automáticamente el proceso de comprobación de errores en el disco donde se encuentre instalado después de un apagado erróneo del equipo.

Para acceder a esta herramienta, se deberá pulsar con el botón derecho del ratón sobre una unidad de disco. En el menú contextual que aparecerá, se deberá pulsar sobre **Propiedades**.

En la nueva ventana que aparecerá, se pulsará en la pestaña **Herramientas** y, seguidamente, en **Comprobar ahora**, mostrando la siguiente pantalla:

En esta ventana se informará al usuario de si es necesario examinar la unidad y, pulsando sobre **Examinar unidad**, comenzará el proceso para que localice e intente recuperar aquellos sectores del disco defectuosos.

Al finalizar el análisis, la aplicación mostrará una ventana con el resultado del análisis, pudiendo acceder a un resumen del análisis mucho más extenso desde la herramienta **Visor de eventos**.

6.15 PROPIEDADES DEL SISTEMA

Esta utilidad permite realizar una gran cantidad de acciones sobre el sistema, por ejemplo, ver y modificar distintas propiedades del equipo.

Para trabajar con ella, se accederá desde el **Panel de control** y, seguidamente, sobre **Sistema**, mostrando una pantalla parecida a la siguiente:

Se puede observar información sobre la versión del sistema operativo, el identificador del producto, el equipo y la activación de Windows.

En la parte derecha de la ventana se encuentra la opción **Cambiar configuración**, que al ser pulsada se accederá a la siguiente ventana:

En la parte superior, se encuentran varias pestañas desde las que se podrá configurar el comportamiento del sistema. Seguidamente, se van a explicar las posibilidades que ofrece cada pestaña.

6.15.1 Nombre de equipo

Desde esta ventana se podrá cambiar el nombre del equipo, desde la opción **Descripción del equipo**.

Si se pulsa en **Id de red**, se abrirá el asistente del sistema para unir el equipo a un equipo o a un grupo de trabajo.

Simplemente se deberá completar toda la información que el sistema solicite para poder unir el equipo al dominio o al grupo de trabajo.

Si se pulsa en **Cambiar**, situada en la parte inferior de la ventana, el usuario podrá cambiar el nombre del equipo, cambiar de dominio o de grupo de trabajo.

Se deberá completar la información requerida para poder cambiar el nombre o unirse al grupo o dominio.

6.15.2 Hardware

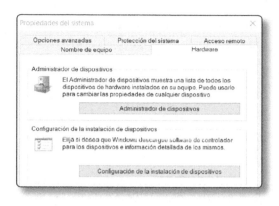

Tal como se puede observar en la anterior captura, el sistema muestra dos opciones: **Administrador de dispositivos** y **Configuración de la instalación de dispositivos**.

▸ **Administrador de dispositivos**. Al pulsar sobre esta opción, el sistema mostrará una pantalla donde se podrán ver todos los dispositivos instalados en el sistema:

Para acceder a los dispositivos que conforman cada grupo, se deberá pulsar sobre el icono situado a su izquierda. Al mostrar los dispositivos, si el usuario se sitúa sobre uno de ellos, mostrando su menú contextual, podrá seleccionar **Propiedades** para acceder a la siguiente ventana:

En esta nueva ventana se mostrará informacion muy diversa sobre el dispositivo, pudiendo variar el número de pestañas ofrecidas por el sistema según el tipo de dispositivo que se esté analizando.

Entre las pestañas más importantes, se encuentran **Detalles, Recursos** y **Controlador**.

La pestaña **Detalles** se verá parecida a la siguiente:

En ella se podrá ver el valor de una cantidad enorme de propiedades del dispositivo. Para acceder a todas ellas, se deberá pulsar en el triángulo que hay a la derecha del apartado.

La pestaña **Recursos** muestra la configuración de los recursos del controlador y la lista de conflictos (si el dispositivo no es *plug and play*, se podrá cambiar la configuración del recurso).

Por último, la pestaña **Controlador**, donde verá una pantalla parecida a la siguiente:

En ella se muestra información diversa del controlador del dispositivo.

Existen cinco opciones disponibles:

- **Detalles del controlador**. Al pulsar en este botón, se mostrará diversa información sobre los archivos correspondientes al controlador del dispositivo.

- **Actualizar controlador**. Al pulsar en este botón, se podrán actualizar los archivos del controlador del dispositivo.

- **Revertir al controlador anterior**. Al pulsar en este botón, se podrá volver al controlador anterior si se hubieran actualizado los archivos del controlador del dispositivo.

- **Deshabilitar**. Al pulsar en este botón, se podrá deshabilitar el dispositivo.

- **Desinstalar**. Al pulsar en este botón, se podrá desinstalar el dispositivo.

▼ **Configuración de la instalación de dispositivos**. Para asegurar la integridad del sistema, se han firmado digitalmente todos los archivos de Windows 10 y se comprueban automáticamente durante el proceso de la instalación.

Al pulsar en este botón, se mostrará la pantalla siguiente donde podrá modificar la configuración de la comprobación de la firma de los archivos:

En ella se encuentran los apartados siguientes:

- **Sí, hacerlo automáticamente**. Windows realizará automáticamente la descarga. Es recomendable para la integridad del equipo tener esta opción activada.

- **No, dejarme elegir**. El usuario podrá seleccionar entre las siguientes opciones:

  - **Instalar siempre el mejor software de controlador de Windows Update**.

  - **No instalar nunca software de controlador de Windows Update**.

  - **Obtener automáticamente la aplicación del dispositivo y la información suministrada por el fabricante del dispositivo**.

Una vez finalizado, se pulsará en **Guardar cambios,** regresando a la pantalla anterior.

6.15.3 Opciones avanzadas

Al pulsar sobre esta pestaña se mostrará la siguiente ventana:

Si se pulsa sobre la opción **Configuración**, dentro de **Rendimiento**, se verá la pantalla siguiente:

En la pestaña **Efectos visuales,** se podrá configurar el comportamiento del sistema respecto a los efectos. Para ello, se seleccionará una de las opciones siguientes:

▶ **Dejar que Windows elija la configuración más adecuada para el equipo**. Si se activa esta casilla, restaurará la configuración de los efectos visuales (la lista inferior) predeterminada de Windows.

▶ **Ajustar para obtener la mejor apariencia**. Si se activa esta casilla, se marcarán todas las casillas de la lista inferior.

▶ **Ajustar para obtener el mejor rendimiento**. Si se activa esta casilla, se desmarcarán todas las casillas de la lista inferior.

▶ **Personalizar**. Si activa esta casilla, podrá marcar las casillas de la lista inferior que desee.

En la pestaña **Opciones avanzadas**, se mostrará la siguiente ventana:

En el apartado **Programación del procesador** se determina si se asignan más recursos del procesador a los **Programas** en primer plano o a los **Servicios de segundo plano**.

En el apartado **Memoria virtual**, se deberá indicar el **Tamaño total del archivo de paginación para todas las unidades** de disco, es decir, una memoria virtual de almacenamiento en disco que simula el funcionamiento de la memoria aunque de forma más lenta. Así, ejecutarán más programas de los que podría con la memoria RAM disponible. Si se pulsa en **Cambiar**, verá la pantalla siguiente:

En ella se muestran todos los discos del equipo y se especifica el disco donde se encuentra el archivo de paginación con sus tamaños inicial y máximo.

Se podrán realizar o seleccionar varias opciones:

▸ **Administrar automáticamente el tamaño…** Si se activa esta casilla, todas las demás se deshabilitarán, ya que Windows 10 será el que administrará el archivo de paginación.

▸ **Tamaño personalizado.** Si se activa esta casilla, podrá indicar los valores que se desea para el archivo de paginación.

Si se pulsa sobre la unidad en donde se encuentra el archivo de paginación, se podrán modificar dichos valores. En **Tamaño inicial** se puede poner el tamaño indicado en el apartado **Recomendado** de **Tamaño total del archivo de paginación para todas las unidades** y en **Tamaño máximo**, el que parezca conveniente. Cuando se haya indicado, se pulsará en **Establecer**.

▸ **Tamaño administrado por el sistema.** Si activa esta casilla, se permitirá que Windows 10 elija los valores para el archivo de paginación.

▸ **Sin archivo de paginación.** Si se activa esta casilla, se indicará que no haya archivo de paginación. Esta opción hará que el sistema vaya muy lento. Solo se deberá utilizar cuando no haya suficiente espacio libre en el disco y mientras se añada más espacio libre.

Si se pulsa en la pestaña **Prevención de ejecución de datos**, se verá la pantalla siguiente:

La prevención de ejecución de datos (DEP) ayuda a protegerse contra los virus y otras amenazas a la seguridad, mediante la supervisión de los programas para garantizar que utilizan la memoria de forma segura. Si comprueba que se está utilizando la memoria de forma insegura, DEP lo cerrará y enviará una notificación al usuario.

Se pueden dar dos opciones:

▼ **Activar DEP solo para los programas y servicios de Windows esenciales.** Si se activa esta casilla, se estará indicando que DEP únicamente supervise los programas y servicios esenciales de Windows.

▼ **Activar DEP para todos los programas y servicios excepto los que seleccione**. Si se activa esta casilla, se estará indicando que DEP supervise todos los programas y servicios exceptuando los que se encuentren en la lista inferior.

Si se pulsa en **Agregar**, se podrán añadir los ficheros ejecutables que desea excluir de la supervisión.

Si se selecciona un programa de la lista y se pulsa en **Quitar**, se eliminará.

Volviendo a la ventana principal de **Propiedades del sistema**, en la pestaña **Opciones avanzadas**, en el apartado **Perfiles de usuario**, si se pulsa en **Configuración**, se mostrará la siguiente ventana:

Tal como se observa, en la pantalla se muestran los perfiles de usuario almacenados en el equipo.

En la parte inferior, se puede seleccionar las siguientes opciones:

▼ **Cambiar tipo**. Si se selecciona un perfil de usuario y se pulsa en este botón, se podrá cambiar el tipo de perfil del usuario de local a móvil o viceversa.

▼ **Eliminar**. Si se selecciona un perfil de usuario y se pulsa en este botón, se quitará de la lista.

▼ **Copiar a**. Si se selecciona un perfil de usuario y se pulsa en este botón, se copiará el perfil local de un usuario a una carpeta compartida.

Volviendo a la ventana principal de **Propiedades del sistema**, en la pestaña **Opciones avanzadas**, en el apartado **Inicio y recuperación**, si se pulsa en **Configuración**, mostrará la siguiente ventana:

En dicha ventana están disponibles los siguientes apartados: **Inicio del sistema** y **Error del sistema**.

En el apartado **Inicio del sistema**, se encuentran los apartados que se ejecutarán cada vez que se inicie el sistema:

▼ **Sistema operativo predeterminado**. Indica el sistema operativo que se cargará por defecto (si pulsa en el triángulo que hay a la derecha del apartado, mostrará los sistemas operativos que se pueden seleccionar).

▼ **Mostrar la lista de sistemas operativos por**. Si se activa esta casilla, se estará indicando que el sistema espere el número de segundos indicado antes de iniciarse automáticamente la carga del sistema operativo predeterminado.

▼ **Mostrar opciones de recuperación por**. Si se activa esta casilla, se estará indicando que el sistema espere el número de segundos indicado antes de que la opción de recuperación predeterminada se seleccione automáticamente (cuando el sistema se haya parado inesperadamente).

En el apartado **Error del sistema** se encuentran las opciones que se ejecutarán cuando ocurra un error grave en el sistema:

▼ **Grabar un evento en el registro del sistema**. Esta casilla indica que se grabará información en el registro del sistema cuando se produzca un error (se podrá ver con el Visor de eventos).

▼ **Reiniciar automáticamente**. Al activar esta casilla, se indica que el sistema se reinicie automáticamente cuando se produzca un error en el sistema.

▼ **Escribir información de depuración**. En este apartado se deberá indicar la información que se guardará en el archivo de depuración (si pulsa en el triángulo que hay a la derecha del apartado, podrá seleccionarla). Las posibilidades son:

• **Volcado pequeño de memoria pequeña**. Con esta posibilidad se registra la mínima información útil que ayudará a identificar por qué se ha detenido inesperadamente el sistema.

• **Volcado de memoria del Kernel**. Con esta posibilidad se registra únicamente la memoria del núcleo que acelerará la identificación del problema.

- **Volcado de memoria completa**. Con esta posibilidad se registrará todo el contenido de la memoria del sistema.

- **Volcado de memoria automático**. Delega las opciones de volcado al sistema.

- **Volcado de memoria activa**. Con esta posibilidad se registrará todo el contenido de la memoria activa.

▼ **Archivo de volcado**. En este apartado se podrá indicar el nombre del archivo donde se guardará el contenido de la memoria del sistema cuando se produzca un error grave para poder averiguar, posteriormente, la causa de dicho error.

▼ **Sobrescribir cualquier archivo existente**. Al activar esta casilla se sobrescribirá el archivo que se indicó en el apartado anterior cuando ocurra un error grave.

▼ **Deshabilitar la eliminación automática de volcados de memoria si no hay suficiente espacio en disco**.

Por último, desde la ventana de **Opciones avanzadas**, si se pulsa en **Variables de entorno**, se verá una pantalla parecida a la siguiente:

En el apartado superior (**Variables de usuario para <usuario>**) se muestran las variables de entorno del usuario que tiene iniciada la sesión.

En la ventana inferior se muestran las **Variables del sistema** (que son siempre las mismas independientemente del usuario que haya iniciado la sesión).

Se pueden realizar cambios en dichas variables (en las del sistema, únicamente si se es miembro del grupo Administradores) de la forma siguiente:

▼ Para cambiar una variable, se seleccionará primeramente (del sistema o de usuario), luego se pulsará en **Editar** y se mostrará la ventana donde se podrá editar dicha variable.

▼ Para añadir una variable, se pulsará en **Nueva** y se mostrará la pantalla para realizar el alta. Se deberá indicar el nombre que desee para la variable y valor de ésta. Para finalizar, pulsar en **Aceptar**.

▼ Para borrar una variable, seleccionar la variable a eliminar y pulsar en **Eliminar**.

Los cambios que se hagan en las variables del sistema tendrán efecto cuando se reinicie el equipo.

Los cambios que se hagan en las variables de usuario tendrán efecto cuando vuelva a iniciar sesión dicho usuario.

6.15.4 Protección del sistema

Desde esta ventana se configurará el sistema de protección de Windows 10, a la hora de recuperarse tras algún cambio realizado no deseado, y que está dificultando su correcto funcionamiento.

En el apartado **Restaurar sistema**, al pulsar sobre el botón, se abrirá el asistente que guiará al usuario en el proceso de recuperación.

En el caso de que no exista ningún punto de restauración, el sistema mostrará la siguiente ventana:

En el caso de que si existan puntos, el sistema mostrará una ventana donde se podrán ver los eventos que pueden deshacerse, indicando la fecha, la descripción y el tipo de evento que son.

Si se selecciona un evento y se pulsa en **Detectar programas afectados**, el sistema mostrará una ventana donde se indica qué programas o controladores van a ser eliminados en el proceso de restauración, tal como se puede observar en la siguiente captura, al seleccionar el evento de *Plex Media Server*:

Si se está de acuerdo con el proceso, se aceptará, y el sistema mostrará una última ventana de confirmación, tal como se observa en la siguiente captura, donde se deberá pulsar en **Finalizar** para comenzar el proceso.

En la ventana principal de **Protección del sistema**, si se pulsa en **Configurar**, el sistema mostrará la siguiente ventana donde será posible activar o deshabilitar esta interesante característica de Windows. Además de ello, se podrá ajustar el espacio máximo en disco que se usará.

Justo debajo, la opción **Eliminar** borrará todos los puntos de restauración del sistema.

Por último, desde la ventana principal de **Protección del sistema,** se podrá crear un punto de restauración manualmente en cualquier momento, pulsando en **Crear**.

Al pulsar en **Crear**, el sistema comenzará el proceso de creado, informando cuando finalice dicho proceso.

6.15.5 Acceso remoto

En el apartado **Asistencia remota**, se podrá activar la casilla **Permitir conexiones de asistencia remota a este equipo**. Si esta casilla está activada, se estará permitiendo que una persona de confianza ayude de forma remota a solucionar un problema que hubiera en el equipo (por defecto, no se instala con el sistema operativo).

Si se pulsa sobre **Opciones avanzadas**, se accederá a la siguiente ventana:

Se podrán configurar las siguientes opciones:

▶ **Permitir que este equipo esté controlado remotamente**. Si se activa esta casilla, se estará permitiendo que otro usuario pueda controlar el equipo de forma remota.

▶ **Establezca por cuánto tiempo pueden permanecer abiertas las invitaciones**. En este apartado se puede indicar el tiempo que el usuario que disponga de una invitación podrá controlar de forma remota el equipo.

▶ **Crear invitaciones que solo se puedan usar en equipos que ejecuten Windows Vista o posterior**. Si se activa esta casilla, únicamente se podrán crear invitaciones para equipos con Windows Vista o posterior.

7

··

INSTALACIÓN Y DESINSTALACIÓN
DE NUEVO SOFTWARE

Tal como ya se indicó anteriormente, Windows 10 ofrece numerosas aplicaciones preinstaladas para que el usuario pueda comenzar a trabajar desde el primer momento, sin necesidad de instalar aplicaciones de terceros.

Si bien esto último es cierto, también lo es que estas aplicaciones pueden llegar a ser demasiado básicas para determinados tipos de usuarios, que necesiten más opciones o una mayor potencia de trabajo.

Por ese motivo, será necesario realizar la instalación de estos aplicativos en el sistema operativo. De igual forma, llegado el momento en el que no sean necesarias, deberán ser desinstaladas de Windows 10.

Para ambos procesos, instalación y desinstalación, Windows 10 ofrece varios procedimientos sencillos al usuario.

7.1 INSTALANDO NUEVO SOFTWARE

··

Existen diversos métodos para poder instalar nuevas aplicaciones en el equipo del usuario, siendo en todos los casos un proceso bastante sencillo.

Seguidamente se indicarán brevemente los métodos más comunes de realizar este proceso de instalación.

▶ Instalando desde la **Tienda**.

Ya se ha indicado con anterioridad, que Microsoft quiere unificar todos los dispositivos bajo un mismo sistema operativo.

Dentro de este concepto de convergencia también están incluidas las aplicaciones. Las aplicaciones de Windows (tal como las define Microsoft) se convertirán en aplicaciones universales (*One Windows Platform*), es decir, que se podrán ejecutar en distintas plataformas (Windows 10, Windows Phone, Xbox, etc.), tal como se puede observar en la siguiente imagen obtenida de la página web de Microsoft.

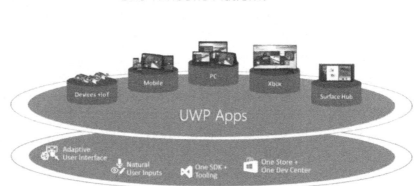

Estas aplicaciones, se adaptarán al dispositivo en el que se están ejecutando, es decir, si se ejecutan en un PC de sobremesa mostrarán muchas más opciones que si se ejecutan en un Smartphone, pero será la misma herramienta.

Además de las aplicaciones que vienen preinstaladas, y de las cuales ya se ha hablado, el usuario podrá instalar nuevas aplicaciones desde la **Tienda**.

Para ello, una vez accedido a la tienda, el usuario podrá buscar la aplicación o juego que necesite instalar usando los distintos catálogos y listas de aplicaciones que ofrece o usando el buscador.

Una vez localizada, al pulsar sobre ella, se mostrará una nueva ventana donde, además de información sobre dicha aplicación, se podrá instalar la herramienta en el equipo.

En el siguiente ejemplo, se va a proceder a instalar la aplicación
Wikipedia. Para ello, una vez localizada, se pulsará en **Gratis** para
comenzar a instalar.

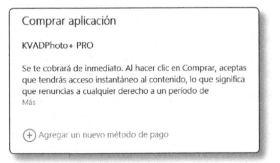

Una vez finalizado el proceso de instalación, el usuario podrá acceder a
ella como a cualquier otra aplicación desde el menú de inicio, y podrá,
Incluso, anclarla al inicio.

No todas las aplicaciones son gratis, sino que existen aplicaciones de
pago en las que el usuario deberá realizar su compra para poder usarlas.

Por ejemplo, en el siguiente ejemplo se puede observar una aplicación
de este tipo:

Para realizar la compra, se pulsará en el botón donde se informa del
precio. El sistema verificará si existe un método de pago, en caso de no
existir, solicitará que se agregue:

Si se pulsa en **Agregar un nuevo método de pago** (se puede comprobar en la siguiente captura), se podrá seleccionar entre **Tarjeta de crédito** y **Paypal**.

Selecciona un método de pago

Tarjeta de crédito

PayPal

Se deberá seleccionar una de las opciones y configurar el método de pago para poder descargarse estas aplicaciones.

Además de aplicaciones gratis y con precio, existen otras aplicaciones que son gratuitas para su descarga e instalación, pero para poder utilizar o disponer de ciertas características, habrá que realizar una compra (normalmente a un precio reducido). En este caso, la aplicación mostrará el siguiente mensaje:

Gratis⁺   + Contiene compras desde la aplicación

Por último, existen aplicaciones de pago que permiten descargar una versión de prueba gratuita antes de realizar la compra, mostrando el siguiente mensaje:

9,89 €⁺   Prueba gratuita⁺   + Contiene compras desde la aplicación   7

Antes de descargar o comprar una aplicación, en la parte inferior de la pantalla se muestra una serie de información muy interesante para el usuario, destacando las **Valoraciones y opiniones** de otros usuarios, las **Características**, **Capturas** e **Información** adicional de las aplicaciones.

Es necesario disponer de Internet y de una cuenta Microsoft para poder usar la tienda de Windows. Solo se realizará la compra de la aplicación una vez para todos los dispositivos.

La aplicación se instalará en el perfil del usuario, no en todos, ya que está ligado a la cuenta de Microsoft que lo está instalando.

Es posible comprobar qué dispositivos están vinculados a una cuenta de usuario.

Para ello, desde la misma aplicación de **Tienda**, se deberá pulsar en el icono que representa a la cuenta del usuario, situado en la parte superior derecha, junto a la caja **Buscar**. En las opciones que ofrece, seleccionar **Configuración**.

En la nueva ventana que muestra el sistema, se deberá pulsar sobre **Administrar tus dispositivos**, en el apartado **Cuenta**.

Al pulsar, se abrirá la página web de inicio de sesión de Microsoft. Una vez validado el acceso, se podrán comprobar los dispositivos vinculados, pudiendo desvincularlos de la cuenta, pulsando en **Quitar**.

- Instalando desde CD o DVD.

  Para realizar la instalación, se insertará el CD o DVD y se seguirán las indicaciones que el programa vaya mostrando en el monitor.

  Es posible que para la instalación se solicite la contraseña de administrador o una confirmación determinada.

  En muchos casos, al insertar el CD o DVD, se iniciará automáticamente el sistema de instalación del programa. En estos casos aparecerá un cuadro de dialogo de reproducción automática, desde el que se podrá ejecutar el asistente de instalación.

Si esta reproducción automática no se llevara a cabo, será necesario ejecutar la instalación manualmente. Para ello, deberá leer las instrucciones proporcionadas por el fabricante.

Durante el proceso de instalación, el sistema podrá requerir al usuario información sobre la ubicación del programa en el equipo, la creación o no de accesos directos en el escritorio y una serie de datos necesarios para la correcta instalación del programa.

Dependiendo del programa que se esté instalando, variarán las pantallas y la información que se solicite.

▼ Instalando desde Internet.

Para realizar la instalación de un programa desde Internet, generalmente, el sistema mostrará un mensaje con la opción de **Abrir** o **Ejecutar**, además de la típica de **Guardar** en el equipo. A continuación, después de pulsar en la opción de **Ejecutar** o **Abrir**, se seguirán las instrucciones que se muestran en pantalla.

Estas funciones pueden variar dependiendo del explorador web que se utilice.

| ¿Quieres ejecutar o guardar **gimp-2.8.14-setup.exe** (87,4 MB) desde **download.gimp.org**? | Ejecutar | Guardar ▼ | Cancelar ✕ |

Al igual que en el caso anterior, durante el proceso de la instalación, se podrá requerir al usuario información para el correcto funcionamiento del programa de instalación.

▼ Ejecutando un programa sin instalador.

En algunos casos y debido casi siempre a su sencillez, algunos programas carecen de sistema de instalación.

Para trabajar con este tipo de programa, solo será necesario ejecutar el archivo que ejecute la aplicación. Siempre se recomienda leer las instrucciones de fabricante para evitar problemas al ejecutar este tipo de aplicaciones.

Una vez se termine el proceso de instalación del nuevo programa, ya se podrá trabajar con él en el equipo.

7.2 DESINSTALANDO SOFTWARE

En ocasiones, el usuario no precisará usar más una aplicación o juego, y necesitará desinstalarlo del equipo, con el fin de liberar recursos.

Para realizar este proceso existen principalmente tres opciones desde las que se puede realizar este proceso.

La primera de ellas se realizará desde la herramienta denominada **Programas y características.**

Para acceder a ella, se accederá al **Panel de control**. En la nueva ventana que muestra el sistema, hay que pulsar sobre **Programas y características**, mostrando una ventana con todas las aplicaciones instaladas.

También se accederá desde el **Menú de Inicio**, pulsando con el botón derecho del ratón sobre la aplicación deseada y pulsando sobre **Desinstalar**.

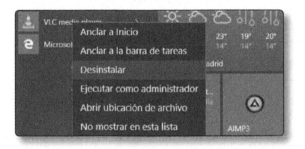

Al realizarlo, mostrará la siguiente ventana:

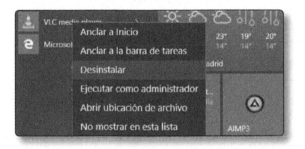

El usuario podrá modificar el modo de presentación de los programas, usando el icono situado en la esquina superior derecha al lado del icono de **Ayuda**.

Al desplegar el catálogo, mostrará las diferentes vistas disponibles para la pantalla:

Además del **Nombre** del programa, si se selecciona la vista **Detalles**, la pantalla mostrará más información (cuándo se instaló el programa y su versión, cuánto espacio ocupa en el disco duro y el fabricante).

Para desinstalar un programa, se pulsará sobre la aplicación deseada. En la barra de herramientas aparecerá una serie de botones con las distintas opciones a realizar sobre el programa.

No todas las opciones estarán disponibles para todos los programas y dependerá de la naturaleza de éste.

Las opciones posibles son:

▶ **Desinstalar**. Al pulsar sobre esta opción, se lanzará el programa de desinstalación. Este programa le guiará por una serie de ventanas hasta completar el proceso.

▶ **Cambiar**. Al pulsar sobre esta opción, se lanzará de nuevo el instalador del programa. Con este procedimiento, el usuario podrá añadir o quitar elementos opcionales del programa.

▶ **Reparar**. Esta opción vuelve a instalar el programa por completo, pero respetando las configuraciones que hubiera anteriormente del usuario. Se recomienda esta opción cuando el programa no funcione correctamente o esté dañado.

Para realizar todas las acciones anteriores, es posible que el sistema solicite una contraseña con permisos de administrador.

Es posible que en la pantalla de **Programas y características** no aparezcan todos los programas e, incluso, que no aparezcan los programas diseñados expresamente para Windows 10 e instalados desde la tienda.

Para desinstalar los programas que no aparecen será necesario revisar la documentación que se suministra con ellos o visitar su página web.

El segundo sistema para desinstalar aplicaciones en Windows 10 se utiliza para desinstalar aplicaciones nativas del sistema y consiste en, desde la pantalla de inicio, seleccionar el mosaico de la aplicación a desinstalar con el botón derecho del ratón.

Al realizar este procedimiento, en la parte inferior de la pantalla se desplegará un menú, desde el que se podrán realizar distintas opciones, entre ellas desinstalar la aplicación.

En el siguiente ejemplo se va a proceder a desinstalar Wikipedia.

Una vez finalizado el proceso, la aplicación estará desinstalada.

La tercera opción es utilizar directamente el programa de desinstalación propio de la aplicación.

Para ello, se deberá localizar en el menú de inicio o con el explorador de archivos, y ejecutarlo.

En el caso del ejemplo, se va a desinstalar la aplicación AIMp3 utilizando su desinstalador (*uninstall*).

7.3 COMPATIBILIDAD

Al igual que ocurría en anteriores versiones de Microsoft, Windows 10 incorpora un sistema de compatibilidad que posibilita que programas que fueron creados para sistemas operativos anteriores, funcionen correctamente.

La mayoría de los programas que funcionan en Windows 7 y Windows 8, deberían funcionar correctamente en Windows 10 y, en principio, no debería ser necesario ejecutar el modo de compatibilidad.

En caso de ser necesario, se deberá abrir el solucionador de problemas de compatibilidad de programas. Se podrá acceder mediante una búsqueda desde la pantalla inicial, tal como se puede observar en la siguiente captura:

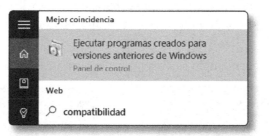

Al pulsar, mostrará la siguiente ventana:

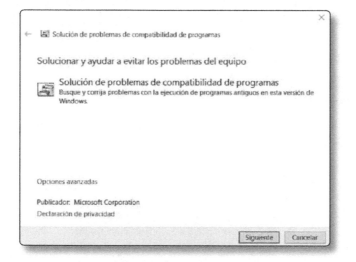

Al pulsar en **Siguiente**, el sistema realizará un análisis y mostrará una ventana con un listado con las aplicaciones instaladas en el equipo con posibles problemas.

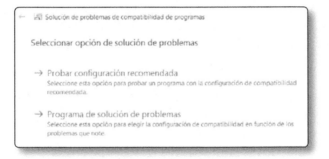

En el listado se seleccionará la aplicación, en el caso del ejemplo la aplicación Winrar, y se pulsará en **Siguiente**, mostrando la siguiente pantalla:

En esta pantalla se podrá elegir entre la opción recomendada, en la que es el propio sistema el que busca y propone una solución al problema de compatibilidad, o personalizar la compatibilidad del programa.

▶ En el primero de los casos, al pulsar sobre **Probar configuración recomendada**, el sistema mostrará un resumen de las características de compatibilidad con las que se va a ejecutar el programa:

Se deberá ejecutar el programa pulsando en **Probar el programa** para comprobar si el funcionamiento es el correcto.

Una vez comprobado su funcionamiento, se pulsará en **Siguiente**, mostrando la pantalla siguiente:

Si el programa funciona correctamente, en esta pantalla se deberá seleccionar una de las opciones disponibles, entre validar y guardar la configuración, volver a probar una nueva configuración (llevará al usuario a la ventana de **Programa de solución de problemas)** o notificar a Microsoft el problema.

▶ En el segundo de los casos, al pulsar sobre **Programa de solución de problemas**, se mostrará la siguiente ventana:

En esta pantalla se notificarán al sistema los problemas que se han tenido al intentar ejecutar la aplicación. Con la información aportada, se mostrarán las posibles soluciones que hubiera.

Por ejemplo, si se notifica que el programa funcionaba correctamente en versiones anteriores a Windows 10, el sistema mostrará un listado con las distintas versiones. En este caso, se seleccionará la versión de Windows en la que funcionaba correctamente y se pulsará en siguiente:

Igual que en el caso anterior, el sistema solicitará ejecutar el programa y validar si la solución al problema de compatibilidad es correcta.

Otro método para acceder a la pantalla del **Solucionador de problemas de compatibilidad de programas**, es localizar el ejecutable de la aplicación y pulsar sobre él con el botón derecho del ratón. En el menú contextual que muestra, se pulsará sobre **Solucionar problemas de compatibilidad**.

De esta manera, se accederá a las pantallas anteriormente comentadas.

Para cambiar manualmente la configuración de compatibilidad de un programa, se pulsará con el botón derecho del ratón sobre ella y, en el menú contextual que muestra, se pulsará sobre **Propiedades**.

En la ventana que mostrará, se ha de pulsar sobre la pestaña **Compatibilidad**. En dicha pestaña, el usuario configurará las características de compatibilidad para esta aplicación. Para ello, activará o desactivará los distintos apartados que se muestran en la ventana:

7.4 ACTUALIZACIONES

Es muy importante que el sistema esté siempre actualizado. Esto va a evitar riesgos para el equipo y se subsanarán errores en los programas o el propio sistema, evitando, por ejemplo, accesos al sistema por parte de personas con intenciones delictivas.

En esta versión de Windows la interacción del usuario con las actualizaciones se ha simplificado enormemente y serán casi transparentes para el usuario, ya que en principio estas se instalarán de forma automática.

Para acceder a la configuración, se pulsará en el menú de inicio y, seguidamente, en **Configuración**. En la ventana se pulsará en **Actualización y seguridad**.

Tal como se puede observar en la captura anterior, el sistema informa de cuándo se ha realizado la última comprobación de actualizaciones del sistema.

Si se desea realizar una búsqueda manual, se deberá pulsar sobre la opción **Buscar actualizaciones**, comenzado el sistema la búsqueda.

Si se pulsa en **Opciones avanzadas** se mostrará la siguiente ventana:

En la parte superior se podrá seleccionar cómo se va a comportar el sistema tras la instalación de una actualización, eligiendo entre un reinicio **Automático** o, por el contrario, indicar al sistema que solicite la programación de un reinicio para finalizar las actualizaciones.

Seguidamente, el usuario podrá seleccionar si el sistema ofrecerá actualizaciones para otros productos de Microsoft cuando actualice Windows. En caso de querer, se marcará la opción.

La opción **Aplazar las actualizaciones**, solo disponible en algunas ediciones de Windows 10, permite aplazar las actualizaciones del PC.

Al aplazar las actualizaciones, no se descargarán ni instalarán funciones nuevas de Windows durante varios meses. El aplazamiento de las actualizaciones no afecta a las actualizaciones de seguridad.

Hay que tener en cuenta que el aplazamiento de las actualizaciones impedirá obtener las últimas funciones de Windows en cuanto estén disponibles y dejará el sistema vulnerable ante posibles ataques externosSi se pulsa sobre la opción **Ver historial de actualizaciones** el sistema mostrará una ventana donde aparecerán todas las actualizaciones instaladas, tal como se puede observar en la siguiente captura:

En la parte superior de la ventana el usuario dispondrá de dos opciones:

▶ **Desinstalar las actualizaciones**. Al pulsar sobre esta opción, el sistema abrirá la siguiente ventana:

En esta ventana el usuario podrá consultar las actualizaciones instaladas en el equipo, el editor y la fecha en la que se instalaron (Vista detalles).

Es posible desinstalar una actualización. Para ello, se deberá seleccionar y pulsar en **Desinstalar** en la barra de herramientas:

▶ **Desinstalar la versión preliminar más reciente**. Al pulsar sobre esta opción, el sistema abrirá la siguiente de recuperación del sistema, tal como se observa en la siguiente captura:

Tal como se vio en el capítulo dedicado a la instalación, estas opciones permiten recuperar el sistema después de algún problema grave, restaurando el sistema.

En la parte inferior de la ventana de **Opciones avanzadas** se encuentra la opción **Elige el modo en que quieres que se entreguen las actualizaciones**. Al pulsarlo mostrará la siguiente ventana:

Este sistema, denominado por Microsoft como **Optimización de distribución de Windows Update**, permite obtener actualizaciones de Windows y aplicaciones de la Tienda Windows de otros orígenes además de Microsoft.

Esta opción permite obtener actualizaciones y aplicaciones de forma más rápida si, por ejemplo, se tiene una conexión a Internet lenta, además de reducir la cantidad de ancho de banda de Internet necesaria para mantener actualizados todos los equipos.

La optimización de distribución también envía las actualizaciones y aplicaciones del equipo a otros equipos de la red local o de Internet, es decir, además de descargar las actualizaciones y las aplicaciones de Microsoft, Windows obtendrá las actualizaciones y aplicaciones de otros equipos que ya las tengan.

Se podrá seleccionar entre dos opciones:

▶ **Equipos de la red local**. Cuando el sistema descarga una actualización o una aplicación, buscará en otros equipos de la red local que ya han descargado la actualización o aplicación mediante la optimización de distribución. Seguidamente, se descargarán partes del archivo de esos equipos y partes del archivo de Microsoft. No se descargará todo el archivo de un mismo lugar. En cambio, la descarga se divide en partes más pequeñas. Windows usa el origen de descarga más confiable para cada parte del archivo.

▼ **Equipos de la red local y de Internet**. Se usará el mismo proceso que al obtener las actualizaciones y las aplicaciones de equipos de su red local y, además, buscará en los equipos de Internet que puede usar como origen para descargar partes de las actualizaciones y las aplicaciones.

La optimización de distribución está activada de forma predeterminada para todas las ediciones de Windows 10, con las diferencias siguientes:

▼ **Windows 10 Enterprise y Windows 10 Education**: la opción **Equipos en la red local** está activada de forma predeterminada.

▼ Todas las demás ediciones de Windows 10: la **opción Equipos en la red local y equipos en Internet** está activada de forma predeterminada.

7.5 AÑADIR CARACTERÍSTICAS WINDOWS 10

En Windows 10 vienen preinstalados una serie de programas y características, que deben ser activados por el usuario para poder ser utilizados.

Algunos de estos programas están activados de forma predeterminada, aunque pueden ser desactivados también por el usuario.

Para activar o desactivar una característica, se accederá al **Panel de control** y después a **Programas y características**. A continuación, pulsar en **Activar o desactivar las características de Windows**.

Es posible que el sistema solicite la contraseña de administrador para acceder a esta ventana.

Para activar o desactivar una característica, se deberá marcar o desmarcar la casilla situada junto a la característica. Luego, pulsar sobre **Aceptar**.

Es posible que las características estén agrupadas en carpetas e, incluso, en subcarpetas. Para acceder a ellas, hay que pulsar sobre el signo "+" para desplegarlas.

8

PERSONALIZACIÓN

Como viene siendo habitual en los sistemas Microsoft, Windows permite al usuario un alto grado de personalización del sistema, garantizando a cada usuario la posibilidad de modificarlo según sus gustos o necesidades.

En este capítulo se va a explicar brevemente cómo configurar Windows 10 y cómo modificar estas personalizaciones.

8.1 PANTALLA DE BLOQUEO O *LOCK SCREEN*

Esta pantalla la mostrará el sistema cuando se inicie o cuando se bloquee la sesión por parte de un usuario.

El sistema permitirá al usuario configurar entre otras opciones, qué imagen mostrará como fondo o qué aplicaciones van a mostrar su información en dicha ventana.

Para configurarla, se deberá pulsar en el **Menú de inicio – Configuración – Personalización** y en las opciones de la izquierda, pulsar en **Pantalla de bloqueo**, mostrándose una ventana parecida a la siguiente:

En la parte superior de ventana se podrá seleccionar cuál será el fondo de pantalla, además de poder ver una previsualización con las nuevas opciones seleccionadas en la parte superior.

En el apartado **Fondo** se podrá indicar si se desea configurar una **Imagen** como fondo o, por el contrario, una **Presentación**.

Para seleccionar una imagen como fondo, se pulsará sobre el fondo deseado de los que ofrece el sistema, pudiendo verse una previsualización en la parte superior.

Es posible seleccionar una imagen propia del usuario como fondo de pantalla.

Para ello, se pulsará en **Examinar**, mostrando el sistema una ventana del explorador, desde la que el usuario deberá seleccionar la imagen deseada. Una vez seleccionada, se podrá comprobar cómo el sistema muestra una previsualización de la pantalla de bloqueo con la imagen elegida:

Si se despliega la opción **Fondo** se podrá comprobar que se puede seleccionar la opción **Presentación** para la pantalla de bloqueo.

Esta personalización dará opción al usuario de seleccionar una serie de imágenes para que sirvan de fondo para la pantalla de bloqueo.

El usuario deberá pulsar en **Agregar una carpeta** para añadir las imágenes que contenga esa carpeta a las imágenes de la presentación.

Si se desea eliminar un álbum, se deberá pulsar sobre el álbum y pulsar sobre **Quitar**.

En el ejemplo se ha añadido el álbum *Wallpaper* como carpeta contenedora de imágenes.

Seguidamente se ha decidido eliminarla, por lo que se ha pulsado sobre ella y, después, pulsar sobre **Quitar** para eliminarla.

Si se pulsa sobre la opción **Configuración de presentación avanzada**, el sistema mostrará la siguiente ventana, donde el usuario podrá configurar ciertas características de la presentación: como el tiempo activo de la pantalla de bloqueo o qué tipo de imágenes puede utilizar el sistema.

Como ya se ha indicado anteriormente, es posible configurar qué aplicaciones pueden mostrar información en la pantalla de bloqueo.

Para ello, en la parte inferior de la ventana **Pantalla de bloqueo**, el usuario podrá seleccionar las aplicaciones que se mostrarán, tal como se puede ver en la siguiente captura:

En la parte superior, se podrá **Elegir una aplicación para mostrar su estado en detalle**.

Para seleccionar la aplicación, se deberá pulsar sobre el botón de la aplicación actual y seleccionar la aplicación que se desee mostrar.

En caso de que ya haya una aplicación seleccionada y se desee eliminar o cambiar, se pulsará sobre un botón, el sistema mostrará, además de las aplicaciones, la opción de dejar en blanco ese botón, pulsando sobre **No mostrar estado detallado** en la pantalla de bloqueo.

En la parte inferior, se podrá **Elegir aplicaciones para mostrar un estado rápido**, para aplicaciones que se ejecutarán en segundo plano, mostrando su estado y notificaciones en la pantalla de bloqueo.

Para seleccionar las aplicaciones, se deberá pulsar sobre uno de los botones con el símbolo '+' y seleccionar la aplicación que se desee mostrar, o pulsar sobre una aplicación ya configurada para cambiarla por otra.

De manera análoga a lo anteriormente explicado, si se desea eliminar una aplicación, se deberá pulsar sobre la aplicación que se desea quitar y elegir **Ninguno** en las opciones disponibles.

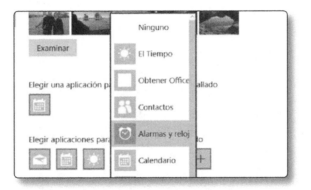

Por último, en la parte inferior de la ventana el usuario dispondrá de dos opciones de configuración:

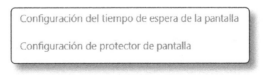

Si pulsa sobre **Configuración del tiempo de espera de la pantalla**, el sistema mostrará la ventana de configuración del **Sistema – Inicio/apagado y suspensión**, donde podrá configurar los tiempos de apagado de pantalla o suspensión del equipo.

Si por el contrario, pulsa en **Configuración de protector de pantalla**, el sistema mostrará la ventana de configuración del **Protector de pantalla**.

Desplegando las distintas opciones en **Protector de pantalla**, el usuario podrá configurar opciones como qué tipo de protector desea o qué tiempo de espera tiene antes de activarse.

Una vez esté todo configurado, si se bloquea el equipo, se podrá comprobar cómo se ha modificado la imagen de la pantalla de bloqueo y cómo aparecen las aplicaciones seleccionadas.

8.2 CONFIGURACIÓN DE PANTALLA

Una de las partes más importantes a la hora de personalizar el sistema, es configurar correctamente la pantalla, ya que es sobre la que va a trabajar el usuario continuamente.

Una mala configuración puede provocar problemas de vista al usuario y convertir el trabajo diario en una tarea incómoda.

Para acceder a la configuración de la pantalla, se pulsará el botón derecho del ratón sobre una zona libre del escritorio y, en el menú contextual que aparecerá, se pulsará en **Configuración de pantalla**, mostrando la siguiente ventana de configuración del sistema:

En esta ventana de configuración se podrá **Identificar o Detectar** las pantallas que estén conectadas al sistema, pulsando sobre las opciones correspondientes. En el caso del ejemplo, el sistema solo posee una pantalla conectada.

En el apartado **Cambiar el tamaño del texto, las aplicaciones y otros elementos**, es posible modificar el tamaño de dichos elementos simplemente desplazando la barra horizontal de izquierda (menor %) a derecha (mayor %).

En el apartado **Orientación**, si se despliegan las opciones, se podrá seleccionar cómo se mostrará el sistema en la pantalla.

Una vez seleccionada la configuración, se pulsará sobre **Aplicar** para confirmar los cambios.

Pulsando en **Configuración de pantalla avanzada**, el usuario accederá a la siguiente ventana:

En la parte superior vuelven a aparecer las opciones de **Identificar o Detectar**, útiles para asegurarse de en qué pantalla van a realizarse las modificaciones.

En la opción **Resolución**, al desplegar el combo, el sistema mostrará las resoluciones disponibles para poder aplicar a la pantalla. Estas resoluciones variarán dependiendo del hardware implementado en el equipo.

Para cambiar la resolución, se elegirá la que se desee. El sistema cambiará a dicha resolución y mostrará el siguiente mensaje:

En el caso de querer **Conservar cambios** se pulsará sobre dicha opción. En caso contrario, se dejará pasar el tiempo (10 segundos) o se pulsará en **Revertir** para volver a la anterior configuración.

En la parte inferior de la ventana de configuración, en el apartado **Opciones de configuración relacionadas**, se tendrá acceso a las siguientes opciones:

▸ **Calibración de color**. El sistema abrirá un asistente de configuración para que el usuario pueda modificar los valores del monitor, como gamma, brillo o contraste, usando plantillas visuales.

▸ **Texto ClearType**. Permite activar o desactivar esta característica de Windows, lo que facilita la lectura de texto en pantallas LCD. Siguiendo un asistente se configurará esta interesante opción.

▸ **Opciones avanzadas de tamaño del texto y otros elementos**. Desde esta ventana se podrá cambiar el tamaño del texto general o cambiar solo el tamaño del texto de un elemento en concreto.

Cambiar tamaño de los elementos

Para cambiar el tamaño del texto, las aplicaciones y otros elementos, usa esta configuración de pantalla. Si quieres ampliar temporalmente una parte de la pantalla, usa Ampliador. Si nada de esto hace los cambios que quieres, puedes configurar un nivel de escalado personalizado (no se recomienda). La configuración de niveles personalizados puede producir comportamientos inesperados en algunas pantallas.

Cambiar solo el tamaño del texto

En lugar de cambiar el tamaño de todo lo que hay en el escritorio, cambie únicamente el tamaño del texto de un elemento concreto.

Barras de título   9   ☐ Negrita

Aplicar

▼ **Propiedades del adaptador de pantalla**. Desde esta ventana se tendrá acceso a toda la información del adaptador de pantalla actual.

Tal como ya se ha indicado en varias ocasiones, en Windows 10 existen distintas formas de realizar ciertas tareas e, incluso, existen menús duplicados (heredados de versiones anteriores del sistema, por ejemplo, el panel de control).

Este es el caso de la configuración de pantalla. Si el usuario accede desde **Panel de control** – **Pantalla**, tendrá las mismas opciones (**Ajustar resolución**, **Cambiar configuración de pantalla**, etc.) que las explicadas anteriormente. El usuario deberá usar las ventanas de configuración que más cómodo de usar le sea.

8.3 ESCRITORIO DE WINDOWS 10

El escritorio es otro de los elementos que Windows 10 va a permitir al usuario personalizar, ofreciendo multitud de opciones, y que tiene gran importancia, ya que será el elemento con el que el usuario trabajará más tiempo.

Para comenzar a personalizar el escritorio, se accederá al **Menú de inicio – Configuración**.

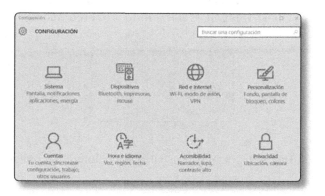

Seguidamente, se pulsará en **Personalización** para acceder a la siguiente ventana:

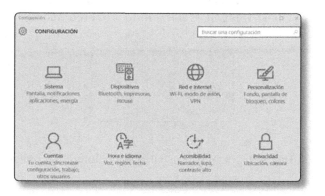

Tal como se puede observar en la captura anterior, en la parte izquierda de la ventana el sistema muestra varias opciones para personalizar el sistema.

8.3.1 Fondo

La primera de ellas, **Fondo**, va a permitir al usuario seleccionar el fondo de pantalla que va a mostrar el sistema.

En la parte superior se puede observar una **Vista previa** que irá mostrando los cambios que realice el usuario antes de validarlos.

El elemento **Fondo**, va a permitir al usuario seleccionar qué tipo de fondo debe mostrar el sistema. Si se despliegan las opciones, se puede comprobar que el usuario podrá seleccionar **Imagen**, **Color sólido** y **Presentación**.

La opción **Imagen**, permite al usuario seleccionar una imagen como fondo.

Tal como se observa en la captura anterior, el usuario podrá seleccionar una imagen de las que ofrece el sistema (anteriormente usadas) o seleccionar una nueva imagen utilizando **Examinar** para poder localizarla en el sistema.

Una vez seleccionada la imagen, el usuario podrá configurar cómo el sistema adaptará esa imagen al fondo de pantalla, pudiendo elegir las opciones de **Rellenar**, **Ajustar**, **Expandir**, **Mosaico**, **Centro** y **Extender** la imagen seleccionada. El resultado se podrá ver en la **Vista previa**, tal como ya se ha indicado.

Si en vez de imagen, el usuario selecciona la opción **Color sólido**, el sistema mostrará una paleta de colores donde el usuario podrá seleccionar el color sólido que desea configurar como fondo de pantalla.

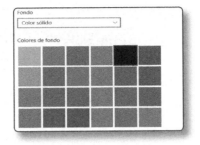

Por último, si el usuario selecciona la opción **Presentación**, el sistema mostrará las siguientes opciones:

El usuario podrá seleccionar la carpeta donde se encuentran las imágenes que van a servir como parte de la presentación. Para ello, en **Elegir álbumes para la presentación**, podrá comprobar cuál es el directorio actual origen de las imágenes. En el caso de querer cambiarlo, se deberá pulsar en **Examinar** y seleccionar el nuevo directorio.

Una vez seleccionado el directorio origen, en **Cambiar de imagen cada**, se podrá configurar el tiempo en el que el sistema actualizará el fondo de pantalla.

Por último, en **Elegir ajuste**, el usuario podrá configurar cómo el sistema adaptará esa imagen al fondo de pantalla.

8.3.2 Colores

La segunda opción disponible en la ventana de **Personalización** es **Colores**.

En la parte superior se puede volver a observar una **Vista previa,** que irá mostrando los cambios que realice el usuario antes de validarlos.

Si la opción **Elegir automáticamente un color de énfasis de mi fondo** está activada, el sistema decidirá el color aplicado de forma autónoma. En el caso de desactivar esta opción, el sistema mostrará una paleta con los colores que el usuario podrá seleccionar.

Activando la opción **Mostrar el color en Inicio, la barra de tareas y el centro de actividades**, se aplicará el color seleccionado a los elementos indicados, tal como se observa en la siguiente captura:

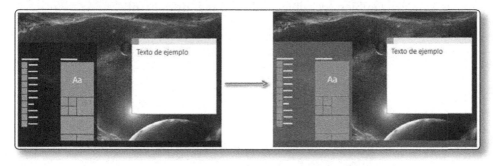

Activando la opción **Hacer que Inicio, la barra de tareas y el centro de actividades sean transparentes**, se conseguirá el efecto de semitransparencia de esos elementos, pudiéndose ver el fondo de pantalla a través de ellos.

Por último, al pulsar sobre la opción **Configuración de contraste alto**, el sistema mostrará una ventana donde el usuario podrá elegir un tema de configuración individual para cada elemento.

El procedimiento es muy sencillo, en el desplegable superior se seleccionará uno de los temas existentes por defecto.

Al realizarlo, se activará la parte inferior de la ventana, donde se mostrará una previsualización de los temas aplicando el tema seleccionado.

Es posible modificar los colores del tema. Para ello, se pulsará sobre el color del elemento a cambiar y se seleccionará el nuevo color a aplicar.

8.3.3 Temas

Si se pulsa en la opción **Configuración de temas**, el sistema mostrará la siguiente ventana, también accesible desde el **Panel de control**:

Esta ventana proporciona la posibilidad al usuario de elegir un tema para el equipo. Este sistema es muy cómodo para el usuario, pues le facilita cambiar muchas características del equipo en un único paso.

Para elegir uno de los temas, se debe pulsar sobre el tema elegido de entre los que se muestran. También se tendrá la posibilidad de obtener más temas en línea. Para ello, se deberá pulsar sobre el acceso que se encuentra en esa misma ventana. También permite grabar el tema actual, pulsando en **Guardar tema**.

El sistema también proporciona la posibilidad de eliminar un tema, pulsando en **Eliminar tema,** desde el menú contextual del tema a eliminar.

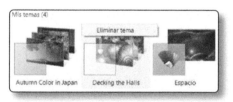

En el apartado **Opciones de configuración relacionadas**, permite la posibilidad al usuario de modificar otras configuraciones del sistema.

En el caso de seleccionar la opción **Configuración avanzada de sonido**, se podrá elegir una combinación de sonidos ya existente, o, por el contrario, configurar el sonido de cada uno de los eventos del sistema.

Dado el número elevado de eventos en Windows, se recomienda el uso de las combinaciones ya existentes.

En la parte inferior de la ventana se tendrá la posibilidad de reproducir los sonidos, antes de configurarlos.

Si se pulsa sobre **Configuración de icono de escritorio**, el sistema mostrará la siguiente ventana donde el usuario podrá configurar qué iconos se mostrarán en el escritorio, como, por ejemplo, la **Papelera de reciclaje** o la carpeta personal del usuario.

También posibilita cambiar la forma del icono, desde la opción **Cambiar icono**, una vez seleccionado en el recuadro.

Por último, si se pulsa en la opción **Configuración del puntero del mouse**, el sistema mostrará la ventana de configuración del ratón.

Todo el mundo reconoce un ratón en la actualidad, pues han sido junto al teclado, el medio de comunicación entre máquina y persona más utilizado.

En los dispositivos táctiles, el ratón ha dejado de utilizarse y es la propia mano del usuario la que asume el control del puntero del sistema. Este procedimiento simplifica la interacción entre usuario y máquina.

Al igual que ocurría en el anterior sistema, Microsoft ha diseñado esta nueva versión de Windows pensando en las nuevas tecnologías, pero sin olvidarse de los usuarios acostumbrados al uso del ratón y teclado, por lo que también permite una total funcionalidad con estos periféricos.

El ratón, o mouse, es un dispositivo de pequeño tamaño que detecta su movimiento relativo en dos dimensiones sobre la superficie en que se apoya. Se utiliza para apuntar y seleccionar elementos en la pantalla de un equipo.

Existen diversos tipos de ratón, dependiendo del mecanismo que utilizan para detectar el movimiento. Los más comunes son los mecánicos, los ópticos y los láseres.

Todos los ratones se deben conectar a un equipo y las conexiones más habituales son mediante un cable o por sistemas inalámbricos.

Los ratones tienen varios botones para realizar las acciones en el equipo. No existe un número estándar de botones para un ratón y varían desde un único botón a ratones con diez botones, siendo estos de un diseño muy espectacular.

Seguidamente se puede ver varios ejemplos de ratones disponibles:

Debido a la importancia de este dispositivo, se van a explicar brevemente todas las pestañas de configuración de esta ventana:

▶ **Botones**. En esta pestaña se podrá configurar con qué botón se realizarán las funciones de selección y arrastre. Por defecto, el botón izquierdo del ratón es el encargado de realizar estas tareas, pero desde esta opción se podrá modificar para que sea el botón derecho el encargado.

También se personalizará la velocidad de la doble pulsación, configurando si es necesario realizarla a una velocidad mayor o menor. Se dispondrá de un botón de prueba para realizar las comprobaciones de la configuración.

Por último, es posible activar el bloqueo de pulsación. Esta opción permite resaltar o arrastrar elementos sin necesidad de tener pulsado el botón del ratón.

> Configuración de botones
>
> ☐ Intercambiar botones primario y secundario
>
> Active esta casilla para asignar al botón de la derecha del mouse las funciones principales, tales como seleccionar y arrastrar.
>
> Velocidad de doble clic
>
> Haga doble clic en la carpeta para probar su configuración. Si la carpeta no se abre o cierra, intente utilizar una configuración más lenta.
>
> Velocidad: Lenta ⸺⸺⬛⸺ Rápida
>
> Bloqueo de clic
>
> ☐ Activar bloqueo de clic   Configuración
>
> Le permite resaltar o arrastrar sin tener que mantener apretado el botón del mouse. Para activarlo, presione brevemente el botón del mouse. Para soltarlo, vuelva a hacer clic en el botón del mouse.

▶ **Punteros**. El puntero es el icono que se muestra en el monitor del equipo y que obedece al movimiento del ratón. Normalmente, tiene forma de flecha, cambiando su forma dependiendo de la tarea que se realice. Desde esta pestaña se podrá modificar el aspecto de los punteros en el equipo.

Desde la opción de esquema se podrá seleccionar uno de los paquetes de punteros que tenga el equipo ya instalado. Para ello, se desplegará el listado de los esquemas y se seleccionará uno de ellos.

Es posible personalizar cada puntero, dependiendo del proceso que se realice. Para ello, en el apartado personalizar, se pulsará sobre cada proceso y, después, sobre **Examinar**. En la pantalla que muestra se seleccionará el nuevo puntero.

Se puede guardar el nuevo esquema para utilizarlo con posterioridad, pulsando sobre **Guardar como**.

De la misma manera, si se pulsa sobre **Eliminar**, se borrará el esquema seleccionado en ese momento.

Si se desea volver a la configuración original, se ha de pulsar sobre **Usar predeterminado**.

En la parte inferior se encuentran una casilla de validación, que permite **Habilitar la sombra del puntero**.

▶ **Opciones de puntero**. Desde esta pestaña se podrán configurar propiedades de los punteros relacionadas con el manejo y la visibilidad.

En la parte superior de la pestaña se podrá configurar la velocidad con la que se desplaza el puntero por la pantalla.

También se podrá activar la característica **Mejorar la precisión del puntero**, gracias a la cual el movimiento del ratón será más preciso y regular.

En el apartado **Acoplar a**, si se activa esta propiedad pulsando sobre ella, cada vez que se abra un cuadro de diálogo, el cursor se desplazará automáticamente sobre el botón predeterminado.

En la parte inferior de la pestaña se podrán activar opciones de **Visibilidad** del puntero.

Con **Mostrar rastro del puntero** se activará una estela que seguirá al puntero al moverse por el monitor, facilitando su localización.

También se podrá activar **Ocultar puntero mientras se escribe**, si se considera necesario.

La última opción permite localizar el puntero del ratón de manera sencilla, ya que al pulsar la tecla [**Ctrl**], se generará un círculo alrededor del puntero, facilitando su localización.

▶ **Rueda**. Los ratones actuales suelen incorporar una rueda en la parte superior, entre los botones. Su función es desplazar la pantalla verticalmente arriba o abajo, como si se desplazará con las barras de desplazamiento.

En los ratones más actuales, esta rueda también permite el movimiento horizontal de la pantalla, gracias a que dicha rueda se puede inclinar horizontalmente a izquierda y derecha.

En la pestaña de configuración se podrá seleccionar cómo se comporta el sistema con el movimiento de la rueda.

En el primer apartado, **Desplazamiento vertical**, se seleccionará si al desplazar la rueda verticalmente, el sistema avanzará un determinado número de líneas o si avanzará una página completa.

En el apartado **Desplazamiento horizontal** se configurará el número de caracteres que se desplazará el cursor al inclinar la rueda a izquierda o derecha.

Hardware. En esta pestaña se podrá consultar información relativa a la configuración del hardware del ratón.

En la parte superior, en **Dispositivos**, se podrán consultar todos los dispositivos conectados al equipo y, pulsando sobre cada uno de ellos, acceder a información más detallada.

En la parte inferior se podrá pulsar sobre el icono **Propiedades**.

De esta manera se accederá a la ventana de configuración del ratón. Desde ella se podrá consultar información diversa sobre el dispositivo en cuestión, además de poder actualizar el controlador del ratón.

Para acceder a todas las opciones de configuración, es posible que el sistema requiera al usuario que disponga de permisos de administrador.

Como ya se ha visto en multitud de ocasiones, en Windows 10 existen muchas herramientas que están duplicadas, coexistiendo las nuevas de Windows 10 con las ya habituales. Respecto a la configuración del ratón, existe otra ventana donde se podrá configurar el comportamiento del ratón. Esta ventana está accesible pulsando en el **Menú de inicio – Configuración – Dispositivos** y, seguidamente, pulsar en el apartado **Mouse y panel táctil**.

Tal como se ve en la captura anterior, el usuario podrá configurar determinados parámetros del comportamiento del ratón, aunque estas opciones son menores de las que se vieron en la herramienta anteriormente explicada.

8.4 LAS VENTANAS

Windows 10 recupera el escritorio clásico como eje central del trabajo con el sistema, y dentro de él, las ventanas son el elemento más común e importante.

Cuando el usuario está trabajando con aplicaciones, usando el explorador de archivos o navegando por Internet; esas aplicaciones están siendo ejecutadas en ventanas.

Las ventanas tienen elementos que comparten entre sí, tal y como se pueden ver en la pantalla siguiente:

En la parte superior se encuentran los botones que permitirán minimizar, maximizar, restaurar y cerrar la ventana.

De izquierda a derecha, los botones permiten:

▼ **Botón Minimizar**. La ventana se oculta y solo se muestra su botón correspondiente en la barra de tareas. Para restaurar la ventana a su tamaño, se ha de pulsar el botón de la barra de tareas.

▼ **Botón Maximizar**. Amplía el tamaño de la ventana a toda el área de trabajo.

▼ **Botón Cerrar**. Cierra la aplicación activa en esa ventana.

▼ **Botón Restaurar**. Solo se muestra cuando la ventana está maximizada y permite volver al tamaño original de la ventana.

En la parte inferior y en la derecha, aparecerá una barra, denominada **Barra de desplazamiento**, cuando el contenido de la ventana no se muestra en su totalidad y dependiendo del tamaño de la ventana. Para mover estas barras se ha de situar el puntero del ratón sobre ellas, se mantendrá pulsado el botón izquierdo y se arrastrará el mismo para desplazar la barra. También se podrá desplazar usando las flechas que aparecen en ambos extremos de la barra.

Para poder modificar el tamaño de una ventana manualmente, se deberá posicionar el puntero del ratón sobre el borde de la ventana y pulsar sobre los bordes de esta con el botón izquierdo del ratón (el puntero cambiará de forma a una flecha doble) y sin soltar, se desplazará la ventana. Esta acción no se podrá realizar si la ventana no está maximizada.

8.5 LA BARRA DE TAREAS

Otro de los elementos heredados de sistemas anteriores y de importancia vital es la **Barra de tareas**, que podrá ser configurada a la medida de cada usuario para facilitar el trabajo diario.

La barra de tareas es una barra horizontal, que suele encontrarse en la parte inferior de la pantalla, ocupando todo el espacio horizontalmente.

Esta barra se encontrará visible mientras se trabaje en el escritorio y con la mayoría de las aplicaciones, a diferencia del escritorio, que estará oculto por las ventanas de las aplicaciones que se tengan abiertas.

La barra de tareas se divide en dos partes.

- Una gran sección, donde se mostrarán los programas y archivos actualmente abiertos, desde la que se podrá acceder a ellos rápidamente. También se utilizará para acceder rápidamente a las aplicaciones.

- **El área de notificación**. Situada en el extremo derecho de la barra, en la que se mostrará información del sistema y se podrá también acceder a determinados valores de configuración.

Las aplicaciones abiertas por el usuario tendrán su representación en la barra de tareas en forma de icono sin etiqueta.

En la vista predeterminada (el usuario podrá modificarla) cada programa aparecerá representado con un único icono sin etiqueta aun cuando estén abiertos varios elementos para un programa. Esto proporcionará al usuario más orden en la **Barra de tareas.**

El usuario podrá personalizar la apariencia de la **Barra de tareas** y cambiar la manera de agrupar los iconos. También es posible configurar para que aparezcan botones individuales para cada elemento abierto.

Para realizar esta personalización, se colocará el ratón sobre una zona libre de la **Barra de tareas** y se pulsará con el botón derecho. En el menú que aparecerá, se pulsará sobre **Propiedades**:

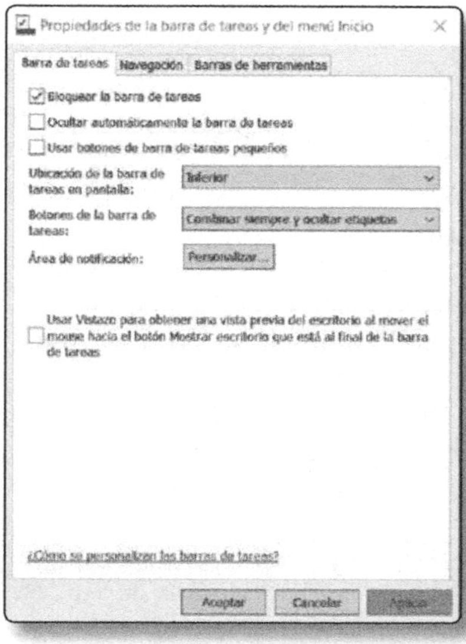

▸ **Bloquear la barra de tareas**. La barra de tareas está ubicada de forma predeterminada en la parte inferior del escritorio, pero es posible modificar su posición.

Al desmarcar esta opción, el usuario podrá cambiar su ubicación.

Para ello se posicionará el ratón sobre una zona libre de la barra y se pulsará con el botón izquierdo. Sin dejar de pulsar, se arrastrará la barra hacia los márgenes del escritorio. Al dejar de pulsar, la barra se colocará en la nueva posición

▸ **Ocultar automáticamente la barra de tareas**. Esta opción permitirá al sistema ocultar la barra de tareas, siempre que no se utilice. Para volver a mostrar la barra, se desplazará el ratón hacia el borde del escritorio por el lugar donde se encuentra la barra y esta aparecerá de nuevo.

▸ **Usar botones de barra de tareas pequeños**. Esta opción reducirá el tamaño de los iconos en la barra de tareas.

▸ **Ubicación de la barra de tareas en la pantalla.**

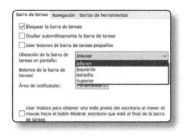

En esta opción se configurará la posición de la barra de tareas, pudiendo elegir entre la zona inferior, izquierda, derecha o superior.

▸ **Botones de la barra de tareas**. En esta opción se configurará la manera en la que se muestran los iconos en la barra.

- **Combinar siempre y ocultar etiquetas**. Este es el valor predeterminado. Cada programa aparecerá como un solo icono sin etiqueta, aunque estén abiertos varios elementos para el mismo programa.

- **Combinar si barra está llena**. Cada programa aparecerá como un icono individual con etiqueta. Cuando se llene la barra de tareas, aquellos programas con varios elementos abiertos, se contraerán en un único icono. Al pulsar sobre este icono, se mostrará un listado con los elementos abiertos.

- **No combinar nunca**. Esta opción personaliza la barra para que nunca se agrupen los iconos en uno solo, independientemente de los elementos abiertos para una aplicación. A medida que se abran más ventanas, el tamaño de los iconos se reducirá y se desplazarán dentro de la barra de tareas.

También se podrán reorganizar y ordenar todos los iconos situados en la **Barra de tareas**, incluyendo los programas actualmente en ejecución y los programas anclados en la barra.

Para realizarlo, se pulsará sobre el icono con el botón izquierdo del ratón y, sin soltar, se arrastrará el icono hasta la posición deseada, dejando de pulsar el botón del ratón para realizar el cambio.

Existe la posibilidad de anclar programas en la **Barra de tareas**. Al anclar el programa a la barra, se tendrá un acceso más rápido a las aplicaciones más usadas por el usuario.

Además de esto, tal como ocurría en otras versiones, se incluyen las denominadas *Jump Lists*; de este modo se tendrá también acceso a un listado de elementos favoritos y recientes con una única pulsación del botón derecho del ratón sobre el acceso de la aplicación

Las *Jump lists* son un listado de los elementos que han sido abiertos recientemente o que se abren con frecuencia, como archivos, carpetas, tareas o direcciones web, organizados por el programa que se usa para abrirlos.

Las *Jump Lists* aparecen tanto para los programas que están anclados en la barra de tareas como para aquellos programas que están en ejecución.

Para acceder a las *Jump Lists*, se ha de pulsar con el botón derecho en el icono de la barra de tareas o arrastrar el icono hacia el escritorio. Para abrir los elementos de las *Jump Lists*, se pulsará sobre dichos elementos.

En la siguiente captura se pueden observar estos valores para el reproductor VLC:

También es posible anclar dentro de las *Jump Lists* elementos favoritos, para así tener un acceso más rápido por parte del usuario. Para ello se pulsará en el icono con forma de chincheta, o desde su menú contextual se pulsará en **Anclar a esta lista** en caso de querer que permanezca, o por el contrario, en **Quitar de esta lista** si se desea eliminar el elemento de la lista.

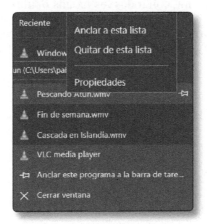

El área que se encuentra en el extremo derecho de la **Barra de tareas** se denomina **Área de notificación**, y contiene accesos directos a programas e información importante sobre el estado del equipo.

El usuario podrá configurar el área de notificación para cambiar la forma en la que aparecerán los iconos. Se podrá configurar qué iconos y notificaciones aparecerán en dicha área y qué iconos del sistema (iconos especiales para la gestión del sistema) deberán aparecer o no.

También se podrá cambiar el orden en que aparecen los iconos en el área de notificación y el orden de los iconos ocultos, pulsando sobre ellos con el botón izquierdo y arrastrándolos hasta su nueva posición en la barra.

Si se desea mover un icono del área para no visualizarlo, se pulsará sobre dicho icono y se arrastrará hacia el escritorio. De esta manera, el icono quedará oculto.

Para poder visualizar los iconos ocultos, se deberá pulsar sobre la flecha situada junto al área de notificación (si no hay flecha significa que no existen iconos ocultos).

Si se desea agregar un icono oculto al área de notificación, primero habrá que mostrar los iconos ocultos pulsando la flecha junto al área. A continuación, se pulsará sobre el icono y se arrastrará al área de notificación de la barra de tareas. Es posible realizar esta operación con todos los iconos ocultos que se desee.

Se podrá configurar el equipo para que muestre siempre todos los iconos en el área de notificación. Para ello, se pulsará con el botón derecho en una zona libre de la barra de Tareas y, a continuación, en **Propiedades**.

En la pantalla mostrada, en la pestaña **Barra de tareas**, en el apartado **Área de notificación**, hay que pulsar en **Personalizar** y se mostrará la siguiente pantalla:

Seguidamente se pulsará sobre la opción **Seleccionar los iconos que aparecerán en la barra de tareas**, para que se muestre la ventana siguiente:

En esta ventana se podrá configurar qué iconos aparecerán en la barra de tareas y cuáles no. Para ello se activarán o desactivarán uno a uno.

Si el usuario desea que todos los iconos se muestren, activará la opción **Mostrar siempre todos los iconos en el área de notificación**.

El usuario también podrá activar o desactivar los **Iconos del sistema**. Estos iconos incluyen el icono del reloj, red, volumen, energía y centro de actividades. Desactivar o activar estos iconos se hará desde la pantalla de configuración, pulsando sobre **Activar o desactivar iconos del sistema**.

Para cada icono se podrá elegir entre activar (para que aparezca en el área de notificaciones) o desactivar (para que no aparezca).

En la parte ventana de configuración, en al apartado **Notificaciones**, se podrá configurar qué notificaciones estarán activas en el sistema.

Notificaciones

Mostrarme sugerencias de Windows
Activado

Mostrar notificaciones de las aplicaciones
Activado

Mostrar notificaciones en la pantalla de bloqueo
Activado

Mostrar alarmas, recordatorios y llamadas VoIP entrantes en la pantalla de bloqueo
Activado

Ocultar notificaciones mientras se está presentando
Desactivado

En el caso de activar la opción **Mostrar notificaciones de las aplicaciones**, será necesario indicar qué aplicaciones están activas para mostrar las notificaciones. Para ello, en la parte inferior de la ventana de configuración se podrá activar o desactivar una a una las aplicaciones con permiso para mostrar las notificaciones:

Mostrar notificaciones de estas aplicaciones

Accesorio de panel de entrada matemá   Activado
Activado: Banners, Sonidos

Alarmas y reloj   Activado
Activado: Banners, Sonidos

Calendario   Activado
Activado: Banners, Sonidos

Correo   Activado
Activado: Banners, Sonidos

Cortana   Activado
Activado: Banners, Sonidos

En Windows 10, el botón **Mostrar escritorio** se mantiene en el extremo derecho de la barra de tareas.

Cuando se pulsará en dicho botón, todas las ventanas abiertas se minimizarán y se podrá ver el escritorio. Si se vuelve a pulsar, las ventanas volverán a la posición original en la que se encontraban antes de pulsar el botón **Mostrar escritorio**.

Al igual que ocurría en versiones anteriores de Windows, al colocar el ratón sobre el icono **Mostrar escritorio**, todas las ventanas se atenuarán y se podrá ver el escritorio sin necesidad de minimizar todas las ventanas.

Esta opción debe ser activada. Para ello se pulsará con el botón derecho del ratón sobre el icono mostrar escritorio, activándose la opción vistazo al escritorio

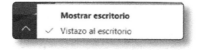

8.6 EL MENÚ DE INICIO

Microsoft ha escuchado las peticiones de los usuarios y ha vuelto a incluir el **menú de inicio** como eje fundamental en el uso de Windows 10.

Este importante elemento había sido desplazado a un segundo plano en Windows 8, pero los usuarios de Windows no estuvieron muy conformes con este cambio, por lo que Microsoft ha dado marcha atrás y lo ha vuelto a incluir.

Pero no solo ha sido restaurado, sino que, además, se le han añadido una serie de mejoras, heredadas de Windows 8, que hace que sea mucho más atractivo y útil para el usuario.

Nada más pulsar sobre el icono del menú de inicio, se puede comprobar cómo hay una evolución en el aspecto visual y organizativo respecto a versiones anteriores, tal como se puede observar en la siguiente captura:

En la parte superior izquierda del menú, se tendrá acceso a las opciones de sesión. Al pulsar sobre el usuario actualmente logado en el sistema, se desplegará el siguiente menú:

Tal como se observa, se podrá acceder a la configuración de la cuenta, pulsando en **Cambiar la configuración de la cuenta** (se verá en los siguientes capítulos con más detalle), **Bloquear** la máquina o **Cerrar sesión** del usuario actual.

En la parte inferior aparecerán los distintos usuarios del sistema. Pulsando sobre ellos, se abrirá una sesión con dicho usuario, sin cerrar la sesión actual.

Debajo de estas opciones, se mostrará un listado con las aplicaciones **Más usadas**, pudiendo abrir cualquiera de ellas al pulsar sobre su nombre.

Seguidamente, el sistema mostrará los **Agregados recientemente**, por ejemplo, aplicaciones recién instaladas, en el caso de que las haya.

En la parte inferior izquierda, se tendrá acceso a varias opciones, tal como se muestra en la siguiente captura:

Explorador de archivos abrirá una ventana del explorador de archivos nativo de Windows.

Al pulsar sobre **Configuración**, se abrirá una ventana con las configuración de del sistema.

Iniciar/Apagar, ofrecerá al usuario las opciones de **Apagar**, **Reiniciar** o **Suspender el sistema**.

Al pulsar sobre **Todas las aplicaciones**, se desplegarán todas las aplicaciones instaladas en el equipo, junto a todas las herramientas y configuraciones del sistema, ordenadas alfabéticamente.

El sistema permite centrar la búsqueda en una letra. Para ello, se pulsará sobre cualquier letra, mostrando el sistema un abecedario para que el usuario seleccione la letra deseada.

La parte derecha del menú de inicio, muestra accesos directos a aplicaciones con iconos dinámicos, de igual forma que se mostraba en Windows 8.

Para añadir una nueva aplicación, se localizará entre las aplicaciones instaladas en el equipo y se arrastrará a esta parte del menú de inicio.

Para eliminarla se pulsará con el botón derecho del ratón sobre el icono deseado y se pulsará en **Desanclar de Inicio**.

Es posible modificar el tamaño de estos accesos directos. Para ello, se pulsará con el botón derecho del ratón sobre el icono deseado y se seleccionará el tamaño, de los cuatro disponibles.

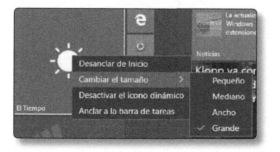

Si el usuario no desea que el icono sea dinámico, es decir, que muestre solo el nombre de la aplicación de forma fija, en el menú contextual deberá seleccionar **Desactivar el icono dinámico**.

La última opción de este menú, **Anclar a la barra de tareas**, añadirá el acceso a la barra de tareas. Para eliminarlo, se pulsará sobre **Desanclar a la barra de tareas**.

Por último, dependiendo de la aplicación, se mostrará la opción de desinstalarla del sistema.

Los accesos directos se pueden agrupar. Para ello, se arrastrará el acceso junto a los demás que forman el grupo. También, se puede añadir o cambiar el nombre del grupo. Para ello, se pulsará en la parte superior del grupo, y se añadirá o modificará el nombre, tal como se puede observar:

Si la zona del menú es demasiado pequeña para todos los accesos directos que el usuario necesita, es posible agrandarla. Para ello, se situará el ratón al borde del área, momento en el que el puntero del ratón cambiará de forma a una flecha doble. Seguidamente, se arrastrará el área hasta el tamaño deseado.

El **Menú de inicio** también ofrece al usuario un acceso directo a las principales herramientas del sistema pulsando sobre él con el botón derecho del ratón.

Al realizar dicha acción, tal como se puede observar en la captura siguiente, se desplegará un menú con una buena cantidad de accesos a las principales herramientas del sistema.

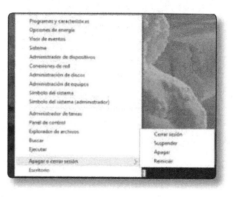

Además de facilitar el acceso a dichas herramientas, también estarán disponibles las opciones de **Apagar o cerrar sesión** del sistema, poder mostrar el **Escritorio,** la opción para **Ejecutar** o acceso al **Símbolo del sistema**, incluyendo el modo **Administrador.**

8.7 FUNCIONES AERO

Las denominadas funciones Aero fueron introducidas en Windows 7 por primera vez, y han tenido un gran apoyo por parte de los usuarios, pues son de gran utilidad.

En Windows 10 se mantienen algunas de estas interesantes características.

Seguidamente se indicarán algunas de estas opciones:

▸ **Aero Flip**. Esta función, ya explicada anteriormente, permite, al pulsar las teclas [**Alt**] + [**Tab**], mostrar miniaturas reales de las ventanas actuales, permitiendo así una búsqueda rápida entre ventanas. Esta opción facilita el trabajo a usuarios que utilicen muchas ventanas al mismo tiempo.

▼ **Aero Peek**. Esta función, ya vista en el apartado destinado a la barra de herramientas, permite que, si se deja el puntero del ratón sobre el botón **Mostrar escritorio**, muestre el escritorio pero conservando las ventanas abiertas y señalándolas con un leve contorno. Una vez que se desplace el puntero, se volverá a la vista normal de las ventanas.

Para activarlo se pulsará con el botón derecho del ratón sobre el icono **Mostrar escritorio**, activándose la opción **Vistazo al escritorio.**

Otro método para activarlo, consiste en acceder a las **Propiedades** de la barra de tareas y, en la pestaña **Barra de tareas**, activar la opción **Usar vistazo para obtener una vista previa del escritorio al mover el mouse al botón Mostrar escritorio al final de la barra de tareas**, tal como se puede observar en la siguiente captura:

Otra posibilidad que ofrece esta opción es obtener una vista previa en miniatura de las ventanas abiertas.

Para ello se colocará el puntero del ratón sobre los iconos de la barra de tareas. Al realizarlo, se mostrará una miniatura de la ventana o ventanas abiertas de esa aplicación.

Una vez se muestre la miniatura de la pantalla, si se posiciona el cursor del ratón sobre dicha miniatura, se mostrará una vista previa a tamaño real de la ventana. Además, en la miniatura aparecerá, en todos los casos, un aspa para poder cerrar la ventana y, dependiendo de la aplicación, diversos iconos para realizar tareas sobre la aplicación (como detener la reproducción de un vídeo).

▼ **Aero Shake**. Con esta opción se pueden minimizar rápidamente todas las ventanas abiertas salvo aquella en la que se esté trabajando, pulsando con el ratón en la parte superior de la ventana y agitándola hacia los lados.

Esta característica ahorra tiempo si se desea trabajar en una sola ventana sin tener que minimizar las demás ventanas abiertas una a una. Posteriormente, se pueden restaurar todas esas ventanas agitando nuevamente la ventana abierta.

Para volver a maximizar todas las ventanas, solamente habrá que volver a agitar la ventana activa.

▼ **Aero Snap**. Esta funcionalidad, que ya se ha explicado con anterioridad, permite al usuario ajustar las ventanas al espacio de la pantalla. En versiones anteriores solo permitía ajustarlo a los dos laterales de la pantalla, pero en Windows 10 permite ajustarlo a las esquinas, por lo que permite hasta cuatro ventanas simultaneas.

Para ello, se arrastrarán las ventanas a la posición que se desea que ocupe en la pantalla, tal como se puede observar seguidamente:

8.8 ICONOS Y ACCESOS DIRECTOS

Se conoce como **icono** a una representación gráfica de pequeño tamaño que se utiliza para representar archivos, carpetas, programas o accesos directos. La utilidad de los iconos es poder identificar, de manera rápida y visual, qué tipo de archivo es aquel con el que se va a trabajar.

Por regla general, cada aplicación tendrá su propio icono característico. De esta manera, se podrá identificarlo de manera más rápida.

Los iconos se encuentran en cualquier parte del sistema operativo pero, normalmente, los lugares desde los que se utilizarán habitualmente serán el escritorio, la barra de tareas y el menú inicio.

Un icono especial que es utilizado a diario por el usuario es el acceso directo. Un acceso directo es un icono que se suele encontrar en el escritorio o en la barra de tareas y que permite al usuario acceder a una aplicación, carpeta, dirección web, etc., de manera rápida sin necesidad de tener que buscar por el equipo. De esta manera se ahorra mucho tiempo.

Un acceso directo es fácilmente reconocible ya que tendrá una flecha curvada en la imagen de su icono para diferenciarlo de los demás iconos.

Existen cuatro métodos para crear un acceso directo en el escritorio:

▶ Para el primer método se seleccionará de qué programa o archivo se va a crear el acceso directo. Luego se pulsará con el botón derecho del ratón sobre él.

En la opción **Enviar**, se seleccionará **Escritorio (crear acceso directo)**. De esta manera, el sistema creará un acceso directo al programa o archivo seleccionado y lo colocará en el escritorio.

Enviar a	>		Carpeta comprimida (en zip)
Cortar			Destinatario de correo
Copiar			Destinatario de fax
Crear acceso directo			Documentos
Eliminar			Escritorio (crear acceso directo)
Cambiar nombre			Skype
			Unidad de DVD RW (F:)

▼ El segundo método consiste en pulsar con el botón derecho del ratón sobre una zona libre del escritorio y elegir la opción **Nuevo**.

En el menú desplegable que mostrará, se elegirá **Acceso directo**.

	Carpeta
	Acceso directo
	Microsoft Access Base de datos
AMD Catalyst Control Center	Imagen de mapa de bits
Ver >	Contacto
Ordenar por >	Documento de Microsoft Word
Actualizar	Documento de Windows Journal
Pegar	Presentación de Microsoft PowerPoint
Pegar acceso directo	Documento de Microsoft Publisher
Deshacer Eliminar Ctrl+Z	Archivo WinRAR
Siguiente fondo de escritorio	Documento de texto
	Hoja de cálculo de Microsoft Excel
Nuevo >	Archivo WinRAR ZIP

Al pulsar sobre esta opción, el sistema mostrará una pantalla desde la que se indicará el origen del acceso directo.

> ← Crear acceso directo
>
> ¿A qué elemento le desea crear un acceso directo?
>
> Este asistente le ayuda a crear accesos directos a programas, archivos, carpetas, equipos o direcciones de Internet ya sea locales o de red.
>
> Escriba la ubicación del elemento:
> [   ] Examinar...
>
> Haga clic en Siguiente para continuar.

Una vez que se haya localizado el origen, se pulsará sobre **Siguiente**.

El sistema preguntará por el nombre que va a tener el acceso directo. Una vez informado y al pulsar sobre **Finalizar**, se creará el acceso directo en el escritorio.

▶ El tercer método consiste en localizar el archivo o programa del que se necesite crear un acceso directo. Una vez localizado, se arrastrará hasta una zona limpia del escritorio. Antes de soltar, se pulsará la tecla [**Alt**] y sin dejar de pulsar dicha tecla, se dejará de pulsar el botón derecho del ratón. De esta manera se creará el acceso directo en el escritorio.

▶ El cuarto método para crear un acceso directo, consiste en localizar el archivo o programa del que sea necesario crear un acceso directo. Una vez localizado se pulsará con el botón derecho del ratón sobre él y se elegirá la opción **Copiar**.

Después, se pulsará con el botón derecho del ratón sobre una zona limpia del escritorio y se elegirá la opción **Pegar acceso directo.**

Ver	>
Ordenar por	>
Actualizar	
Pegar	
Pegar acceso directo	
Deshacer Mover	Ctrl+Z
Siguiente fondo de escritorio	
Nuevo	>
Configuración de pantalla	
Personalizar	

Como ya se ha comentado, el escritorio será uno de los lugares principales donde se trabajará con iconos, al ser la pantalla principal desde la que el usuario iniciará el trabajo.

Se podrá configurar el sistema para modificar las características de visualización y organización de los iconos en el escritorio.

Para ello, se pulsará el botón derecho del ratón sobre una zona limpia del escritorio y aparecerá la siguiente pantalla:

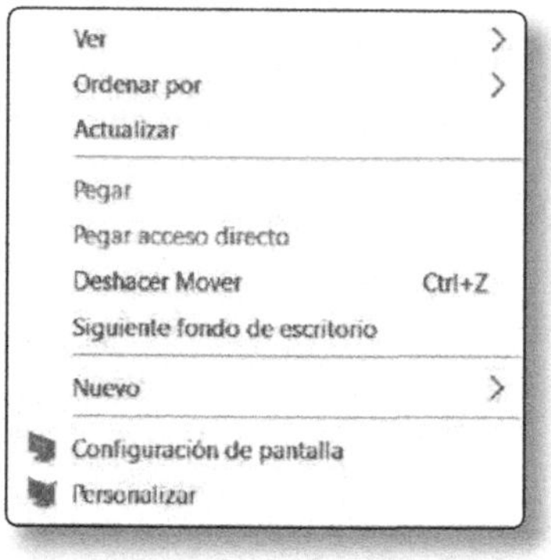

En la opción **Ver** se podrá configurar cómo se van a mostrar los iconos en el escritorio:

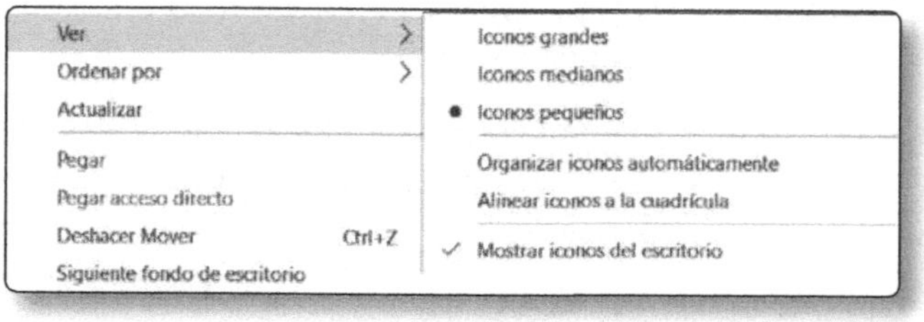

Se podrá elegir entre:

- **Tamaño de los iconos**. Desde aquí se puede configurar si el tamaño de los iconos mostrados será **Grande**, **Mediano** o **Pequeño**.
- **Organizar iconos automáticamente**. Al activar esta opción, el sistema colocará los iconos en el escritorio de forma automática y secuencial. Si se quieren colocar los iconos en una posición determinada por el usuario, esta opción habrá que desactivarla para tener total libertad con la posición de los iconos.
- **Alinear iconos a la cuadrícula**. Al activarla, todos los iconos del escritorio se alinearán. Si se desactiva, el usuario podrá colocar los iconos donde desee, pero no estarán alineados.
- **Mostrar iconos del escritorio**. Al desactivar esta opción, Windows ocultará todos los iconos del escritorio para tener una vista limpia del fondo de escritorio. Al realizar esto, no se borran los iconos, solo se ocultan. Al volver a activarla, todos los iconos reaparecerán.

También será posible configurar la forma como se ordenarán los iconos con el escritorio. Para ello, se pulsará el botón derecho del ratón sobre una zona limpia del escritorio. En la opción **Ordenar por** se podrá configurar si los iconos se ordenarán por **Nombre**, **Tamaño**, **Tipo de elemento** o **Fecha de modificación**.

8.9 CONFIGURAR LA FECHA Y HORA DEL SISTEMA

En muchas de las acciones que se realizarán en el equipo (como puede ser crear o modificar archivos), la fecha actual del equipo queda registrada en el momento en que son realizadas.

La fecha y hora del equipo puede ser modificada por el usuario. Para ello, se pulsará con el botón izquierdo del ratón sobre el área de notificación donde se encuentra el reloj:

En la pantalla que mostrará se pulsará sobre **Configuración de fecha y hora** (es posible que solicite la contraseña de administrador del equipo para acceder a esta pantalla y poder modificar la fecha del equipo).

En el apartado **Fecha y hora**, se podrá activar o desactivar el ajuste automático de la hora del sistema. En caso de desactivarlo, al pulsar en **Cambiar**, el usuario podrá configurarlo manualmente.

En **Zona horaria** se podrá seleccionar la zona horaria donde se encuentra el equipo, del catálogo disponible.

Por último, se podrá activar la opción **Cambiar la hora automáticamente según el horario de verano**, marcando dicha opción.

En el apartado **Formatos** se podrá visualizar el formato de fecha actual configurado en el equipo.

En el caso de querer cambiar dicho formato, se pulsará en **Cambiar formatos de fecha y hora**. El sistema mostrará una ventana donde el usuario podrá modificar los formatos, tal como se puede observar en la siguiente captura:

En el apartado **Opciones de configuración relacionadas** se encuentran dos opciones que, básicamente, llevan a la misma pantalla de configuración, que es la que se muestra en la siguiente captura:

▶ En la primera pestaña, **Fecha y hora**, se podrá cambiar también la fecha del sistema y la zona horaria del equipo.

Para cambiar la fecha del equipo, se pulsará sobre el icono **Cambiar fecha y hora**. En esa pantalla se indicará la fecha y la hora actual del equipo.

Una vez se seleccione, se pulsará sobre **Aceptar** para validar los cambios.

Es posible configurar con mucho más detalle cómo se muestra la fecha en el equipo. Para ello, desde la pestaña **Fecha y Hora**, se pulsará en **Cambiar fecha y hora** y, después, sobre **Cambiar configuración del calendario**.

Al realizar esto, se abrirán dos pantallas en la que se podrán modificar multitud de parámetros según conveniencia del usuario.

En el apartado **Zona** se muestra la zona horaria en la que se encuentra el equipo. Si fuese necesario modificar esta información, se pulsará sobre el icono cambiar zona horaria y se seleccionará la zona horaria adecuada.

En esta pantalla también es posible configurar, activando la casilla correspondiente, si el reloj del equipo se ajustará automáticamente al horario de verano.

En la zona inferior de la pestaña se podrá configurar si el sistema mostrará un aviso cada vez que cambie la hora del equipo automáticamente.

▶ En la segunda pestaña, **Relojes adicionales**, se podrán configurar relojes extras para que muestren información de otras zonas horarias.

Una vez configurado se podrá comprobar el resultado en el reloj del sistema, en el siguiente ejemplo:

- La ultima pestaña, **Hora de internet**, permite al equipo sincronizar la hora con el reloj del servidor horario. Suele sincronizarse una vez a la semana y es necesario tener conexión a Internet para que se realice la sincronización:

  Para ello, se pulsará en **Cambiar la configuración**, se activará la función de sincronización pulsando en la casilla correspondiente y se seleccionará un servidor de la lista de servidores disponibles.

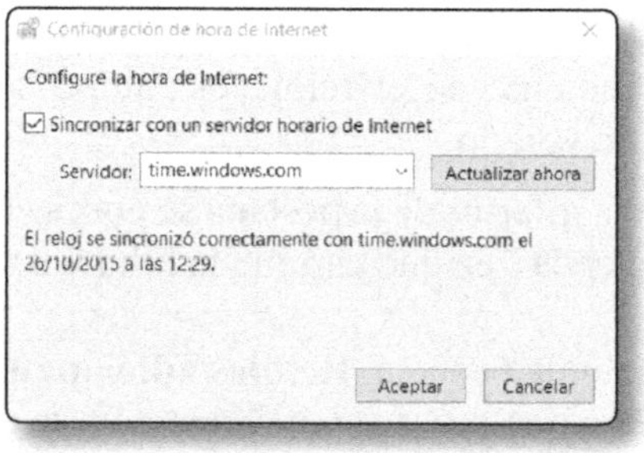

Además de las opciones anteriormente descritas, Windows 10 añade la nueva aplicación **Alarmas y reloj**, ya vista en el apartado de los accesorios, ampliando las posibilidades del usuario a la hora de gestionar el tiempo.

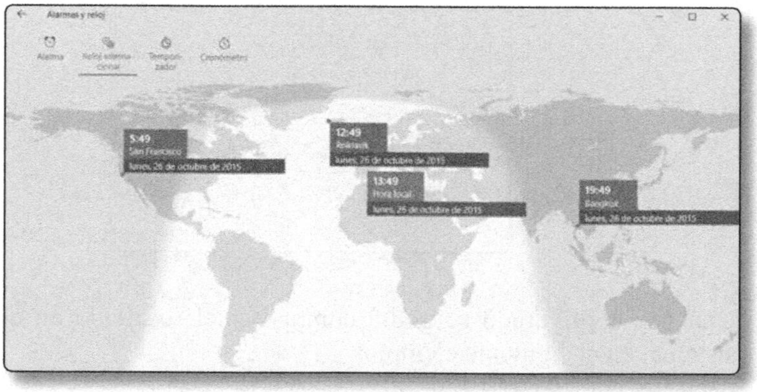

9

CONTROL PARENTAL Y GESTIÓN DE USUARIOS

Windows 10 es un sistema multiusuario que significa que permite el ingreso y uso de distintos usuarios en la misma máquina.

De esta forma, cada usuario podrá acceder y configurar su propio entorno de Windows 10 según sus necesidades o preferencias, sin necesidad de interferir en la forma de trabajar de los demás usuarios.

Entre las propiedades que se pueden definir están los archivos y carpetas a las que tendrá acceso un usuario, los privilegios que tiene para realizar cambios en el equipo o las distintas preferencias personales, el esquema de color de la pantalla de inicio, las fuentes usadas en ventanas y cuadros de diálogo, el fondo de escritorio, contraseñas, historiales, etc.

Cada perfil de usuario estará asociado a una carpeta personal, solo accesible por el propio usuario o por el administrador, en la que se podrán almacenar todos los archivos y documentos de manera privada, de manera que solo el propio usuario podrá acceder a ellos.

Seguidamente, se verán los tipos de usuario, como crear o eliminarlos, modificar sus permisos y más opciones disponibles.

9.1 DISTINTOS TIPOS DE CUENTA

Cada usuario que acceda al equipo lo hará con un nombre de usuario y con una contraseña, evitando que alguien pueda acceder a la información personal de cada usuario.

Durante el proceso de instalación del sistema, ya se vio que es posible crear dos tipos de cuentas de usuario distintas en Windows 10, local y asociada a una cuenta Microsoft, siendo lo más recomendable acceder con una cuenta Microsoft.

Tal como ya se ha indicado anteriormente, al acceder con una cuenta Microsoft, el usuario disfrutará de características como la Tienda de Microsoft, donde descargarse programas, OneDrive o la posibilidad de tener su información disponible independientemente del equipo desde que acceda (Portátil, PC de sobremesa, Tablet, etc.).

Como se verá más adelante, es posible cambiar entre la configuración de las cuentas, por lo que si se ha creado un usuario local, es posible su cambio a un usuario con cuenta Microsoft, para poder beneficiarse de todas las ventajas.

Por el contrario, una cuenta local es una cuenta que va a proporcionar al usuario acceso a un solo equipo.

Si crea una cuenta local, será necesario crear una cuenta distinta en cada equipo que el usuario vaya a utilizar, es decir, no habrá ninguna sincronización de las configuraciones entre los equipos de Windows 10 (Portátil, PC de sobremesa, Tablet, etc.) que el usuario utilice y no se obtendrán las ventajas de conectar el equipo a la nube. Tampoco se podrá realizar la descarga de aplicaciones de la Tienda Windows.

Además de poder seleccionar entre estos dos tipos de usuario, también se podrá seleccionar, atendiendo a los privilegios dentro del sistema, entre **Usuario estándar**, **Administrador** o **Usuario invitado**.

El **Usuario estándar** es el usuario habitual del equipo. Podrá trabajar de forma habitual con sus datos, pero no tendrá permisos para modificar configuraciones del sistema.

El usuario **Administrador** es un usuario con control total sobre el equipo, pudiendo cambiar las configuraciones del sistema, incluyendo la de otros usuarios, por lo que se deberá usar una cuenta de administrador si va a configurar cuentas para los demás usuarios del equipo.

El **Usuario invitado** es un usuario temporal del equipo. Este usuario se recomienda que este desactivado con el fin de evitar accesos no deseados al sistema.

Al igual que en otros sistemas, siempre se tendrá una cuenta de usuario de tipo administrador, siendo esta normalmente la que se configurará durante el proceso de instalación del sistema operativo. En este proceso se solicita al usuario un nombre y una contraseña para dicha cuenta.

Por motivos de seguridad, siempre se recomienda que una vez terminado el proceso de instalación del sistema operativo, se configure una cuenta de usuario estándar para realizar el trabajo diario, a fin de evitar problemas al modificar parámetros del sistema por error.

Es posible que el equipo sea utilizado por un niño y sea necesario configurar el sistema para que este usuario no tenga acceso a determinadas aplicaciones o se limite el uso del equipo.

Para este tipo de usuarios, Windows 10 vuelve a incluir el control parental, con el que es posible configurar la cuenta de usuario con las especificaciones indicadas por el usuario Administrador. Esta configuración se explicará más adelante en detalle.

9.1.1 Usuario estándar

Se conoce como usuario estándar, al usuario de acceso básico en Windows 10, siendo el más común y recomendable en su uso.

Este usuario podrá trabajar con el equipo con total normalidad y podrá ejecutar la mayoría de las aplicaciones instaladas.

El usuario estándar podrá modificar las opciones de configuración que afecten a su cuenta de usuario, pero no así configuraciones del sistema ni que afecten a otros usuarios, por lo que tendrá prohibida la instalación o desinstalación de la mayoría del software y hardware del equipo, la eliminación de archivos necesarios para el correcto funcionamiento del equipo y el acceso a cualquier tipo de configuración que afecte a la seguridad del equipo o a otras cuentas de usuario distintas a la suya.

Cualquier usuario estándar del sistema dispondrá de su carpeta personal, dentro de la carpeta Usuarios, con el nombre de dicho usuario. En esta carpeta es donde el usuario podrá trabajar con plenos privilegios sobre los archivos y carpetas que contenga.

Si el usuario estándar necesita realizar cierto tipo de acciones administrativas o para acceder a determinadas ventanas, el sistema solicitará al usuario una contraseña de administrador. Este tipo de acceso será fácilmente localizable al estar representado por el habitual icono de seguridad de Windows.

9.1.2 Usuario Administrador

La cuenta de usuario Administrador es la cuenta con más privilegios del sistema y siempre debe ser usada por personas con conocimientos altos, a fin de evitar problemas en el sistema.

Con esta cuenta se tiene acceso a la instalación o desinstalación de todo tipo de hardware y software, además de acceso a la configuración de seguridad del equipo.

El usuario Administrador tiene acceso total a las carpetas del equipo, ya sean del sistema o de otros usuarios estándar, y tendrá también acceso a la configuración de las propias cuentas de usuario estándar e invitado.

En todos los equipos debe existir al menos una cuenta de usuario administrador que podrá, si lo considera oportuno, crear más cuentas con los privilegios de administrador. Esta cuenta suele ser la creada durante el proceso de instalación del sistema, aunque pueden crearse posteriormente.

Cada vez que se realice una acción que requiera permisos de administrador, el sistema solicitará la validación del administrador.

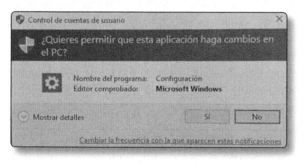

Por ello, el usuario Administrador se comportará como un usuario estándar, hasta el momento en que realice una tarea reservada a administradores. La detección de esta tarea la realiza el **UAC** (**Control de cuentas de usuario**) que, al detectar que se va a realizar la tarea, presentará una ventana en negro requiriendo la validación del usuario administrador.

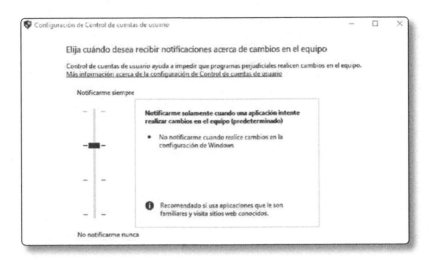

9.2 CREAR UN NUEVO USUARIO

Solo un usuario Administrador tiene privilegios para poder crear un nuevo usuario en el sistema.

Para crear una nueva cuenta de usuario, se pulsará en el **Menú de inicio** y, seguidamente, se pulsará sobre la opción de **Configuración**. En la nueva ventana de configuración, se deberá pulsar en **Cuentas**.

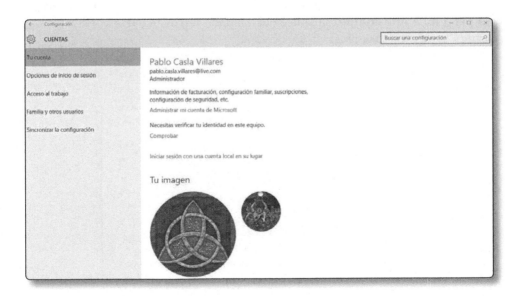

En las opciones de la izquierda, se deberá pulsar sobre **Familia y otros usuarios**, mostrando la siguiente ventana:

Es posible crear, o más bien agrupar, los usuarios en dos tipos; **Tu familia** y **Otros usuarios**.

9.2.1 Otros usuarios

Para crear un usuario que no es familiar, se deberá pulsar sobre **Agregar otra persona a este equipo**, situada en el apartado **Otros usuarios**. Al realizar, se mostrará la siguiente ventana:

Se deberá informar del correo electrónico o del teléfono con lo que el nuevo usuario accederá al equipo.

En el ejemplo que se va a seguir, se va a pulsar en la opción **No tengo los datos de inicio de sesión de esta persona**, ya que se quiere crear una nueva cuenta Microsoft, mostrándose la siguiente ventana de información:

Tal como se puede observar en la captura anterior, se deberá rellenar todos los campos requeridos, y se pulsará **Siguiente** para continuar con el proceso.

Por motivos de seguridad solicitará un teléfono o una dirección de correo para ayudar al usuario en caso de recuperar la contraseña, por ejemplo. Una vez rellenado se pulsará en **Siguiente** y, en la siguiente ventana, se marcarán las opciones de privacidad deseadas por el usuario. Se pulsará en **Siguiente** para continuar.

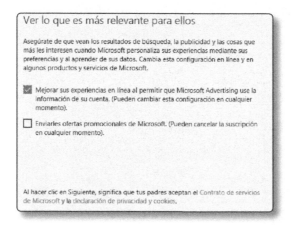

La siguiente ventana que muestra el sistema, solicita al usuario un número de teléfono al que Microsoft enviará un mensaje de texto con un código de validación. Una vez lo haya recibido el usuario, deberá indicarlo en dicha ventana y pulsar en **Siguiente**.

De esta manera, se finalizará el proceso de la creación de un nuevo usuario, generando en dicho proceso un nuevo usuario Microsoft.

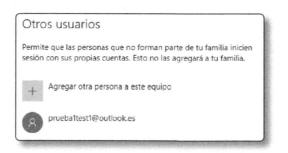

Una vez creado, se podrá comprobar si dicho usuario accede al equipo. Para ello, en el ejemplo se va a realizar un cambio de usuario sin cerrar la sesión actualmente abierta, se pulsará en el **Menú de inicio** y, seguidamente, en el nombre del usuario actual, desplegándose la ventana que se muestra a continuación:

Seguidamente, se pulsará en el nuevo usuario, abriéndose una nueva sesión con el usuario recién creado. Comenzará el proceso de generación de usuario, tal y como se explicó detalladamente en el capítulo dedicado a la instalación del sistema. En este proceso se podrá, por ejemplo, configurar un PIN como método de verificación de acceso al sistema.

Es posible también crear un **Usuario local**, es decir, que solo se usará en ese equipo y no dispondrá de todas las ventajas de usar un usuario Microsoft.

Para ello, se deberá pulsar sobre **Agregar otra persona a este equipo** de nuevo, pero se pulsará en **No tengo los datos de inicio de sesión de esta persona** y en la siguiente ventana en **Agregar un usuario sin cuenta Microsoft**, tal como se puede observar en la siguiente captura:

El sistema mostrará la siguiente ventana, donde se deberá indicar el usuario que va a usar el equipo y asignarle una contraseña.

Una vez finalizado, se pulsará en **Siguiente**, pudiendo comprobar cómo se ha creado correctamente la cuenta del usuario local.

Ahora ya se podría acceder con dicho usuario al sistema.

En ambos tipos de usuario, si se pulsa sobre el nombre del usuario en la ventana de **Familia y otros usuarios**, se desplegará las opciones de **Cambiar tipo de cuenta** y **Quitar**.

Al pulsar sobre **Cambiar tipo de cuenta**, el usuario podrá seleccionar si esta cuenta es de tipo estándar o administrador. Se recomienda no dar permisos de Administrador a los usuarios que no se esté seguro de ello.

Si se pulsa sobre **Quitar**, el sistema eliminará el usuario y ya no podrá acceder al equipo, mostrando la siguiente ventana de confirmación.

9.2.2 Usuario familiar

En el apartado **Tu familia** se podrán configurar los usuarios de familiares que accedan al equipo.

Los usuarios que sean adultos podrán administrar la configuración del grupo de familia en línea y tendrá acceso al historial de actividad para proteger a los usuarios dados de alta que sean menores.

Para agregar un familiar se deberá pulsar en **Agregar familiar**, mostrando la siguiente ventana:

Se deberá indicar el correo de la persona que se quiere dar de alta, en el caso de que disponga de ello, además de indicar que se va a agregar un menor o un adulto.

Al seleccionar **Agregar un menor**, el sistema mostrará un aviso indicando que los menores estarán más protegidos si usan su propia cuenta.

En la parte inferior se deberá introducir el email del nuevo usuario. En el caso de introducir un email que no pertenezca a Microsoft, el sistema mostrará el siguiente mensaje, donde indica que no es una cuenta válida, y ofrece la opción de obtener una nueva.

nerea.Casla@gmail.com

Parece que esta no es una cuenta Microsoft. Prueba con otra dirección de correo o inscríbete para obtener una nueva.

En caso de cometer un error al ingresar el email, se volverá a informar correctamente del mismo y se pulsará en **Siguiente**. Si no se dispone de cuenta válida y se desea obtener una, se deberá pulsar en **Inscríbete para obtener una nueva**, mostrándose la siguiente ventana:

Creemos una cuenta

Windows, Office, Outlook.com, OneDrive, Skype, Xbox. Todos estos servicios ofrecen una mejor experiencia más personalizada cuando inician sesión con su cuenta de Microsoft. Más información

Nerea   Casla

✔ Después de registrarte, te enviaremos un mensaje con un vínculo para comprobar este nombre de usuario.

nerea.casla@gmail.com

Obtener una nueva dirección de correo

•••••••••••

España

Siguiente   Atrás

En ella se rellenarán todos los campos solicitados por el sistema y se pulsará en **Siguiente**.

En el caso de querer obtener una nueva cuenta de Microsoft, para tener acceso a todos los beneficios que proporciona, el usuario pulsará sobre **Obtener una nueva dirección de correo**, mostrando la siguiente ventana:

Al pulsar en **Siguiente**, se mostrará la siguiente ventana donde se deberá informar de un teléfono como método de seguridad:

Una vez indicado, al pulsar en **Siguiente**, el sistema mostrará una ventana donde se podrán activar o desactivar varias opciones interesantes, como recibir promociones de Microsoft o permitir que Microsoft Advertising pueda usar información de la cuenta para mejorar el sistema.

Se pulsará en **Siguiente** para continuar el proceso de alta de usuario. En la siguiente ventana el sistema solicitará un número de teléfono como medio de comprobación de identidad, se deberá pulsar en **Enviar código**.

Ayúdanos a comprobar tu identidad

Luego, si tienes que demostrar que eres tú o se hace un cambio en tu cuenta, usaremos tu información de seguridad para ponernos en contacto contigo.

Te enviaremos un mensaje de texto con el código que usarás para comprobar tu número de teléfono.

Código de país

España (+34)

Número de teléfono

Enviar código

Una vez indicado, se deberá rellenar el código enviado al móvil para verificar la identidad y pulsar en **Siguiente** para finalizar el alta.

En el caso de seleccionar un adulto familiar, el procedimiento será muy parecido al indicado anteriormente para los menores, pudiendo de igual forma dar de alta un nuevo correo Microsoft si es necesario.

En el caso del ejemplo, se va a proceder a crear un usuario familiar, que ya dispone de correo Microsoft (usuario.casla@outlook.es). Por ello, se indicará en el proceso de creación.

Al validar el correo el proceso, el sistema mostrará la siguiente ventana, informando que el usuario va a ser agregado a Familia.

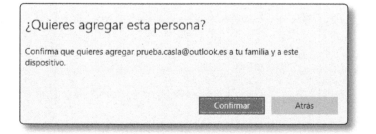

¿Quieres agregar esta persona?

Confirma que quieres agregar prueba.casla@outlook.es a tu familia y a este dispositivo.

Confirmar   Atrás

Para continuar el proceso, se pulsará en **Confirmar**, mostrando el siguiente aviso en el que se indica que se ha enviado una invitación de acceso y, además, se indica información respecto al control parental.

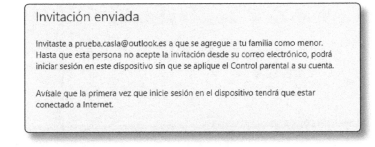

Invitación enviada

Invitaste a prueba.casla@outlook.es a que se agregue a tu familia como menor. Hasta que esta persona no acepte la invitación desde su correo electrónico, podrá iniciar sesión en este dispositivo sin que se aplique el Control parental a su cuenta.

Avísale que la primera vez que inicie sesión en el dispositivo tendrá que estar conectado a Internet.

Si se comprueba los usuarios actuales del sistema, desde la ventana **Familia y otros usuarios**, se puede comprobar cómo se ha añadido el nuevo usuario (prueba.casla@outlook.es), y tal como indicaba el aviso anterior, podrá iniciar sesión, pero está pendiente de validación como usuario familiar menor.

Tu familia

Puedes permitir que tus familiares inicien sesión en este equipo. Los adultos pueden administrar la configuración de la familia en línea y ver la actividad reciente para ayudar a proteger a los menores.

+   Agregar familiar

Patricia corella   Puede iniciar sesión
Adulto

prueba.casla@outlook.es   Puede iniciar sesión
Niño, pendiente

Administrar la configuración de la familia en línea

Para validarlo, será necesario aceptar la invitación enviada al correo del usuario.

Para realizar este proceso, se deberá acceder al correo del usuario y abrir el email que adjunta la invitación, tal como se puede observar en la siguiente captura:

Para validarlo, se pulsará en el acceso **Aceptar invitación** o *Accept Invitation*, dependiendo de la configuración del sistema.

Al realizarlo, se mostrará la siguiente ventana de validación, donde el usuario deberá verificar que quiere acceder como familiar o por el contrario no desea realizarlo en ese momento, pulsando en **No Ahora** o *Not now.*

En el caso de ejemplo que se sigue, se aceptará la invitación para agregar al usuario como familiar menor.

Una vez realizado, el usuario podrá ver información sobre qué usuarios pertenecen a Familia, tal como se puede observar:

Si se comprueban los usuarios actuales del sistema, desde la ventana **Familia y otros usuarios**, se puede comprobar cómo se ha actualizado el estado del nuevo usuario (usuario.casla@outlook.es), a estado **Hijo**.

Agregar familiar

Patricia corella   Puede iniciar sesión
Adulto

prueba Casla   Puede iniciar sesión
Hijo

Administrar la configuración de la familia en línea

El procedimiento para crear un usuario adulto como familiar es muy parecido al explicado para un usuario menor, pudiendo crearse utilizando una cuenta de usuario Microsoft ya disponible o creando una en el momento de creación del usuario.

Para administrar los usuarios que pertenecen al grupo **Familiar**, se realizará de forma parecido a la explicada con los **Otros usuarios**, aunque hay ciertas diferencias importantes que se deben conocer.

Al igual que ocurría con **Otros usuarios**, al pulsar sobre el nombre del usuario se desplegarán las opciones de administración, pero en este caso se mostrarán **Cambiar el tipo de cuenta** y **Bloquear**.

En el caso de pulsar sobre **Cambiar el tipo de cuenta**, se podrá indicar si el usuario tendrá perfil de Administrador o de Usuario estándar.

La opción **Bloquear**, impedirá el acceso del usuario al sistema, pudiendo darle de nuevo permisos de acceso en cualquier momento.

Para eliminar un usuario del grupo familiar, se deberá pulsar en el acceso **Administrar la configuración de la familia en línea**, situado en el apartado **Tu Familia**.

Al pulsar sobre él, con un usuario con permisos, el sistema abrirá la página web de Microsoft para administración de familiares. Es posible que el usuario tenga que introducir usuario y contraseña de forma manual.

Tal como se observa en la captura anterior, la web indica qué usuarios adultos y menores están incluidos en el grupo familiar.

En el apartado **Adultos**, se puede observar como en la parte derecha de la ventana están disponibles las opciones de **Agregar** un nuevo usuario o de dar de **Quitar**.

Para eliminarlo, se pulsará sobre la opción de **Quitar**, seleccionando el usuario a dar de baja, y confirmándolo, tal como se muestra en la siguiente captura:

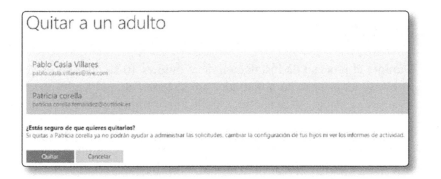

Para dar de baja un menor, el proceso será idéntico al indicado anteriormente.

En el caso de querer añadir un usuario desde la web, se deberá pulsar en la opcion **Agregar** y seguir las instrucciones indicadas en la web.

En las siguiente captura puede observarse como el sistema solicitará un correo electrónico para enviar la invitación. Además, en el caso de un menor, se puede observar como ofrece la posibilidad de crear un nuevo correo, pulsando sobre la opción **Crea una nueva direccion de correo electronico para tu hijo.** sobre el enlace, se deberán rellenar todos los datos que solicite el sistema, siendo estos los mismos que si se realiza desde Windows 10.

Agregar un niño

Si tu hijo tiene una dirección de correo electrónico, úsala para invitarlo a la familia.

Dirección de correo electrónico

alguien@address.com

Crea una nueva dirección de correo electrónico para tu hijo

Enviar invitación   Cancelar

9.3 GESTIÓN DE CUENTAS

Durante el proceso de instalación de Windows 10 se creó un usuario. Este usuario es el primer usuario administrador del sistema, el cual tendrá los permisos necesarios sobre el sistema para añadir, modificar y eliminar usuarios.

En el apartado anterior se ha explicado como modificar los permisos de los usuarios (usuario estándar y administrador) y como poder eliminar o bloquear al propio usuario en el sistema, desde la ventana **Familia y otros usuarios**. Pero existe otra herramienta desde la que se tendrá acceso a la configuración de las cuentas de usuario.

Para poder utilizarla, se accederá al **Panel de Control** y, seguidamente, pulsar en **Cuentas de usuario**, mostrando la siguiente ventana:

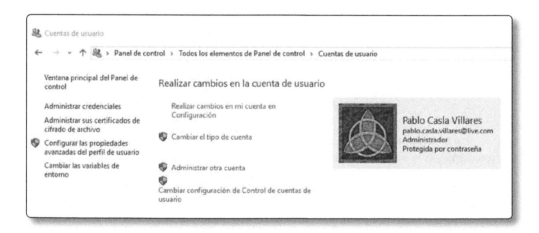

Las opciones disponibles para el usuario Administrador son:

▶ **Realizar cambios en mi cuenta en Configuración**.

Al pulsar sobre este enlace, el sistema mostrará la ventana **Configuración**, desde la que el usuario podrá modificar muchos de los parámetros de su cuenta de usuario.

▶ **Cambiar el tipo de cuenta**.

Esta opción va a permitir cambiar los permisos de una cuenta de usuario de estándar a administrador y viceversa, tal como se puede observar en la siguiente captura:

Seleccionar el nuevo tipo de cuenta

Pablo Casla Villares
pablo.casla.villares@live.com
Administrador
Protegida por contraseña

No puedes cambiar tu tipo de cuenta porque tienes la única cuenta de administrador en este equipo. Para poder cambiar tu cuenta, antes debes hacer que otro usuario sea administrador.

○ Estándar
Las cuentas estándar pueden usar la mayoría del software y cambiar la configuración del sistema que no afecte a otros usuarios ni a la seguridad del equipo.

◉ Administrador
Los administradores tienen el control completo del equipo. Pueden cambiar cualquier configuración y obtener acceso a todos los archivos y programas almacenados en el equipo.

Al intentar realizar este proceso sobre el usuario Administrador creado en la instalación, se podrá comprobar cómo no está habilitada la opción **Seleccionar cuenta estándar**, esto es debido a que para hacerlo, sería necesario crearse una nueva cuenta de usuario y configurarla como administrador, ya que debe existir un administrador del sistema.

▶ **Administrar otra cuenta**.

Muestra las cuentas de usuario del sistema y permite seleccionarlas para editarlas. Se mostrará el nombre de la cuenta, el tipo de cuenta y si está protegida por contraseña.

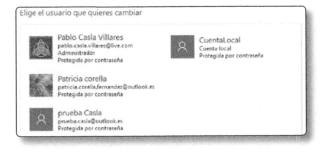

Elige el usuario que quieres cambiar

Pablo Casla Villares
pablo.casla.villares@live.com
Administrador
Protegida por contraseña

CuentaLocal
Cuenta local
Protegida por contraseña

Patricia corella
patricia.corella.fernandez@outlook.es
Protegida por contraseña

prueba Casla
prueba.casla@outlook.es
Protegida por contraseña

Al pulsar sobre una de las cuentas de usuario, el sistema mostrará la ventana desde la que el usuario Administrador podrá modificar las propiedades de dicha cuenta. Dichas propiedades van a ser distintas dependiendo de si se modifica una cuenta local o una cuenta Microsoft.

En la siguiente captura se pueden observar las opciones disponibles a la hora de modificar una cuenta local, la cual está protegida con contraseña de acceso.

Si se pulsa en la opción **Cambiar el nombre de cuenta**, el sistema mostrará la siguiente ventana desde la que se podrá realizar dicho cambio. Una vez introducido el nuevo nombre, se pulsará en **Cambiar el nombre**.

Al tratarse de una cuenta local protegida con contraseña, la segunda opción disponible es **Cambiar la contraseña**. Desde esta opción, tal como muestra la siguiente captura, se podrá realizar el cambio de contraseña para la cuenta local rellenando la información solicitada por el sistema.

La siguiente opción disponible es la ya explicada **Cambiar el tipo de cuenta**, desde la que se podrán modificar los privilegios de una cuenta de estándar a administrador y viceversa.

Por último, la opción **Eliminar la cuenta** va a permitir al administrador quitar una cuenta de usuario del equipo. Para ello, una vez pulsada la opción, mostrará la siguiente ventana donde ofrece la posibilidad de guardar una copia de seguridad de los archivos de esa cuenta de usuario o directamente borrarlos todos.

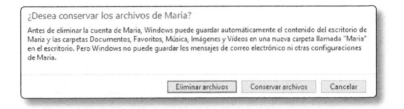

En el caso de que la cuenta de usuario que se esté modificando sea una cuenta Microsoft, tal como se puede ver en la siguiente captura, las opciones disponibles son menos, estando solo disponibles el cambio de tipo de cuenta y la posibilidad de eliminar la cuenta de usuario.

Por último, **Administrar otra cuenta** permite seleccionar de nuevo cualquiera de las cuentas de usuario del equipo para poder modificarlas.

Al pulsar sobre el enlace, mostrará una ventana en la que aparecerán todas las cuentas del equipo. Se pulsará sobre aquella que se desee configurar.

▶ **Cambiar configuración de Control de cuentas de usuario**.

Con esta opción se configurará el **Control de cuentas de usuario (UAC)**, seleccionando entre los distintos niveles disponibles.

La **UAC** o *User Account Control* va a proteger el sistema de cambios de configuración no deseados. De esta forma, será necesaria la autorización de un administrador para que se produzcan estos cambios.

Cada área de Windows 10 que requiere permisos de administración está etiquetada con un icono de seguridad. Cuando intenta acceder o cambiar configuraciones protegidas, la UAC, mediante un cuadro, solicitará la confirmación de un administrador, indicando que Windows debe continuar con la operación.

Windows 10 no va a guardar la contraseña del administrador ingresada en el cuadro de diálogo, siendo solo válida para la modificación actual a realizar. Sin la contraseña del administrador no se podrá realizar ninguna de estas operaciones, previniendo de esta forma que los usuarios que no son administradores puedan realizar cambios no autorizados.

La UAC tiene cuatro niveles de control. Solo los dos primeros están disponibles cuando ha iniciado sesión con una cuenta de usuario local, incluso si tiene las credenciales de administrador, y si se intenta seleccionar, el sistema mostrará la siguiente advertencia:

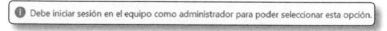

Los niveles disponibles son los siguientes:

▼ **Notificarme siempre cuando**. Se utilizará cuando las aplicaciones intenten instalar software o hacer cambios, y se realicen cambios de configuración de Windows, el escritorio se atenuará y el cuadro de diálogo *User Account Control* se abrirá. Se deberá seleccionar si se permite o no la acción.

▼ **Notificarme solamente cuando una aplicación intente realizar cambios en el equipo (predeterminado)**. Se utilizará cuando las aplicaciones intenten instalar software o hacer cambios, y se realizaron cambios de configuración de Windows, el escritorio no se atenuará.

▼ **Notificarme solo cuando una aplicación intente realizar cambios en el equipo (no atenuar el escritorio)**. No se notificará cuando se realicen cambios en la configuración del sistema.

▼ **No notificarme nunca cuando**. Equivalente a desactivar el UAC. Cualquier usuario o programa puede hacer cambios al equipo sin su permiso.

9.4 ACCEDIENDO AL EQUIPO Y CAMBIO DE SESIÓN

Tal como se ha visto en capítulos anteriores, al arrancar el equipo, Windows 10 mostrará una ventana donde se muestra el último usuario que utilizó el sistema y la casilla para introducir su contraseña.

Para poder cambiar el usuario de inicio de sesión se deberá pulsar sobre el nombre del usuario con el que se quiere acceder, de la lista de usuarios localizada en la parte inferior izquierda.

Bastará con pulsar sobre el usuario elegido e indicar su contraseña para iniciar una sesión en el equipo.

Una vez se haya iniciado una sesión con una cuenta de usuario, si se pulsa en el **Menú de inicio**, y en la parte superior izquierda se pulsa sobre el nombre e imagen del usuario, el sistema mostrará un menú desde el cual se podrán realizar las siguiente acciones:

- ▼ **Cambiar la configuración de la cuenta**. El sistema abrirá la ventana de configuración de cuenta y el usuario podrá modificar, entre otras opciones, la imagen de la cuenta.

- ▼ **Bloquear**. Se bloqueará la sesión actual.

- ▼ **Cerrar sesión**. Se cerrará la sesión actual.

- ▼ **Cambio de sesión**. Si se pulsa sobre cualquiera de los usuarios, el sistema abrirá una sesión con el usuario seleccionado. Windows 10 también mostrará información sobre qué cuenta ya está iniciada.

Con la combinación de teclas [**Ctrl**] + [**Alt**] + [**Supr**] se accederá a las mismas opciones que se han detallado anteriormente, además de acceder a la posibilidad de ejecutar el Administrador de tareas.

9.5 CONTROL PARENTAL

El control parental permite a los adultos que pertenecen al grupo familiar administrar la forma en la que los menores pueden acceder al equipo o a determinadas aplicaciones.

Este control incluye desde horarios de uso del equipo hasta el bloqueo de aplicaciones que los adultos consideren inapropiadas para los niños.

El control parental solo se puede aplicar sobre una cuenta de usuario estándar, por lo que será necesario crear una antes de comenzar a aplicar el control parental.

Como suele ser habitual, además de todos los medios que ofrece Windows 10 para realizar este control, es posible instalar otros servicios de proveedores independientes, si se considera necesario.

Para configurar el control parental, se deberá acceder al **Menú de inicio – Configuración – Cuentas – Familia y otros usuario** y, seguidamente, pulsar en **Administrar la configuración de la familia en línea**.

El sistema abrirá un explorador con la página de Microsoft, donde el usuario deberá acceder con un usuario adulto.

Si se pulsa en la opción **Familia**, el sistema mostrará una ventana con todos los usuarios del sistema, indicando su nombre de usuario, y agrupado por niños o adultos.

En dicha pantalla se deberá seleccionar sobre qué usuario menor se va a acceder a su configuración. Una vez realizado, el sistema mostrará la siguiente ventana:

En la parte izquierda de la ventana se mostrará el menú con las distintas opciones (**Actividad reciente; Exploración web; Aplicaciones, juegos y multimedia, Tiempo de pantalla** y **Compra y gastos**).

En la parte derecha de la ventana se mostrará la información relativa a la opción seleccionada.

▶ **Actividad reciente**. Desde esta opción se podrá activar o desactivar la generación de informes de actividad, habilitándolo con el botón correspondiente.

Tambien infomará de que la navegacion *InPrivate* esta desactivada y se podrá activar o desactivar el envio de informes semanales por email sobre la actividad del menor.

En el apartado **Exploración web**, el sistema de control parental informará de qué actividad ha realizado el menor, por ejemplo:

- **Qué búsquedas ha realizado**:

> **Búsquedas recientes (12)**
>
> Web (11)
> mundiplan oficinas, viajes canarias que empresa comercializa,
> tiempo, microsoft, decorar árbol navidad
> www.pocoyo.com en español
>
> Imágenes (1)
> pocoyo

- **Qué sitios web inapropiados ha intentado ver**. En el caso de querer permitir al menor acceder a esa web, se deberá pulsar en **Permitir**.

> **Sitios web recientes bloqueados (2)**
>
> | > | petardas.com
2 visitas | jueves 16:27 | Permitir |
> | > | ivoox.com
1 visitar | jueves 16:34 | Permitir |

- **Qué sitios web permitidos ha visitado**. En el caso de querer bloquear al menor acceder a esa web, se deberá pulsar en **Bloquear**.

> **Sitios web recientes visitados (78)**
>
> | > | googlevideo.com
118 visitas | jueves 14:12 | Bloquear |
> | > | microsoft.com
91 visitas | jueves 16:34 | Bloquear |
> | > | google.com
52 visitas | jueves 16:34 | Bloquear |

- **Qué aplicaciones o juegos ha utilizado y el tiempo dedicado a cada una y desde qué dispositivo ha accedido**. En el caso de querer bloquear al menor acceder a esa aplicación, se deberá pulsar en **Bloquear**.

Usados recientemente (9)			
Microsoft Edge 1 dispositivo	34 min	No se puede bloquear	
Candy Crush Soda Saga 1 dispositivo	26 min	Bloquear	
Cut The Rope 1 dispositivo	12 min	Bloquear	
Windows Store 1 dispositivo	4 min	Bloquear	

- **Cuánto tiempo ha estado conectado al equipo**. Si se pulsa en la opción **Establecer las horas permitidas**, se podrá configurar cuándo el menor se puede conectar al sistema. Esta opción se explicará a continuación.

Tiempo en pantalla (1 h 12 min)	Establecer las horas permitidas

```
                                                      1 h 11 min


 0 min      0 min      0 min      1 min      0 min               0 min
                                    ▪
 sábado    domingo     lunes     martes   miércoles   jueves     Hoy
 7 de nov.                                                       13 de nov.
```

▶ **Exploracion Web**. Desde esta opción se podrá configurar el comportamiento del control parental respecto a la exploración en internet.

Se podrá activar o desactivar el bloqueo automático de web no apropiadas a menores.

Bloquear sitios web inapropiados	El contenido para adultos está **bloqueado**
⬤ Activado	Búsqueda segura **está activado**

Se podrán añadir paginas web como permitidas para que sean visibles al menor o, por el contrario, añadir webs que serán bloquedas. Estas restricciones pueden ser eliminadas en cualquier momento.

- **Aplicaciones, juegos y multimedia**. Desde esta opción se podrá configurar el comportamiento del control parental respecto a las aplicaciones y juegos.

  Se podrá activar o desactivar el bloqueo automatico de aplicaciones y juegos no apropiadas a menores.

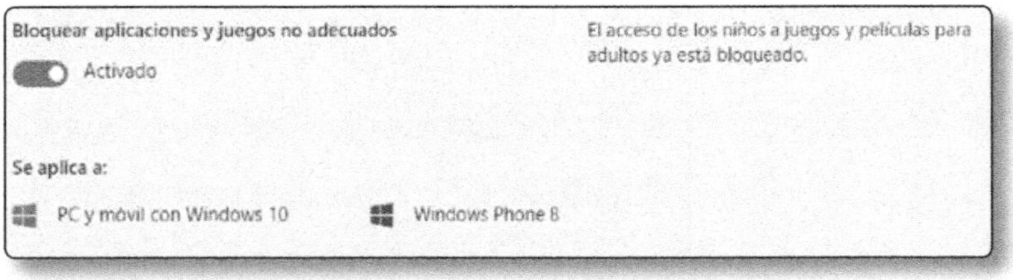

  Para indicar al sistemas que límites tiene el menor a la hora de jugar o ejecutar una aplicación, el usuario debe indicar la edad del menor, a fin de que el sistema utilice una clasificación.

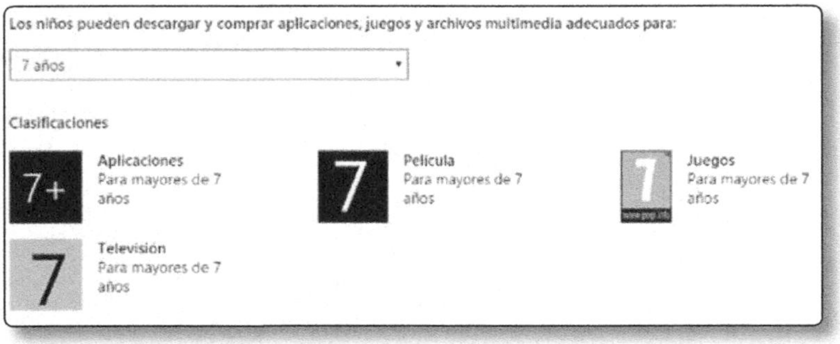

  Dependiendo de los años del menor, la clasificacion y, por consiguiente las restricciones, serán distintas.

  El usuario podrá seleccionar desde los 3 años a los 20 o, por el contrario, seleccionar la opción **Cualquier edad (sin restricciones)**.

Tambien se indicarán los juegos y aplicaciones bloqueados, que tal como se ha visto anteriormente, se puede realizar desde el menú **Actividad reciente**.

Juegos y aplicaciones bloqueados

El bloqueo de aplicaciones y juegos garantiza que no funcionen en dispositivos con Windows 10. También puedes bloquearlos en la página de actividad reciente.

Candy Crush Soda Saga   Quitar

Para eliminar una restriccion, se pulsará en **Quitar**.

▶ **Tiempo de pantalla**. Permite configurar cuándo el menor podrá acceder al sistema.

El primer paso es activar esta herramienta.

Establecer límites para cuando mi hijo puede usar dispositivos

◉ Habilitado

Se aplica a:

🖵 PC Windows 10

Seguidamente, dia a dia, se configurarán los límites horarios en los que el menor se puede conectar, y el máximo de tiempo que puede estar.

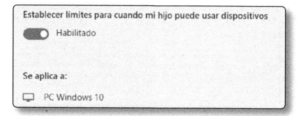

Elige las horas en las que prueba Casla puede usar dispositivos			
	Como muy pronto a las	No más tarde de	Limitar por día en este dispositivo
Domingo	11:00 a.m. ▾	10:00 p.m. ▾	3 horas por día ▾
Lunes	▾	▾	Bloquear el acceso todo el día ▾
Martes	2:00 p.m. ▾	9:30 p.m. ▾	2 horas por día ▾
Miércoles	8:00 a.m. ▾	8:00 p.m. ▾	Sin límites ▾
Jueves	8:30 a.m. ▾	6:30 p.m. ▾	9 horas por día ▾
Viernes	8:00 a.m. ▾	7:00 p.m. ▾	4 horas por día ▾
Sábado	8:00 a.m. ▾	8:00 p.m. ▾	5 horas por día ▾

Si el menor intenta acceder al sistema en los periodos no autorizados, el sistema mostrará un mensaje informando de la situacion actual de horario restringido, tal como se observa en la siguiente captura:

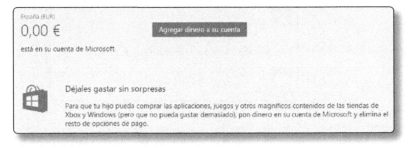

▶ **Compra y gastos**. Es posible ingresar dinero en la cuenta del menor, para que realice las compras que vea conveniente.

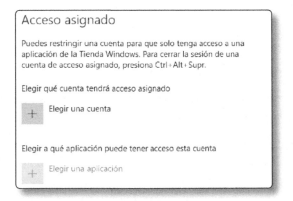

9.6 CUENTA CON ACCESO ASIGNADO

Es posible restringir una cuenta para que solo tenga acceso a una determinada aplicación de la tienda.

Para configurar este acceso, desde la ventana de **Cuentas – Familia y otros usuarios**, se deberá pulsar en **Configurar acceso asignado**, en el apartado dedicado a **Otros usuarios**.

Al pulsar sobre **Elegir una cuenta**, se mostrarán las cuentas de usuario del equipo y se deberá seleccionar la cuenta elegida.

Seguidamente, se deberá pulsar sobre **Elegir una aplicación** y mostrará una ventana con todas las aplicaciones disponibles para este tipo de restricción. Se deberá pulsar sobre la aplicación deseada, tal como se muestra en la siguiente captura:

Es posible que sea necesario reiniciar el sistema para que esta restricción se active correctamente.

En el caso del ejemplo, al acceder con el usuario 'Maria', el sistema solo mostrará la aplicación 'Correo' a pantalla completa, sin dar la opción de seleccionar otras.

Para poder cerrar la sesión, será necesario pulsar [**Ctrl**]+[**Alt**]+[**Supr**], ya que no está disponible el acceso al **Menú de inicio**.

9.7 EDITAR LA CUENTA DE USUARIO

Ya se ha explicado con anterioridad cómo cada usuario podrá configurar su cuenta con total libertad, personalizando, por ejemplo, su fondo de pantalla o su pantalla de bloqueo.

Además de esto, Windows 10 permite al usuario modificar también ciertos parámetros de su propio perfil.

Para acceder a estas opciones, se deberá pulsar en el **Menú de inicio – Configuración – Cuentas**.

9.7.1 Imagen de cuenta

Si se pulsa en la opción **Tu cuenta**, en la parte derecha, en el apartado **Tu imagen**, se mostrará la imagen actual de la cuenta y un pequeño histórico de imágenes usadas anteriormente, tal como se observa en la siguiente captura:

Si se desea modificar la imagen, se puede pulsar sobre una de las imágenes que se muestran y que corresponden con imágenes usadas con anterioridad.

En el caso de querer una nueva imagen, se deberá pulsar en **Examinar**, abriéndose un explorador de Windows, donde se deberá localizar y seleccionar la imagen deseada:

Otra opción que ofrece Windows es crear la imagen de cuenta utilizando la webcam. Para ello, en el apartado **Crear tu image** se deberá pulsar en **Cámara**.

El sistema abrirá la aplicación de cámara y se podrá realizar la captura que será utilizada como imagen de cuenta.

9.7.2 Opciones de inicio de sesión

Desde la ventana de **Cuentas,** sí se pulsa en la opción **Opciones de inicio de sesión**, Windows 10 ofrece varias opciones a la hora de validar un usuario al acceder al equipo. Además de la tradicional contraseña, se añaden la validación por PIN y la validación por contraseña de imagen.

Tal como se puede observar en la captura anterior, el sistema muestra las tres opciones disponibles para la validación del usuario. En el caso del ejemplo, el usuario ya dispone de una contraseña, por lo que está activado el cambio de ésta, y las opciones de PIN y contraseña de imagen.

En caso de que la cuenta no disponga de contraseña, el sistema mostrará un mensaje indicándolo e informando de que no se podrá crear ni PIN ni contraseña de imagen hasta que se cree una contraseña.

Para cambiar la contraseña actual se pulsará en **Cambiar**, en el apartado **Contraseña**. El sistema podrá solicitar identificarse y, seguidamente, mostrará la siguiente ventana solicitando la contraseña actual y la nueva.

En el ejemplo que se va a seguir se realizará el cambio en una cuenta Microsoft. En el caso de ser una cuenta local, el proceso será idéntico, aunque es posible que se solicite un **Indicio de contraseña**, el cual será usado para recordar la contraseña en caso de olvido.

Seguidamente, se muestran dos capturas, la primera corresponde a una cuenta de Microsoft y la segunda a una cuenta local.

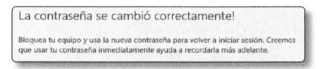

Una vez completados y validados los campos, el sistema informará de que el usuario deberá bloquear e iniciar sesión con la nueva contraseña.

> **La contraseña se cambió correctamente!**
>
> Bloquea tu equipo y usa la nueva contraseña para volver a iniciar sesión. Creemos que usar tu contraseña inmediatamente ayuda a recordarla más adelante.

Además de usar una contraseña tradicional, es posible crear un PIN para poder acceder al equipo, tal como se realiza en dispositivos como los móviles.

Para ello, se pulsará sobre **Agregar**, en el apartado **PIN**.

El sistema solicitará la contraseña actual del usuario y, seguidamente, mostrará la siguiente ventana:

Configurar un PIN

Crea un PIN para usarlo en vez de las contraseñas. Tener un PIN hace que sea más fácil iniciar sesión en los dispositivos, las aplicaciones y los servicios.

Nuevo PIN

Confirmar PIN

Aceptar   Cancelar

Se deberá introducir el PIN y pulsar sobre **Aceptar**, creándose el PIN de acceso.

Por último, y como tercer método de validación disponible, es posible crear una contraseña de imagen. Para ello, se deberá pulsar en la opción **Agregar**, en el apartado **Contraseña de imagen**. Después, se validará la contraseña actual del usuario y se aceptará.

Al realizarlo, el sistema mostrará un asistente que guiará al usuario en el proceso de crear la contraseña de imagen.

El primer paso será pulsar en **Elegir imagen** y seleccionar una imagen del equipo. Una vez seleccionada, se pulsará en **Abrir**.

Tal como se puede observar en la siguiente captura, se podrá colocar la imagen según las necesidades del usuario, seleccionando la imagen y arrastrándola hasta la posición deseada. Una vez realizado, se validará pulsando sobre **Usar esta imagen**.

Si es la foto deseada, se pulsará en **Usar esta imagen** y, en caso de querer cambiarla, se pulsará en **Elegir otra imagen**.

Una vez seleccionada la imagen, el sistema irá guiando al usuario en el proceso de creación.

Tal como indica el sistema, la contraseña va a consistir en tres gestos sobre la imagen que el usuario deberá repetir para acceder al equipo. El usuario podrá utilizar círculos, líneas rectas y pulsaciones.

Hay que tener en cuenta que tanto el tamaño como la posición y la dirección de los gestos, así como el orden, van a pasar a formar parte de la contraseña, por lo que será de vital importancia recordarlos.

En el caso del ejemplo, se va a generar una contraseña muy sencilla, formada por una pulsación en la mano derecha, una línea de izquierda a la derecha y, por último, se creará un círculo en la mano derecha.

Este proceso se deberá repetir paso a paso como verificación de la nueva contraseña. En la siguiente captura se puede observar un montaje fotográfico con los tres pasos al mismo tiempo.

Para acabar, se pulsará en **Finalizar**.

En este momento, la cuenta actual utilizada en el ejemplo anterior tiene configuradas tres opciones de acceso al sistema: la contraseña clásica, la contraseña por imagen y el PIN.

Si se bloquea la sesión y, seguidamente, se pulsa sobre **Opciones de inicio de sesión**, el sistema mostrará tres iconos en el inicio de sesión, los cuales representan los tres métodos de validación.

En la siguiente captura se puede observar el acceso al sistema mediante contraseña y como están disponible las opciones de PIN y contraseña de imagen en la parte inferior de la pantalla. De igual forma ocurriría, sea cual sea la forma de validación que esté activa en ese momento, permitiendo el sistema el cambio a otra.

Una vez validado, si se vuelve a la ventana de **Opciones de inicio de sesión**, se podrá comprobar cómo el sistema muestra los tres métodos de acceso y la posibilidad de modificarlos o eliminarlos.

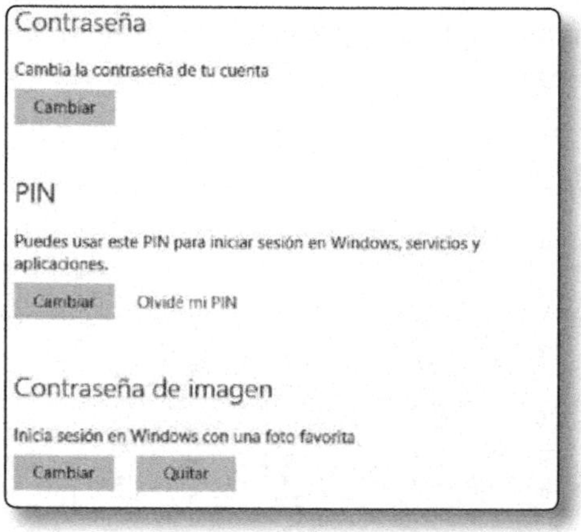

Contraseña

Cambia la contraseña de tu cuenta

Cambiar

PIN

Puedes usar este PIN para iniciar sesión en Windows, servicios y aplicaciones.

Cambiar   Olvidé mi PIN

Contraseña de imagen

Inicia sesión en Windows con una foto favorita

Cambiar   Quitar

10

AGREGAR NUEVO HARDWARE AL SISTEMA

Se conoce como **hardware** a todas las partes físicas y tangibles de una computadora (es decir, el conjunto de componentes que integran un equipo).

Debido al gran avance que se produce en la tecnología, es muy habitual la necesidad de agregar hardware a un equipo por parte del usuario, ya sea para actualizar el equipo con mejoras y nuevas características, o para reemplazar componentes.

Para que el nuevo hardware instalado funcione correctamente en el equipo, es necesario instalar un software especial propio de cada hardware, llamado **controladores** o **drivers**.

Por tanto, un controlador sería un programa informático que permitirá al equipo trabajar de forma correcta con el nuevo hardware instalado.

Es posible que Windows 10 solicite la contraseña de administrador para realizar las tareas de agregar un nuevo hardware al equipo, aunque si lo que se conecta al equipo son unidades de almacenamiento USB, no será necesaria dicha validación.

10.1 AGREGANDO NUEVO HARDWARE

Lo primero que se debe tener en cuenta es qué tipo de hardware se va a agregar al equipo.

El hardware puede ser externo o interno, y se instalará de manera distinta debido al sistema de conexión con el equipo.

En el caso de ser un hardware externo, la instalación se realizará de manera más sencilla, ya que en los últimos años se ha estandarizado mucho este tipo de conexiones.

En la mayoría de los casos, los dispositivos o periféricos externos se conectarán al equipo con un tipo de puerto llamado USB.

Como ya se ha indicado, en la actualidad el puerto USB se ha convertido en un estándar de uso mayoritario y casi la totalidad de los periféricos lo utilizan para conectarse a los equipos. Entre los muchos dispositivos que utilizan este tipo de puerto se encuentran los discos duros portátiles, las cámaras de fotos, las impresoras, los escáneres, etc.; y casi todos los dispositivos que salen al mercado actualmente.

Varios periféricos esenciales, como son los ratones y teclados, han variado en los últimos años el sistema de conexión con el equipo, y todos en la actualidad se conectan a través de un puerto USB, siendo muy difícil encontrarlos con otros tipos de conexión.

Una de las grandes ventajas de este sistema es que permite conectar el dispositivo con el equipo encendido (en caliente), usarlo con normalidad y volver a desconectarlo, si se considera necesario, de manera sencilla y nada complicada.

Existen también otros dispositivos que por sus características utilizan distintos tipos de conectores. Un ejemplo son los monitores, que en la actualidad aún pueden conectarse utilizando el clásico conector VGA o utilizar un conector HDMI en el caso de ser alta definición. En la siguiente captura pueden verse la diferencia entre ambos conectores:

En el caso del hardware interno, su instalación en el equipo requiere de la manipulación de los componentes internos del propio equipo, por lo que será necesario apagar el equipo y abrirlo para poder instalarlo.

Instalar este tipo de hardware es más complicado que instalar el externo y aunque no suele ser necesario un gran conocimiento para realizar este proceso, sí es recomendable que solo lo realice gente con algún conocimiento informático, con el propósito de evitar problemas y averías en el equipo.

Antes de realizar la instalación, es recomendable leer detenidamente todas las instrucciones facilitadas por el fabricante del dispositivo, ya que le guiará durante toda la instalación.

Un ejemplo de hardware interno son las tarjetas gráficas, las memorias RAM o las tarjetas de red.

Todo este hardware se conectará en el equipo a los buses de expansión que tiene el propio equipo. Si no se dispone de buses libres, no será posible instalarlo.

10.2 INSTALANDO CONTROLADORES

En la actualidad los sistemas operativos de Microsoft incorporan la tecnología *plug & play*, que facilita la conexión de los dispositivos al equipo sin necesidad de complicadas configuraciones.

Esta tecnología va a permitir a un dispositivo informático ser conectado a una equipo sin tener que configurar, mediante *jumpers* o software específico (sin tener en cuenta los controladores) proporcionado por el fabricante, ni proporcionar parámetros a sus controladores. Esto no significa que el sistema tenga que instalar controladores, o *drivers*, para que el dispositivo funcione correctamente.

Con esta tecnología, el sistema será el encargado de detectar el dispositivo nuevo e instalar los controladores para su correcto funcionamiento.

Para que esta tecnología funcione correctamente, el dispositivo que se va a instalar en el equipo debe ser compatible con dicha tecnología. En la actualidad casi todos los fabricantes crean sus dispositivos compatibles.

La primera vez que el equipo detecte un nuevo dispositivo, ya sea al conectarlo por conexión USB o al reiniciar el equipo en el caso de dispositivos internos, Windows intentará instalar los controladores correctos para ese nuevo dispositivo.

Windows incorpora una gran base de datos con los controladores de los principales fabricantes de hardware, por lo que, en la mayoría de los casos, el sistema será autosuficiente para la instalación del nuevo hardware, y mostrará un mensaje informando de que ya se puede utilizar el nuevo dispositivo en el equipo.

Es posible que Windows 10 no tenga los controladores del dispositivo o no sea capaz de realizar el proceso de manera correcta; en ese caso mostrará una pantalla donde informará de ello.

Para realizar correctamente el proceso de instalación del dispositivo, Windows recomendará realizar las siguientes tareas:

▸ El usuario deberá comprobar que el equipo tiene conectividad con Internet para buscar en línea el controlador para el dispositivo instalado.

Se puede configurar como se va a comportar el sistema a la hora de buscar los controladores de los dispositivos. Para ello se accederá a la pantalla **Configuración de la instalación de dispositivos**, tal como se muestra en la siguiente captura:

En ella se configurará si se descargan automáticamente los controladores o si el usuario elige en cada momento qué hacer.

▸ Si al conectar el dispositivo al equipo no estaba conectado a Internet o no estaban activada la opción anteriormente indicada, será necesario realizar una búsqueda manual de los controladores.

▸ Si, aun así, Windows no consigue instalar ningún controlador para el dispositivo, será necesario utilizar los controladores incluidos por el fabricante, ya sea en un CD de instalación o descargándolos desde la página web del fabricante.

10.3 ADMINISTRADOR DE DISPOSITIVOS

El **Administrador de dispositivos** es una herramienta con la que el usuario podrá gestionar todos los dispositivos instalados en el equipo de manera sencilla e intuitiva gracias a su interfaz gráfica.

En Windows 10 existen dos maneras de acceder al Administrador: la ya utilizada en versiones anteriores, como Windows 7; y una nueva vía, desde el panel de **Configuración**, siendo la primera la más completa.

Desde esta herramienta se podrán realizar diversas tareas, como puede ser la instalación de nuevos controladores de dispositivos, deshabilitar o habilitar dispositivos o cambiar las propiedades y los parámetros de dichos dispositivos, entre otras muchas.

Para acceder al Administrador existen diversas rutas, siendo la más común acceder desde el **Panel de control** y pulsar en **Sistemas y seguridad**, y, en el apartado **Sistema**, pulsar en **Administrador de dispositivos**.

Otra opción más rápida es pulsar con el botón derecho del ratón sobre el **Menú de inicio**, y en el desplegable que ofrece el sistema, seleccionar la opción **Administrador de dispositivos**. En ambos casos, el sistema mostrará la siguiente ventana donde se mostrará todos los dispositivos instalados en el equipo, agrupados por tipo de hardware.

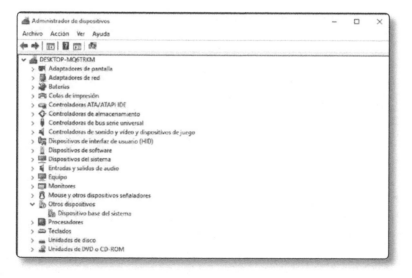

Para poder ver todos los dispositivos, se deberá pulsar sobre el signo con forma de triángulo blanco que se encuentra al comienzo de cada agrupación de dispositivos.

> ⌄ 🖥 DESKTOP-MQ6TRKM
>   > 📺 Adaptadores de pantalla
>   > 🖧 Adaptadores de red
>   ⌄ 🔋 Baterías
>   🔋 Adaptador de CA de Microsoft
>   🔋 Batería con método de control compatible con ACPI de Microsoft
>   > 🖨 Colas de impresión

Si alguno de los dispositivos del equipo no está correctamente instalado, aparecerá con un signo de exclamación en amarillo a su izquierda:

> > 🐭 Mouse y otros dispositivos señaladores
> ⌄ 📇 Otros dispositivos
>   🔩 Dispositivo base del sistema
> > ▣ Procesadores

En la barra superior se encuentran una serie de iconos que permitirán al usuario interaccionar con los dispositivos del panel central:

A continuación se explicará brevemente los más importantes.

▶ **Propiedades.** 🗔

Pulsando sobre esta opción se accederá a las propiedades del dispositivo. Tendrá acceso a una serie de pestañas que podrán variar según el dispositivo seleccionado. Las generales son:

- **General.** Desde esta pestaña, el sistema mostrará información general del dispositivo e indicará si funciona correctamente o tiene errores.

| General | Controlador | Detalles | Eventos | Recursos |

Adaptador de pantalla básico de Microsoft

Tipo de dispositivo:	Adaptadores de pantalla
Fabricante:	(Tipos de pantalla estándar)
Ubicación:	Bus PCI 0, dispositivo 2, función 0

Estado del dispositivo

Este dispositivo funciona correctamente.

- **Controlador**. Desde esta pestaña se podrá consultar información detallada del controlador del dispositivo, actualizar el controlador, deshabilitarlo o desinstalarlo.

  También estará disponible la opción **Revertir al controlador anterior**. Esta opción permite al sistema volver a una instalación anterior de un controlador si se ha instalado una actualización de un controlador y da problemas al equipo.

- **Detalles**. Esta pestaña posee un desplegable, en el que se podrá encontrar información del controlador más extensa y técnica que en las anteriores pestañas.

- **Eventos**. Listado cronológico e información de los eventos del dispositivo.

- **Recursos**. Mostrará los recursos utilizados por el dispositivo y la lista de dispositivos en conflicto.

Buscar cambio de hardware. 

Al pulsar sobre este icono, el sistema iniciará un proceso de detección del nuevo hardware conectado al equipo.

▼ **Actualizar software del controlador.**

Al pulsar sobre este icono, el sistema mostrará una ventana donde se podrá elegir entre la búsqueda automatizada por parte del sistema de controladores para el dispositivo o la posibilidad de que el usuario localice en un medio de almacenamiento dichos controladores.

▼ **Desinstalar.**

Esta opción desinstalará el dispositivo del equipo y su controlador. Al reiniciar el equipo, el sistema volverá a detectarlo y volverá a intentar instalarlo.

▼ **Deshabilitar.**

Pulsando sobre esta opción se impedirá que un dispositivo funcione en el equipo.

Como ya se ha comentado con anterioridad, desde la nueva interfaz de Windows 10 también se tendrá acceso a los dispositivos del sistema. Desde esta nueva herramienta no se podrán realizar tantas acciones como en la anteriormente explicada, pero su simplicidad la hace recomendable para usuarios no avanzados y para pequeñas acciones sobre los dispositivos.

Para acceder a estas opciones, el usuario, desde la pantalla de inicio, deberá pulsar en **Menú de inicio - Configuración**, seguidamente pulsará en **Dispositivos**. En las opciones de la izquierda, se seleccionará **Dispositivos conectados**.

Tal como se puede observar, se muestran todos los dispositivos, indicando si existe algo reseñable sobre ellos, como posibles errores.

Si se selecciona uno de los dispositivos, el sistema mostrará una opción para poder eliminarlo del sistema, tal como se observa en la siguiente captura:

Altavoces (Dispositivo de High Definition Audio)

Quitar dispositivo

También se puede observar cómo se puede activar o desactivar la posibilidad de que el sistema se encargue de **Descargar a través de conexiones de uso medido** información de los nuevos dispositivos, o los controladores, a fin de evitar gastos adicionales.

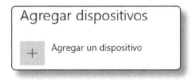

Al igual que ocurría en la herramienta **Administrador de dispositivos**, desde esta ventana se puede forzar al sistema a buscar nuevos dispositivos conectados al sistema. Para ello se puede observar cómo en la parte superior de la opción dispositivos se encuentra la opción **Agregar dispositivos**.

Agregar dispositivos

+   Agregar un dispositivo

Si se pulsa sobre esta opción, el sistema comenzará a analizar el sistema en busca de nuevos dispositivos conectados y los preparará para su utilización.

11

EL ALMACENAMIENTO

Toda la información con la que un usuario trabaja a diario, como el propio sistema operativo Windows 10, está almacenada en un dispositivo denominado disco duro (*Hard Disk Drive*).

Si bien es cierto que la tecnología nube está suponiendo una revolución a la hora de almacenar los datos del usuario, como, por ejemplo, con la utilización de OneDrive, mucha información se seguirá guardando en los equipos locales.

El disco duro es un dispositivo que tiene la propiedad de conservar la información que posee, aun cuando no tenga energía eléctrica.

Dada la importancia del disco duro, a lo largo de los últimos años ha experimentado grandes avances tanto en capacidad de almacenaje, llegando a niveles casi inimaginables hace unos pocos años, como en velocidad de acceso a los datos.

En este capítulo se explicará brevemente el sistema de almacenamiento de un equipo y las distintas características que posee.

11.1 ORGANIZACIÓN

La unidad básica de almacenamiento de la información es el disco duro y su capacidad está en constante incremento.

Los ordenadores y los discos se comunican entre sí mediante un bus que permite controlar el dispositivo y transmitir datos de lectura o escritura.

Las principales tecnologías existentes son:

▼ **Ide** (*Integrated Device Electronics, también llamada P-ATA (Parallel Advanced Technology Attachment*). La conexión se realiza mediante un cable de datos paralelos y un cable de alimentación. Es la tecnología que más se ha utilizado en la conexión al ordenador de discos duros y dispositivos ópticos.

▼ **Sata** (Serial ATA) es una tecnología en la que la comunicación con el dispositivo de almacenamiento se realiza en serie, en lugar de en paralelo como se hacía en P-ATA. La razón de utilizar transmisión en serie es porque, al tener menos hilos, produce menores interferencias que si se utilizase un sistema paralelo, lo que permite aumentar las frecuencias de funcionamiento y por tanto la velocidad de transferencia.

	SATA I	SATA II	SATA III
Frecuencia	1500 MHz	3000 MHz	6000MHz
Bits/clock	1	1	1
Codificación 8b10b	80%	80%	80%
bits/Byte	8	8	8
Velocidad real	150 MB/s	300 MB/s	600 MB/s

▼ **SCSI** (*Small Computer Systems Interface*). Esta tecnología (o tecnologías, puesto que existen multitud de variantes de ella) ofrece, en efecto, una tasa de transferencia de datos muy alta entre el ordenador y el dispositivo SCSI (un disco duro, por ejemplo). Pero, aunque esto sea una cualidad muy apreciable, no es lo más importante, ya que la principal virtud de SCSI es que dicha velocidad se mantiene casi constante en todo momento sin que el microprocesador realice apenas trabajo.

Estándar	Ancho del bus	Velocidad del bus	Ancho de banda
SCSI-1(*Fast-5 SCSI*)	8 bits	4,77 MHz	5 MB/seg
SCSI-2 – Fast-10 SCSI	8 bits	10 MHz	10 MB/seg
SCSI-2 - Extendido	16 bits	10 MHz	20 MB/seg
SCSI-2 - 32 bits rápido extendido	32 bits	10 MHz	40 MB/seg
SCSI-2 – Ultra SCSI-2(Fast-20 SCSI)	8 bits	20 MHz	20 MB/seg
SCSI-2 - SCSI-2 ultra extendido	16 bits	20 MHz	40 MB/seg
SCSI-3 – Ultra-2 SCSI(Fast-40 SCSI)	8 bits	40 MHz	40 MB/seg
SCSI-3 - Ultra-2 SCSI-2 extendido	16 bits	40 MHz	80 MB/seg
SCSI-3 – Ultra-160(Ultra-3 SCSI o Fast-80 SCSI)	16 bits	80 MHz	160 MB/seg
SCSI-3 – Ultra-320(Ultra-4 SCSI o Fast-160 SCSI)	16 bits	80 MHz DDR	320 MB/seg
SCSI-3 - Ultra-640 (Ultra-5 SCSI)	16	80 MHz QDR	640 MB/seg

11.1.1 Master Boot Record (MBR)

Los discos con **MBR** (*Master Boot Record*) tienen una tabla que indica el lugar del disco donde se encuentran las particiones. Dicha tabla se almacena en el primer sector del disco dentro del MBR. Si este sector se estropea o se mueve a un lugar distinto del disco, los datos serán inaccesibles. En los discos con MBR se pueden crear hasta tres particiones primarias y una partición extendida que contiene unidades lógicas.

11.1.2 GPT

Los discos con **GPT** (Tabla de particiones *GUID*) se empezaron a utilizar con Windows Server 2003 SP1 y están recomendados para discos con un tamaño superior a 2 TB o para equipos basados en Itanium.

Pueden crear un número ilimitado de particiones primarias y, como no existe la limitación a cuatro particiones, no es necesario crear particiones extendidas ni unidades lógicas.

Estos discos contienen una partición de sistema con interfaz de firmware extensible (EFI) y los archivos necesarios para iniciar el equipo.

11.1.3 Las particiones

En un disco básico, la partición hace que un disco duro, o una parte de él, pueda ser utilizado como medio de almacenamiento (a pesar de no ser ortodoxo, también se les puede denominar "volúmenes").

Constituyen la manera en que se divide el disco físico, de forma que cada una de las particiones funciona como si fuera una unidad separada.

Las particiones pueden ser de dos tipos:

▼ **Particiones primarias**. Son reconocidas por la BIOS del ordenador como capaces de iniciar el sistema operativo desde ellas. Para ello, disponen de un sector de arranque (*boot sector*), que es el que se encarga de cargar el sistema operativo, y una de las particiones primarias debe estar declarada como activa.

▼ **Particiones secundarias o extendidas**. Se forman en las áreas del disco duro que no tienen particiones primarias y que están contiguas.

Las particiones extendidas deben estar configuradas en unidades lógicas para poderse utilizar para almacenar información.

Con un programa de inicialización adecuado se puede seleccionar entre diferentes sistemas operativos para iniciar el que se desee. Cada uno de ellos deberá estar en su propia partición y el programa de inicialización pondrá la partición seleccionada como activa.

11.1.4 Unidades lógicas

Las particiones secundarias se pueden dividir en una o varias unidades lógicas (puede haber un número ilimitado de unidades lógicas en un disco), que son partes más pequeñas de la partición.

Las particiones deben estar formateadas para establecer letras de unidades que van desde la c: en adelante.

La partición primaria corresponde a la unidad C:

11.1.5 Volúmenes

En un disco dinámico, un volumen es una parte de un disco físico que funciona igual que una unidad separada. Es equivalente a las particiones primarias de versiones anteriores.

11.1.6 Espacio libre de almacenamiento

Con este término se designa el espacio del disco duro que no pertenece a ninguna partición o volumen y puede utilizarse para crearlos.

11.1.7 Sistemas de archivos

Es posible escoger entre tres sistemas de archivos distintos para un disco duro que se utilice con Windows 10 (a excepción del disco en donde se encuentra el sistema, que ha de ser NTFS obligatoriamente):

▶ **FAT** (*File Allocation System*). Se puede acceder a este sistema de archivos desde MS-DOS y todas las versiones de Windows. Permite trabajar con particiones menores de 2 GB y no soporta dominios.

▶ **FAT32**. Se puede acceder a este sistema de archivos desde Windows 95 OSR2, Windows 98, Windows 2000, Windows XP, windows Vista, Windows 7, Windows Server 2003, Windows 10 y Windows Server 2008. Permite trabajar con particiones mayores de 2 GB, el tamaño máximo de un archivo es de 4 GB, los volúmenes pueden llegar hasta 2 TB (en Windows 2000 solo hasta 32 GB) y no soporta dominios.

▶ **NTFS (NT File System)**. Es el sistema desarrollado para Windows NT 4 que permite nombres de archivo de hasta 256 caracteres, ordenación de directorios, atributos de acceso a archivos, reparto de unidades en varios discos duros, reflexión de discos duros y registro de actividades. Se han incluido mejoras que permiten utilizar el Directorio Activo, dominios, cuotas en disco para cada usuario, cifrado y compresión de archivos, almacenamiento remoto, una herramienta de desfragmentación y utilización de enlaces de archivos similares a los realizados en UNIX. Sus volúmenes pueden llegar hasta 16 TB menos 64 KB y el tamaño máximo de un archivo solo está limitado por el tamaño del volumen.

11.1.8 Discos básicos y dinámicos

Windows 10 soporta dos tipos de discos: **básicos** y **dinámicos**. Aunque ambos pueden existir en un mismo sistema, un mismo volumen formado por uno o más discos físicos, debe utilizar únicamente uno de ellos.

Un **disco básico** es un disco físico que contiene particiones primarias (son aquellas que son reconocidas por la **BIOS** del ordenador como capaces de iniciar el sistema operativo desde ella ya que dispone de un sector de arranque), particiones extendidas o dispositivos lógicos (las particiones y las unidades lógicas de los discos básicos se conocen como **volúmenes básicos**).

Un **disco dinámico** es un disco físico que contiene volúmenes dinámicos creados por Windows 10 (un volumen dinámico es una parte de un disco físico que funciona igual que una unidad separada. Es equivalente a las particiones primarias de versiones anteriores. No pueden contener particiones o discos lógicos). Puede contener volúmenes distribuidos, volúmenes seccionados, volúmenes reflejados y volúmenes RAID 5.

Un **conjunto de volúmenes** puede existir en los **discos básicos** y es la unión de una o más áreas de espacio disponibles (que pueden estar en uno o varios discos duros) que, a su vez, puede dividirse en particiones y unidades lógicas (no es reconocido por MS-DOS y solo funciona con NTFS). Habrá una letra de unidad que representará al conjunto de volúmenes. Cuando se amplían, los datos previamente existentes no se ven afectados. Sin embargo, no es posible reducirlos, sino que deberá eliminar el conjunto completo (con la pérdida de los datos). El equivalente en los discos dinámicos es un **volumen distribuido**.

Un **conjunto de espejos** puede existir en los **discos básicos** e indica dos particiones de dos discos duros distintos que se configuran para que una sea idéntica a la otra. La partición espejo no aparece en la Administración de discos y solo sirve para reflejar los datos de la otra partición (que entrará en funcionamiento cuando la primera partición falle). Este método hace que el nivel de seguridad sea alto (aunque no se evitan los virus ya que estarían grabados en ambas particiones). Se corresponde con **raid 1**. El equivalente en los discos dinámicos es un **volumen reflejado**.

Un **conjunto de bandas** puede existir en los discos básicos y es la unión de dos o más áreas de espacio disponibles (que pueden estar en dos o más discos duros) que, a su vez, se dividirán en bandas. En cada disco duro se creará una partición y todas ellas tendrán aproximadamente el mismo tamaño (no es reconocido por MS-DOS y solo funciona con NTFS). Habrá una letra de unidad que representará al conjunto dc bandas. Pueden ser de dos tipos:

▸ **Sin paridad**. Un conjunto de bandas sin paridad dividirá cada uno de los discos duros en partes pequeñas llamadas "bandas" (así, si tiene cuatro discos duros y cada uno tiene diez bandas, diremos que hay diez filas de cuatro bandas cada una).

Cuando guarde un archivo no lo hará como se describió en el conjunto de volúmenes, sino que lo distribuirá en las bandas de todos los discos duros (ocupando la primera fila de bandas disponible de cada disco duro antes de pasar a la segunda).

De esa manera, el acceso será más rápido ya que se elimina parte del tiempo que tarda el cabezal en buscar los sectores y las pistas donde se encuentra el archivo, pero tiene el inconveniente de que si se estropea un disco duro se pierde toda la información del conjunto de bandas.

Ofrece mayor velocidad en el almacenamiento de los datos ya que los datos se copian al mismo tiempo en los diferentes discos, pero el nivel de seguridad es menor ya que cuando falla una banda, se perderán todos los datos. Se corresponde con **RAID 0**. El equivalente en los discos dinámicos es un **volumen seccionado**.

▸ **Con paridad**. Un conjunto de bandas con paridad utilizará una banda de cada fila del disco duro para guardar información de paridad de todas las bandas de esa fila (así, si tiene cinco discos duros y cada uno tiene diez bandas, diremos que hay diez filas de cinco bandas cada una y en cada fila hay una banda denominada "de paridad").

La información se guarda igual que en el conjunto de bandas sin paridad pero guardando, en la banda de paridad de cada fila, información que permitirá recuperar los datos de cualquier banda de dicha fila si dejara de funcionar. Cuando falla una banda se pueden recuperar los datos defectuosos que contenía aunque pierde velocidad de almacenamiento.

Otro inconveniente que tiene es la disminución del espacio libre para guardar información en un porcentaje igual al número de discos duros que forman parte del conjunto de bandas con paridad (así, si hay cinco discos duros se perderá un 20 % y si hay cuatro discos duros se perderá un 25 %) y, también, que necesita mayor cantidad de memoria RAM para no ver disminuido el rendimiento del equipo (aproximadamente, un 25 % más de memoria).

Se corresponde con **RAID 5**. El equivalente en los discos dinámicos es **volumen RAID 5**.

11.2 ADMINISTRADOR DE DISCOS

Para ver información sobre el o los discos duros del servidor, se deberá acceder a la herramienta **Administración de disco.**

Para acceder a ella, por ejemplo, se pulsará con el botón derecho del ratón sobre el **Menú de** inicio, y se seleccionará la opción **Administración de discos,** de entre todas las herramientas que se muestran.

También se podrá acceder desde el **Panel de control - Sistema y seguridad** y, por último, **Herramientas administrativas - Administración de equipos.** Seguidamente se seleccionará la opción **Administración de discos** del panel de la izquierda.

Una abierta la herramienta, se verá una pantalla parecida a la siguiente:

La pantalla anterior muestra que hay un disco: el disco 0 con un tamaño de 32,00 GB y el CD-ROM 0 (con un icono distinto).

El disco 0 tiene una partición primaria que utiliza el sistema de archivos NTFS (es la que utiliza el sistema, es la partición activa y en ella se encuentra el archivo de paginación), cuenta con un tamaño de 31,51 GB y está representada por la letra C: Además, dispone de una partición reservada para el sistema de 500 MB.

11.2.1 Información sobre una partición

Si se desea obtener información sobre una partición, se seguirán los pasos siguientes:

▶ Desde **Administración de discos**, situarse sobre la partición deseada, pulsar el botón derecho del ratón (en el ejemplo, sobre la unidad C:) para que muestre su menú contextual, elegir **Propiedades** y se seleccionará la pestaña **General**, donde se verá una pantalla parecida a la siguiente:

Muestra determinada información sobre la partición (espacio usado, espacio disponible y capacidad).

▶ Si no dispone de nombre, se podrá indicar en el apartado de la **etiqueta**, que es el apartado que tiene un icono de disco en la parte superior y que permite escribir el nombre que se desee darle.

▶ En la parte central derecha de la herramienta, se encuentra la opción **Liberar espacio**, que permite eliminar archivos temporales y otras opciones. Al pulsar sobre esta opción, el sistema abrirá una nueva pantalla en la que deberá seleccionar los archivos a eliminar. Una vez realizado, se deberá pulsar en **Aceptar** y confirmar la operación.

▶ En la parte inferior se encuentra la casilla **Comprimir esta unidad para ahorrar espacio en disco**. Se activará si se desea que se comprima este volumen y se pulsará en **Aceptar**. Mostrará otra pantalla para que se indique si se desea aplicar los cambios a dicha unidad solamente o, también, a todas sus subcarpetas y archivos. Se indicará lo que se desee y se pulsará en **Aceptar**.

▶ También se encuentra activada la casilla **Permitir que los archivos de esta unidad tengan el contenido indizado además de las propiedades de archivo**, que hará que el Servicio de búsqueda dc Windows cree un índice de los tipos de datos de archivos, aumentando la velocidad de las búsquedas Cuando se haya finalizado, se pulsará en **Aceptar** para volver a la utilidad.

11.2.2 Información sobre un disco duro

Para ver información sobre los volúmenes disponibles en un disco duro, se seguirán los pasos siguientes:

▶ Desde **Administración de discos**, se situará el ratón sobre el disco duro que desee información, mostrar su menú contextual, elegir **Propiedades**, pulsar en la pestaña **Volúmenes** y verá una pantalla parecida a la siguiente:

▼ En ella se muestran los volúmenes que hay en el disco duro seleccionado, junto con su nombre y capacidad. Además, indica el número de disco, su tipo, estilo de partición, capacidad, el espacio sin asignar y el espacio reservado.

11.2.3 Información sobre el controlador

Ya se ha visto con anterioridad como interactuar con el controlador de un dispositivo, pero seguidamente se va a explicar cómo realizarlo desde esta herramienta. Para ver información sobre el controlador de disco duro, se seguirán los pasos siguientes:

▼ Desde **Administración de discos**, situarse sobre el disco duro que desee, mostrar su menú contextual, elegir **Propiedades**, pulsar en la pestaña **Controlador** y se verá la información del controlador que podrá ampliar si se pulsa en **Detalles del controlador**.

▼ Además, se podrá actualizar el controlador del dispositivo si se pulsa en **Actualizar controlador**; se volverá a una versión anterior del controlador del dispositivo si se pulsa en **Revertir al controlador anterior**, se deshabilitará si se pulsa en **Deshabilitar** o se desinstalará si se pulsa en **Desinstalar** (estas dos últimas operaciones podrían provocar que dejara de funcionar el disco duro). Cuando haya acabado, pulsar en aceptar y se volverá a la pantalla principal de la utilidad.

11.2.4 Iniciar un disco

Para inicializar un disco que aparece como **Desconocido** o **No inicializado**, se seguirán los pasos siguientes:

▼ Desde **Administración de discos**, seleccionar el disco que no esté inicializado, mostrar su menú contextual, seleccionar **Inicializar disco** (también puede ocurrir que muestre directamente la pantalla sin necesidad de que el usuario haga nada).

▼ Seleccionar el disco que desea inicializar, indicar el estilo de partición que desea utilizar (MBR o GPT), pulsar en **Aceptar** y se inicializará para su utilización con Windows.

11.2.5 Cambiar el estilo de partición

Para poder realizar el cambio el estilo de partición de un disco (para poder hacerlo deberá tener todo el espacio del disco sin asignar), desde **Administración de discos**, se seleccionará el disco al que quiere cambiar su estilo de partición, se mostrará su menú contextual, se seleccionará **Convertir en disco GPT** (si es un disco MBR) o **Convertir en disco MBR** (si es un disco GPT).

11.3 ADMINISTRANDO UN DISCO BÁSICO

Seguidamente se van a explicar brevemente los procesos de creación, modificación y borrado de particiones en un disco básico, todo ello realizado desde la herramienta **Administración de discos.**

11.3.1 Crear una partición

Para crear una partición se deberán seguir los seguir los pasos siguientes:

▼ Desde **Administración de discos**, seleccionar el espacio no asignado que desee, mostrar su menú contextual, seleccionar **Nuevo volumen simple** y se accederá al asistente.

▼ Pulsar en **Siguiente** y se mostrará la siguiente pantalla:

En ella se encuentra el espacio máximo y mínimo que puede dar a la partición que se está creando. Indicar el tamaño que se desea darle y pulsar en **Siguiente**, mostrando una nueva pantalla.

▶ Se deberá asignar una letra de unidad a la partición que se está creando (también se podría indicar que monte la unidad en una carpeta NTFS vacía de otra partición o no asignar ninguna letra a la unidad).

Pulsar en **Siguiente** y se verá la siguiente pantalla:

▶ En ella se deberá indicar si desea formatear o no la partición. Para formatearla se deberá indicar el **Sistema de archivos** a utilizar (NTFS), el **Tamaño de la unidad de asignación**, la **Etiqueta de volumen**, si se desea **Dar formato rápido** y si se desea **Habilitar la compresión de archivos y carpetas** en la partición que está creando. Cuando todo esté indicado, pulsar en **Siguiente**.

▶ Se mostrará una pantalla con el resumen de la configuración seleccionada. Pulsar en **Finalizar**.

▶ Al cabo de un momento se mostrará la pantalla de **Administración de discos** con la partición nueva y procederá a su formateo (si así se había indicado).

Es posible que Windows 10 muestre un mensaje indicando que ha encontrado una nueva unidad o volumen, parecido al siguiente mensaje:

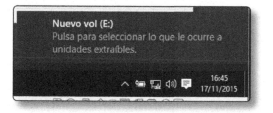

Si se pulsa sobre el aviso, se tendrá acceso a otra ventana, donde Windows ofrece las siguientes opciones para realizar sobre el nuevo volumen:

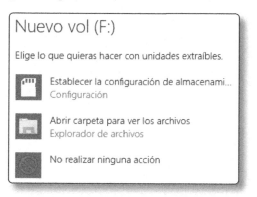

En cualquier momento se podrá volver a formatear la partición, si se selecciona **Formatear** desde su menú contextual, pero hay que tener en cuenta que todos los datos se perderán cada vez que se realice.

En cualquier momento se puede cambiar la letra asignada a la partición si se selecciona **Cambiar la letra y rutas de acceso de unidad** de su menú contextual (esto puede ocasionar que ya no se ejecuten los programas que residan en ella).

En cualquier momento se puede activar la partición para que arranque el sistema desde ella si se selecciona **Marcar la partición como** activa de su menú contextual.

11.3.2 Aumentar tamaño de una partición

No se puede aumentar el tamaño de una partición formateada con un sistema de archivos que no sea NTFS.

Para aumentar el tamaño de una partición, siga los pasos siguientes:

▶ Desde **Administración de discos**, seleccionar la partición que desea aumentar, mostrar su menú contextual, seleccionar **Extender volumen** y se accederá al asistente.

▶ Pulsar en **Siguiente** y se verá una pantalla parecida a la siguiente:

▼ En ella se muestran los discos que tienen espacio sin asignar para poder
extender la partición (hay que tener en cuenta que si se selecciona espacio
sin asignar de otro disco o espacio sin asignar que no sea contiguo a
aquel en donde se encuentra la partición que quiere extender, el disco se
convertirá a dinámico automáticamente y no se podrá revertir el proceso).

En el apartado **Seleccione la cantidad de espacio (MB),** indicar el
tamaño que desea añadir al que tiene actualmente la partición.

▼ Cuando se haya indicado (en el ejemplo se aumentará 5.878 MB el tamaño
de la partición del disco 0), se deberá pulsar en **Siguiente** y se verá la
pantalla de finalización del asistente con un resumen de las selecciones
que ha realizado.

Pulsar en **Finalizar** y se aumentará el tamaño de la partición.

11.3.3 Disminuir tamaño de una partición

No se puede reducir el tamaño de una partición formateada con un sistema
de archivos que no sea NTFS.

Para disminuir el tamaño de una partición, se deberán seguir los pasos
siguientes:

▼ Desde **Administración de discos**, seleccionar la partición que desea
disminuir, mostrar su menú contextual, seleccionar **Reducir volumen** y
se verá una pantalla parecida a la siguiente:

▶ En el apartado **Tamaño del espacio que desea reducir**, se deberá indicar el tamaño que se desea reducir del que tiene actualmente la partición.

▶ Cuando se haya indicado (en el ejemplo se disminuirá 8.878 MB el tamaño de la partición), pulsar en **Reducir,** y se disminuirá el tamaño de la partición.

11.3.4 Borrar una partición

Para borrar una partición, se deberán seguir los pasos siguientes:

▶ Desde **Administración de discos**, seleccionar la partición que se desea borrar, mostrar su menú contextual y seleccionar **Eliminar volumen** (si es el espacio libre de una partición extendida, se deberá seleccionar **Eliminar partición**).

▶ Se mostrará una pantalla de confirmación del borrado de la partición. Pulsar en **Sí**.

▶ Al cabo de un momento, se mostrará la pantalla de **Administración de discos** sin la partición.

11.4 CONVERTIR VOLÚMENES A NTFS

Si se dispone de un volumen FAT o FAT32 y se desea convertirlo a NTFS, hay que seguir los pasos siguientes:

▶ Abrir la utilidad **Símbolo del sistema**, por ejemplo, buscándolo con Cortana.

▶ Escribir **CONVERT <letra unidad> /fs:ntfs** y pulsar [**intro**].

▶ Comenzará a chequear el disco. Cuando finalice, si no ha habido errores, comenzará la conversión y, al cabo de un momento, la operación se habrá completado.

▶ En **Administración de discos**, si no refleja el cambio del sistema de archivos en dicho disco, seleccionar **Actualizar** del menú **Acción** y se verá cómo se cambia el sistema de archivos de la partición que acaba de convertir.

11.5 CONVERTIR UN DISCO BÁSICO EN DINÁMICO

Es posible convertir los discos básicos a dinámicos pero, para que se realice correctamente el proceso, hay que tener en cuenta las siguientes condiciones:

▼ Cualquier disco que se convierta deberá disponer, al menos, de 1 MB de espacio libre al final del disco (la utilidad **Administración de discos** reserva automáticamente este espacio libre al crear particiones o volúmenes en el disco, pero es posible que los discos que tengan particiones o volúmenes creados por otros sistemas operativos no dispongan de este espacio).

▼ Para convertir los discos básicos, se deberán, previamente, cerrar todos los programas que se estén ejecutando en ellos.

▼ Los dispositivos de medios extraíbles no se pueden convertir a dinámicos, ya que estos dispositivos únicamente pueden contener particiones primarias.

▼ No se pueden convertir a dinámicos los discos que utilicen una interfaz USB o *Firewire* (IEEE 1394).

▼ Una vez que se haya convertido un disco básico a dinámico, no se podrán volver a convertir los volúmenes dinámicos en particiones. En su lugar, deberá moverse o realizar una copia de seguridad de los datos, eliminar todos los volúmenes dinámicos del disco y, después, convertir el disco.

▼ Una vez convertidos, los discos dinámicos no pueden contener particiones ni unidades lógicas y no se puede tener acceso a los mismos desde MS-DOS o desde otro sistema operativo Windows anterior a Windows 2000.

▼ Si se convierte un disco con varias particiones que contengan sistemas operativos diferentes, además de Windows 10, no se podrá iniciar el equipo desde dichos sistemas operativos después de la conversión.

▼ Una vez que se haya convertido un disco básico a dinámico, todas las particiones existentes en el disco básico se convertirán a volúmenes simples.

▼ Se puede convertir un disco básico que contenga particiones del sistema o activas a disco dinámico. Una vez convertido el disco (después de reiniciar el equipo), las particiones activas se convierten en volúmenes simples de sistema o de inicio y la partición de inicio se convierte en un volumen de inicio simple.

▼ Si una partición del disco que se está convirtiendo se encuentra en uso, ocurrirá un suceso conocido como "forzar desmontaje" (significa que se desconectarán automáticamente todos los programas que estén utilizando el volumen). Si no se puede forzar el desmontaje de la partición, por ejemplo, si hay un archivo de paginación activo, no se completará la conversión hasta que se reinicie el equipo.

11.5.1 Realizar la conversión

Para realizar la conversión de un disco básico a dinámico, hay que seguir los pasos siguientes:

▼ Desde **Administración de discos**, seleccionar el disco que desea actualizar, mostrar su menú contextual, seleccionar **Convertir en disco dinámico** y se verá la pantalla siguiente:

▼ En ella se muestran los discos que se pueden actualizar a dinámico. Seleccionar el disco o los discos que desea actualizar, pulsar en **Aceptar** y se mostrará la pantalla siguiente:

▶ En ella se encuentra el disco o los discos que se van actualizar y el contenido del disco.

Si se pulsa en **Detalles**, se mostrarán los volúmenes que contiene.

▶ Cuando se esté preparado, pulsar en **Convertir** y se mostrará una pantalla de aviso que indica que no se podrá iniciar otros sistemas operativos distintos desde ningún volumen de los discos que está convirtiendo. Pulsar en **Sí** para comenzar la conversión.

▶ Si hay una partición en uso, se mostrará un mensaje, que indicará que los sistemas de archivos se desmontarán. Pulsar en **Sí** para continuar con la operación y se mostrará un aviso de que se reiniciará el equipo para completar el proceso si ha convertido la partición activa. Pulsar en **Aceptar** para reiniciarlo.

Cuando haya finalizado el proceso y se acceda la administración de discos, se mostrará que el disco se ha convertido a dinámico.

11.6 CONVERTIR UN DISCO DINÁMICO EN BÁSICO

Es posible volver a convertir un disco dinámico a básico pero, para que se realice correctamente el proceso, hay que tener en cuenta las siguientes condiciones:

▶ Antes de hacer la conversión es necesario mover o realizar una copia de seguridad de los datos.

▶ Para poder realizar la conversión, el disco no debe contener datos.

▶ No es posible volver a cambiar los volúmenes dinámicos en particiones.

▼ Primero se deben eliminar todos los volúmenes del disco dinámico, después se realizará la conversión.

▼ Una vez que se haya cambiado el disco dinámico a básico, únicamente se podrán, en ese disco, crear particiones y unidades lógicas.

11.6.1 Realizar la conversión

Para realizar la conversión de un disco dinámico a básico (se debe recordar que previamente deberá realizar la copia de seguridad de todos los datos), se deberán seguir los pasos siguientes:

▼ Desde **Administración de discos**, seleccionar el disco que se desea convertir.

▼ Situarse en uno de los volúmenes que tenga dicho disco, mostrar su menú contextual, seleccionar **Eliminar volumen** y confirmar que se desea eliminar.

▼ Repetir el proceso con todos y cada uno de los volúmenes que haya en dicho disco.

▼ Cuando ya no quede ningún volumen en dicho disco automáticamente se convertirá en disco básico. En caso de no haber sido así, se deberá situar sobre la zona correspondiente al disco, pulsar el botón derecho del ratón para que muestre su menú contextual, seleccionar **Convertir en disco básico** y se realizará la conversión.

Una vez realizada la conversión, se deberán crear las particiones que se desee.

12

CONFIGURACIÓN EN RED

Una red es un sistema donde los elementos que la componen, habitualmente ordenadores, teléfonos, tabletas, etc., y que pueden trabajar de forma autónoma, están conectados entre sí por medios físicos y/o lógicos y pueden comunicarse para compartir recursos.

De esta forma, tanto a nivel empresarial como local, la información puede fluir entre los distintos elementos de la red de forma sencilla.

Por ejemplo, a nivel local, los usuarios de una misma vivienda conectados a la misma red, podrán compartir información como fotografías o documentos de forma sencilla.

12.1 DETECCIÓN DE REDES

La detección de redes es una configuración de red que:

▼ Determina si otros equipos y dispositivos de la red son visibles desde el equipo y si otros equipos de la red pueden ver el equipo.

▼ Determina si se puede tener acceso a dispositivos y archivos compartidos de otros equipos de la red y si las personas que usan otros equipos de la red pueden tener acceso a los dispositivos y archivos compartidos del equipo.

▼ Ayuda a proporcionar el nivel adecuado de seguridad y acceso a un equipo, basándose en la ubicación de las redes a las que se conecta.

Existen dos estados de detección de redes:

▶ Activado.
▶ Desactivado.

Cuando se conecta a una red, en función de la ubicación de red que elija, Windows asigna un estado de detección de redes a la red y abre los puertos del Firewall de Windows apropiados. Por tanto, se pueden dar varios problemas:

▶ No se ve **ningún** equipo ni dispositivo en la carpeta red. Esto puede producirse por dos motivos:

- **El equipo no está conectado a la red**. En este caso, pulsar en **Conectarse a una red** y seleccione la red que desee.

- **La detección de redes impide ver otros equipos y dispositivos**. Será necesario comprobar si la opción de detección de redes del equipo está desactivada desde **Cambiar configuración de uso compartido avanzado** en el **Centro de redes y recursos compartidos**, accesible desde el **Panel de control**.

Si está desactivada la detección de redes, pulsar en **Activar la detección de redes** y, después, en **Guardar cambios** (si se solicita una contraseña de administrador o una confirmación, escribir la contraseña o proporcionar la confirmación).

▼ **No se ve un equipo o dispositivo que debería verse en la carpeta Red**.

Esto se puede producir por dos motivos:

- **El equipo o dispositivo no está en la red**. Para resolver este problema, hay que agregar el equipo a la red conectándolo al concentrador o conmutador, o mediante el asistente para conectarse a una red (si la red es inalámbrica).

- **La configuración de detección de redes del equipo que no se ve está desactivada**. Para cambiar la configuración de detección de redes en otro equipo, se deberá iniciar sesión en él y desde el **Panel de control**, **Redes e internet** y en **Centro de redes y de recursos compartidos** pulsar en **Cambiar configuración de uso de compartido avanzado**, en el apartado **Detección de redes** pulsar en **Activar la detección de redes** y, después, en **Guardar cambios**.

> (i) **NOTA**
> Puede tardar varios minutos hasta que los equipos con versiones anteriores de Windows se detecten y puedan verse en la carpeta **Red**.

Cuando se accede a la carpeta Red y está desactivada la detección de redes, se indica en la parte superior de la pantalla, pudiéndose activar desde ese lugar.

12.2 USO COMPARTIDO DE ARCHIVOS

En Windows 10 hay diversos sistemas para poder compartir ficheros entre equipos.

▼ **Desde cualquier carpeta del equipo**. Con este método de compartir archivos, se podrá decidir quién podrá realizar cambios en los archivos que comparte y qué tipo de cambios (de haber alguno) pueden realizarse en los mismos. Podrá hacerlo estableciendo permisos de uso compartido que se pueden conceder a un individuo o a un grupo de usuarios de la misma red.

▼ **Desde la carpeta pública del equipo**. Con este método de compartir archivos, se podrá copiar o mover archivos a la carpeta pública y se comparten desde dicha ubicación. Si se activa el uso compartido de archivos para la carpeta pública, cualquiera con una cuenta de usuario y una contraseña en el equipo, así como todos en la red, podrán ver todos los archivos de la carpeta pública y sus subcarpetas. No se puede limitar a las personas para que solo vean algunos archivos de la carpeta pública. Sin embargo, pueden establecerse permisos que limiten a las personas el acceso a la carpeta pública o que les limiten el cambio de archivos o la creación de nuevos.

También se puede activar el uso compartido protegiéndolo con contraseña. De esta manera, se limitará el acceso a la carpeta pública a las personas con una cuenta de usuario y contraseña en el equipo. De manera predeterminada, el acceso de red a la carpeta pública está desactivado a menos que lo habilite.

Para habilitar el uso compartido de archivos e impresoras en un equipo con Windows 10, hay que asegurarse de que la detección de redes y el uso compartido de impresoras están activados siguiendo estos pasos:

▼ Abrir el **Centro de redes y recursos compartidos** desde el **Panel de control**.

▼ Si la detección de redes está desactivada, pulsar en **Cambiar configuración de uso de compartido avanzado**, en el apartado **Detección de redes**, activar la opción **Activar la detección de redes** y, después, pulsar en **Guardar cambios** (si se solicita una contraseña de administrador o una confirmación, hay que escribir la contraseña o proporcionar la confirmación).

▼ Si el uso compartido de archivos e impresoras está desactivado, activar la opción **Activar el uso compartido de archivos e impresoras** y, a continuación, pulsar en **Guardar cambios** (si le solicita una contraseña de administrador o una confirmación, escriba la contraseña o proporcione la confirmación).

> **Detección de redes**
>
> Cuando se activa la detección de redes, este equipo puede ver otros equipos y dispositivos en la red y es visible para los demás equipos en la red.
>
>   ◉ Activar la detección de redes
>   ○ Desactivar la detección de redes
>
> **Compartir archivos e impresoras**
>
> Cuando se activa el uso compartido de archivos e impresoras, los usuarios de la red podrán tener acceso a los archivos e impresoras compartidos en este equipo.
>
>   ◉ Activar el uso compartido de archivos e impresoras
>   ○ Desactivar el uso compartido de archivos e impresoras

▶ Si todavía se tienen problemas al compartir archivos o una impresora de una red, asegúrese de que el Firewall de Windows no está bloqueando compartir archivos e impresoras, explicado a continuación.

12.3 FIREWALL DE WINDOWS

Si se tienen problemas al compartir archivos o una impresora de una red, se deberá comprobar que el Firewall de Windows no está bloqueando **Compartir archivos e impresoras**. Para ello, se deberá seguir los pasos siguientes:

▶ Abrir el **Firewall de Windows** desde el **Panel de control**.

▶ Pulsar en **Permitir un aplicación o una característica a través de firewall de Windows** (se encuentra en el panel izquierdo) y, si solicita una contraseña de administrador o una confirmación, escribir la contraseña o proporcionar la confirmación.

▶ En la lista **Aplicaciones y características permitidas**, asegurarse de que la casilla **Compartir archivos e impresoras está activada** y, a continuación, pulsar en **Aceptar**.

▰ En caso de no estarlo, se deberá pulsar en **Cambiar la configuración**, seleccionar **Compartir archivos e impresoras** en la lista y pulsar en **Aceptar**.

12.4 MONTAR UNA RED DOMÉSTICA CON UN SWITCH

Para montar una red entre varios ordenadores utilizando un conmutador o *switch*, será necesario disponer de:

▰ Los ordenadores que se deseen utilizar teniendo cada uno de ellos una tarjeta de red correctamente instalada y configurada.

▰ Un conmutador o *switch* que tenga suficientes puertas para los ordenadores que se deseen conectar. En caso de querer conectar más ordenadores que puertas tenga el *switch*, se podrán poner varios en cascada, uniéndolos con un cable normal (si los conmutadores son modernos) o con un cable cruzado si son antiguos y poseen un puerto UPLINk.

▰ Un cable RJ45 por ordenador (en caso de haber más de un *switch*, hará falta un cable más por *switch* que exceda de uno).

Una vez se disponga de todo el material, únicamente será necesario conectar cada ordenador con el *switch* mediante un cable RJ45 y ya estará preparada la red local.

Seguidamente habrá que configurar cada ordenador para que funcionen en red. Normalmente, los conmutadores no precisan ser configurados. No obstante, hay conmutadores avanzados que pueden ser configurador para montar una VLAN o llevar a cabo tareas estadísticas (en este libro no se mostrará cómo configurar un conmutador, ya que no son tareas básicas para montar una red).

Para tener acceso a Internet, habrá que instalar un router ADSL al switch.

12.5 CONEXIÓN DE UN EQUIPO A UN CONMUTADOR/CONCENTRADOR

Para configurar un equipo conectado a un conmutador/concentrador para que funcione en red, se deben seguir los pasos siguientes:

▸ Pulsar desde el **Panel de control** en **Redes e internet** y, finalmente, en **Centro de redes y recursos compartidos**.

▸ En la nueva ventana, pulsar sobre **Cambiar configuración del adaptador** (se encuentra en el panel izquierdo), pulsar con el botón derecho del ratón sobre la conexión de área local existente y seleccionar **Propiedades**.

▸ Si se indica, pulsar **Continuar** para indicar que desea dar permiso para seguir con la operación. Se verá que hay varios elementos instalados, entre ellos **Cliente para redes Microsoft, Uso compartido de archivos e impresoras para redes Microsoft, Protocolo internet versión 4 (TCP/ IPv4)** y **Protocolo internet versión 6 (TCP/IPv6)**. Se deberá fijar en que el cuadrado que hay a su izquierda esté marcado, ya que en caso contrario, dichos elementos estarían desactivados.

▸ Para conectar un equipo a un conmutador/concentrador, no es necesario modificar las configuraciones que vienen por defecto a excepción de la dirección IP asignada de forma estática (si no se cuenta con un servidor DHCP que la proporcione).

▸ Ahora se va a identificar cada uno de los equipos. Para ello se abrirá el **Explorador de archivos** y se pulsará en **Este equipo** con el botón derecho del ratón, seguidamente se pulsará en **Propiedades**, pulsar en **Cambiar configuración** y en **Continuar** para poder continuar con el proceso (si se requiere).

▸ Pulsar en **Cambiar** e indicar un nombre distinto para cada uno de los equipos conectados a la red y hacerlos así formar parte del mismo grupo de trabajo (si se desea también se podrá unir un ordenador a un dominio). Cuando haya finalizado, pulse en **Aceptar** dos veces y reinicie los equipos si así se indica.

▸ Cuando se hayan reiniciado, se abrirá el **Explorador de archivos** y se verá que se muestran los equipos. Pulsar sobre otro equipo (debemos recordar que únicamente se accederá directamente a dicho equipo si el usuario se encuentra dado de alta en ambos equipos y tiene la misma contraseña. En caso contrario, se mostrará una ventana para que indique el usuario y la contraseña con la que se desea conectarse) y se verán los directorios que tiene compartidos.

▶ Pulsar sobre el directorio compartido que se desee y se verá los archivos que se encuentran en él, se podrá actuar con ellos en función de los permisos que tenga adjudicados.

ⓘ **NOTA**

Si aparecen problemas al compartir archivos o una impresora de una red, hay que asegurarse de que el Firewall de Windows no está bloqueando **Compartir archivos e impresoras**.

12.6 TCP/IP ESTÁTICA PARA UN EQUIPO

Para configurar el protocolo TCP/IP de forma estática (es decir, para asignar al equipo una dirección IP fija y no depender de un DHCP), se deben seguir los pasos siguientes:

▶ Pulsar desde el **Panel de control** en **Redes e internet** y, finalmente, en **Centro de redes y recursos compartidos**.

▶ En la ventana que se ha abierto, pulsar sobre **Cambiar configuración del adaptador** (se encuentra en el panel izquierdo), pulsar con el botón derecho del ratón sobre el adaptador y seleccionar **Propiedades**.

▶ Si se indica, pulse **Continuar** para indicar que desea dar permiso para seguir con la operación. Se verá que hay varios elementos instalados, entre ellos **Cliente para redes Microsoft**, **Uso compartido de archivos e impresoras para redes Microsoft**, **Protocolo internet versión 4 (TCP/ IPv4)** y **Protocolo internet versión 6 (TCP/IPv6)**. Se deberá fijar en que el cuadrado que hay a su izquierda esté marcado, ya que en caso contrario, dichos elementos estarían desactivado.

▶ En la pantalla que se muestra, seleccionar **Protocolo internet versión 4 (TCP/IPv4)** y pulsar en **Propiedades**. Se mostrará una pantalla parecida a la siguiente:

En ella se encuentran las opciones siguientes:

▼ **Obtener una dirección IP automáticamente**. Si se activa esta casilla es porque se dispone de un servidor DHCP que le va a dar una dirección IP para trabajar en la red.

▼ **Usar la siguiente dirección IP**. Si se activa esta casilla es porque se desea indicar una dirección IP fija para el equipo. Se tendrán que indicar los datos siguientes:

- **Dirección IP**. En ella se ha de indicar la dirección IP asignada al equipo (no deberá estar utilizada en ningún otro equipo ya que daría errores al no poder estar duplicada).

- **Máscara de subred**. Automáticamente el sistema indicará la máscara de subred que corresponde. Este valor no se deberá cambiar a no ser que haya realizado una segmentación de la red.

- **Puerta de enlace predeterminada**. Cuando la red se comunica con el exterior con otras redes o con Internet, es necesario utilizar encaminador o *router*. En este apartado se ha de indicar la dirección IP privada del *router*. En caso de no poner ninguna dirección o de no disponer de *router*, el equipo no tendría salida a Internet.

- **Obtener la dirección del servidor DNS automáticamente**. Si se activa esta casilla es porque se dispone de un servidor DHCP que va a indicar las direcciones IP de los servidores DNS que realizan la traducción de direcciones.

- **Usar las siguientes direcciones de servidor DNS**. Si se activa esta casilla es porque se desea indicar una o dos direcciones IP fijas para los servidores DNS que realizan la traducción de direcciones. En este caso, se tendrán que indicar las direcciones IP de dichos servidores.

- **Opciones avanzadas**. Permite realizar modificaciones en los datos que se acaban de indicar. Normalmente, no es necesario utilizar estas opciones, a no ser que desee indicar más de una dirección IP para el equipo o más de dos servidores DNS.

▶ Para terminar la configuración del protocolo TCP/IPv4, pulsar en **Aceptar** varias veces hasta que se cierren las ventanas que se han abierto.

Para configurar el protocolo TCP/IP versión 6, hay que seguir los pasos siguientes para instalarlo:

▶ Desde la pantalla **Propiedades** del adaptador, seleccionar **Protocolo internet versión 6 (TCP/IPv6)** y pulsar en **Propiedades**. Se mostrará una pantalla parecida a la siguiente:

En ella se encuentran las opciones siguientes:

- **Obtener una dirección IPv6 automáticamente**. Si se activa esta casilla es porque se dispone de un servidor DHCP que va a dar una dirección IP para trabajar en la red.

- **Usar la siguiente dirección IPv6**. Si se activa esta casilla es porque se desea indicar una dirección IP fija para el equipo. Se tendrán que indicar los datos:

  - **Dirección IPv6**. En ella se ha de indicar la dirección IPv6 asignada al equipo (no deberá estar utilizada en ningún otro equipo ya que daría errores al no poder estar duplicada).

  - **Longitud del prefijo de subred**. Es el valor que indica cuántos bits contiguos de la parte izquierda de la dirección componen el prefijo de subred.

  - **Puerta de enlace predeterminada**. Cuando la red se comunica con el exterior con otras redes o con Internet, es necesario utilizar encaminador o un *router*.
    En este apartado se ha de indicar la dirección IP privada del *router*. En caso de no poner ninguna dirección o de no disponer de *router*, el equipo no tendría salida a Internet.

- **Obtener la dirección del servidor DNS automáticamente**. Si se activa esta casilla es porque se dispone de un servidor DHCP que va a indicar las direcciones IP de los servidores DNS que realizan la traducción de direcciones.

- **Usar las siguientes direcciones de servidor DNS**. Si se activa esta casilla es porque se desea indicar una o dos direcciones IP fijas para los servidores DNS que realizan la traducción de direcciones. En este caso, se tendrán que indicar las direcciones IP de dichos servidores.

- **Opciones avanzadas**. Permite realizar modificaciones en los datos que acaba de indicar. Normalmente no es necesario utilizar estas opciones, a no ser que desee indicar más de una dirección IP para el equipo o más de dos servidores DNS.

- Para terminar la configuración del protocolo TCP/IPv6, pulsar en **Aceptar** varias veces hasta que se cierren las ventanas que ha abierto.

12.7 COMPARTICIÓN DE DIRECTORIOS

Para ver los directorios compartidos, desde el **Panel de control**, pulsar en **Sistemas y seguridad**, **Herramientas administrativas** y, finalmente, en **Administración de equipos**.

Cuando muestre la nueva pantalla, en su parte izquierda se verá la lista de herramientas disponibles. Desplegar **Carpetas compartidas**, seleccionar **Recursos compartidos** y se verá una pantalla parecida a la siguiente:

	Nombre del recurso	Ruta de acceso a l...	Tipo	Nº de co:	Acciones
Administración del equipo (loc	ADMIN$	C:\Windows	Windows	0	Recursos compartidos
Herramientas del sistema	C$	C:\	Windows	0	Acciones adicionales
Programador de tareas	E$	E:\	Windows	0	
Visor de eventos	F$	F:\	Windows	0	
Carpetas compartidas	G$	G:\	Windows	0	
Recursos compartid	IPC$		Windows	0	
Sesiones					
Archivos abiertos					
Usuarios y grupos local					
Rendimiento					
Administrador de dispo					
Almacenamiento					
Administración de disc					
Servicios y Aplicaciones					

Se puede observar que el directorio Windows está compartido con el nombre ADMIN$ y solo para funciones de administración remota y, por tanto, no pueden concederse permisos sobre él.

Así mismo, la unidad C:\ está compartida con el nombre C$ y también para funciones de administración remota.

Para compartir un directorio, se deberá estar conectado como administrador y se tendrá que crear el directorio, si no lo estuviera, para luego proceder a compartirlo. Para ello, se seguirán los pasos siguientes:

▼ Desde **Este equipo**, situarse en el directorio de donde se desea colgar la carpeta que va a crear (en el ejemplo, C:) y crear la nueva carpeta.

Indicar el nombre que va a dar al directorio (en el ejemplo, *Compartir*) y pulsar [**Intro**].

▼ Situarse sobre el directorio nuevo, pulsar el botón derecho del ratón, seleccionar **Propiedades** y, después, **Compartir**.

- Pulsar en **Uso compartido avanzado** y, después, en **Compartir esta carpeta**. Se verá la pantalla siguiente:

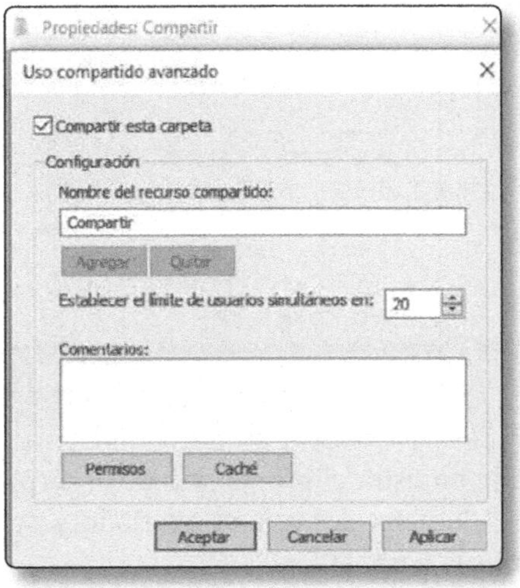

- En el apartado **Nombre del recurso compartido**, indicar el nombre que se desea darle (en el ejemplo, Compartir, que es el que indica por defecto).

  En **Establecer el límite de usuarios simultáneos en,** indicar el número de usuarios que pueden conectarse simultáneamente.

  En el apartado **Comentarios**, indicar un breve comentario para este recurso compartido.

  El botón **Permisos** se explicará en el apartado *Permisos de carpetas compartidas* de este mismo capítulo.

- Cuando se haya finalizado, pulsar en **Aceptar**.

Otra posibilidad más simplificada de realizarlo con esta misma utilidad es de la manera siguiente:

- Situarse sobre el directorio que se desee, pulsar el botón derecho del ratón, seleccionar **Compartir con** y **Usuarios específicos** y se verá la pantalla siguiente:

▶ En ella le muestra el propietario de la carpeta. Pulsar en el triángulo que hay a la derecha del primer apartado y se mostrarán los posibles para compartir la carpeta.

▶ Seleccionar al usuario y pulsar en **Agregar**. Si se desea modificar los permisos de algún usuario, pulsar en el triángulo que hay a la derecha del nivel de permisos adjudicado y se desplegará la lista de niveles posibles. Seleccionar el que desea adjudicar y se modificará en la lista anterior.

▶ Si desea eliminar algún usuario de dicha lista, pulsar en el triángulo que hay a la derecha del nivel de permisos adjudicado y seleccionar **Quitar**.

▶ Cuando se haya finalizado, pulsar en **Compartir** y se mostrará una nueva pantalla en donde le indica que la carpeta está compartida.

▶ Cuando se desee, pulsar en **Listo** y habrá finalizado el proceso.

Otra posibilidad de realizarlo es utilizando la utilidad **Administración de equipos**. Para ello, seguir los pasos siguientes:

▶ Desde el **Panel de control**, pulsar en **Sistemas y seguridad**, **Herramientas administrativas** y, finalmente, en **Administración de equipos**. Se verá la pantalla principal de la utilidad.

▼ Pulsar el botón izquierdo del ratón sobre el signo triángulo que hay en
Carpetas compartidas, que está en el panel izquierdo, y se desplegará
su contenido:

- Recursos compartidos.
- Sesiones.
- Archivos abiertos.

▼ Mostrar el menú contextual de **Recursos compartidos**, seleccionar
Nuevo y **Recurso compartido**, pulsar en **Siguiente** y se mostrará un
asistente. Pulsar en **Siguiente**:

▼ Indicar la ruta de la carpeta que se desea compartir (se puede pulsar en
examinar para seleccionarla. Si en esa pantalla se pulsa en **Crear nueva
carpeta**, podrá crearla previamente), pulsar en **Siguiente** y se verá la
pantalla:

- Indicar el nombre que desea dar al recurso compartido y una breve descripción del recurso.

  En el apartado **Configuración sin conexión** indicar si el contenido de este recurso compartido estará disponible para los usuarios cuando no se pueda establecer una conexión. Si se pulsa en **Cambiar**, se podrá modificar la opción que le da por defecto. Cuando se haya finalizado, pulsar en **Aceptar**.

- Cuando se haya finalizado, pulsar en **Siguiente** y verá la pantalla:

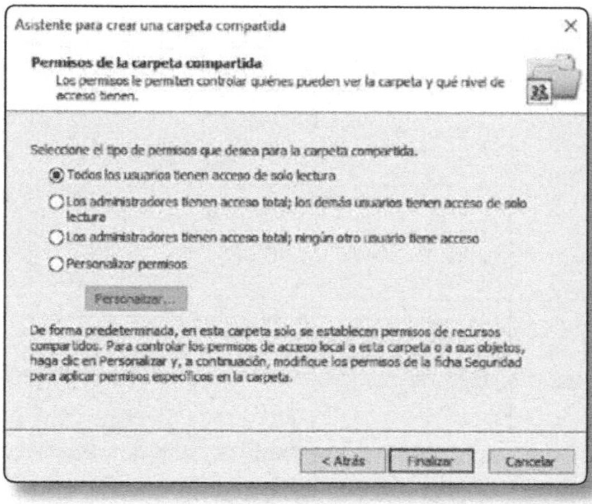

- Se podrán indicar los permisos que se desee para la carpeta que se acaba de compartir. Para finalizar, pulsar en **Finalizar** y se mostrará la pantalla de finalización del asistente en donde se dice que ya está compartida la carpeta.

- Si se desea volver a compartir otra carpeta, activar la casilla **Cuando haga clic en finalizar, volver a ejecutar el asistente para compartir otra carpeta**; en caso contrario, pulsar en **Finalizar** directamente y se saldrá del asistente.

Una vez creados los directorios, los usuarios podrán acceder a ellos desde la carpeta **Red** del **Explorador de archivos**.

12.8 CONECTARSE A LOS DIRECTORIOS COMPARTIDOS

Una vez que un directorio está compartido, una forma sencilla de conectarse a él de forma habitual es asignarle una letra de unidad, que podrá ser una de las que haya disponibles desde la A a la Z, para poder acceder a él desde equipo.

Por ejemplo, para conectar el directorio Compartir a la letra Z, debe seguir los pasos siguientes:

- Abrir la carpeta **Red** del **Explorador de archivos** y seguir los pasos necesarios hasta que seleccione el servidor que desee.
- Elegir un directorio compartido y pulsar el botón derecho del ratón.
- Seleccionar **Conectar a unidad de red** y verá la pantalla siguiente:

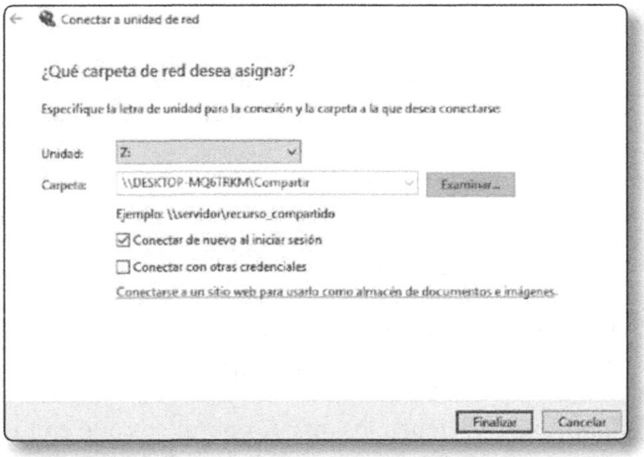

Se puede cambiar la letra que va a estar asignada al directorio compartido si se pulsa en el triángulo que hay a la derecha del apartado **Unidad**.

Si se desea volver a conectar cuando vuelva a iniciar la sesión, activar la casilla **Conectar de nuevo al iniciar sesión**.

Si no se tiene permiso para acceder al directorio compartido, se deberá indicar un nombre de usuario que sí tenga permiso para acceder a él, pulsando en el apartado **Conectar con otras credenciales**.

Si se desea conectar un sitio web para usarlo como almacén, pulsar en el apartado **Conectarse a un sitio web**... y se entrará en el asistente para agregar conexiones de red.

▼ Cuando se haya finalizado, pulsar en **Finalizar** y se conectará al directorio para mostrarle su contenido. Cuando se desee, cerrar la ventana.

▼ Si se abre **Este equipo**, se verá que aparece la letra junto al nombre de recurso compartido en el apartado ubicación de red y se podrá acceder a él rápidamente.

12.9 PERMISOS DE CARPETAS COMPARTIDAS

Cuando se establecen los permisos de un directorio compartido, únicamente son efectivos cuando se tiene acceso al directorio a través de la red, es decir, no protegen a los directorios cuando se abren localmente en el equipo. Para los directorios locales deben utilizarse los permisos NTFS.

Estos permisos se aplican a todos los archivos y subdirectorios del directorio compartido y se puede especificar, además, el número máximo de usuarios que pueden acceder al directorio a través de la red.

Para establecer estos permisos se ha de ser miembro de los grupos administradores, operadores de servidores o de un grupo que tenga los derechos de usuario adecuados.

Los permisos de carpetas compartidas que se pueden otorgar son:

▼ **Sin acceso**. Cuando no tiene permitido ningún permiso sobre el directorio.

▼ **Leer**. Permite ver los nombres de los archivos y subdirectorios, ver datos de los archivos y ejecutar programas.

▼ **Cambiar**. Se tienen los mismos permisos que en Leer y, además, permite crear subdirectorios y archivos, modificar datos en archivos y borrar archivos y subdirectorios.

▼ **Control total**. Tiene todos los permisos anteriores y, además, modificar los permisos.

Para establecer los permisos de las carpetas compartidas, debe seguir los pasos siguientes:

▼ Desde **Este equipo**, seleccionar el directorio compartido en el que desea establecer permisos (en el ejemplo, *Compartir*). Mostrar su menú contextual, seleccionar **Propiedades**, **Compartir** y **Uso compartido avanzado**.

▶ Pulsar en **Permisos**, se verá la pantalla siguiente:

▶ Se puede observar que tiene activado el permiso **Leer** para la identidad especial **Todos** (corresponde a todos los usuarios y grupos).

▶ Se pueden activar o desactivar las casillas que se desee tanto de la columna **Permitir** (se le concede el permiso correspondiente) como de la columna **Denegar** (se le deniega el permiso correspondiente).

▶ Si se pulsa en **Agregar**, y **Opciones avanzadas** y en **Buscar ahora**, se abrirá una ventana con todos los posibles usuarios, grupos e identidades especiales a las que puede otorgar o denegar permisos.

Si se seleccionan elementos de la lista, se deberá pulsar en **Aceptar** y volver a pulsar en **Aceptar**, para que se añadan los grupos o usuarios que tienen permisos sobre la carpeta. Una vez que estén en la lista, se debe indicar los permisos que desea conceder o denegar a cada uno de los usuarios que ha añadido.

▶ Si se selecciona un usuario, grupo o identidad especial y se pulsa en **Quitar**, se eliminará de la lista junto con los permisos establecidos.

▶ Pulsar en **Aceptar** para salir de la pantalla de permisos.

▶ Volver a pulsar en **Aceptar** dos veces para salir de la pantalla de **Propiedades**.

Otra posibilidad de realizarlo es empleando la utilidad **Administración de equipos**. Para ello, tenemos que seguir los pasos siguientes:

▼ Desde el **Panel de control**, pulsar en **Sistemas y seguridad**, **Herramientas administrativas** y, finalmente, en **Administración de equipos**.

▼ Pulsar el botón izquierdo del ratón sobre el signo triángulo que hay en **Carpetas compartidas**, que está en el panel izquierdo, y se desplegará su contenido:

- Recursos compartidos.
- Sesiones.
- Archivos abiertos.

▼ Pulsar el botón izquierdo del ratón sobre **Recursos compartidos** y, en el panel derecho, se verán las carpetas compartidas que hay actualmente.

▼ Seleccionar la carpeta compartida que se desee, pulsar el botón derecho del ratón y, de su menú contextual, seleccionar **Propiedades**.

▼ Pulsar en la pestaña **Permisos de los recursos compartidos** y se verá la misma pantalla que la indicada anteriormente.

▼ Realizar los mismos procesos que los indicados anteriormente y, cuando se finalice, pulsar en **Aceptar** para volver a la utilidad.

▼ Cuando se haya finalizado, cerrar la utilidad.

12.10 RECURSOS COMPARTIDOS ESPECIALES

Normalmente, se entiende por recursos compartidos especiales aquellos recursos que ha creado el sistema operativo para tareas administrativas, y que, en la mayoría de los casos, no deben ser eliminados ni modificados, aunque también los usuarios pueden crear este tipo de recursos compartidos.

Estos recursos compartidos especiales son:

▼ **admin$.** Es un recurso que utiliza el sistema durante la administración remota del equipo. Siempre es la raíz del sistema y corresponde al directorio donde se instaló, por ejemplo, **c:\windows**.

- **ipc$.** Es un recurso que comparte las canalizaciones con nombre esenciales para la comunicación entre programas. Se utiliza durante la administración remota de un equipo y al ver sus recursos compartidos.

- **netlogon**. Es un recurso que utiliza el servicio de **inicio de sesión** de los controladores de dominio para procesar el script de inicio de sesión. Corresponde al subdirectorio **\windows\sysvol\sysvol\<nombre del dominio>\scripts**.

- **sysvol**. Es un recurso que utiliza el servicio de **inicio de sesión** de los controladores de dominio y corresponde al directorio **windows\ sysvol\ sysvol\.**

- **print$.** Es un recurso utilizado para la administración remota de impresoras.

- **fax$.** Es un recurso utilizado por los clientes durante el proceso de envío de un fax.

- **letra_de_unidad$.** Es un recurso que permite conectar con el directorio raíz de un dispositivo de almacenamiento (por ejemplo, **c$** es el nombre de un recurso mediante el cual los administradores pueden tener acceso a la unidad c: del servidor a través de la red).

12.10.1 Establecer recursos compartidos especiales

Tal como se puede observar, casi todos los recursos compartidos especiales para tareas administrativas acaban en $; se pueden ver desde **Recursos compartidos** de **Carpetas compartidas** de la **Administración de equipos**.

Para establecer un recurso de este tipo, se deben seguir los siguientes pasos:

- Seleccionar **Administración de equipos** en **Herramientas administrativas**.

- Pulsar el botón izquierdo del ratón sobre el signo triángulo que hay en **Carpetas compartidas**, que está en el panel izquierdo. Se desplegará su contenido:

  - Recursos compartidos.
  - Sesiones.
  - Archivos **abiertos**.

- Pulsar con el botón derecho del ratón sobre **Recursos compartidos** y, desde su menú contextual, seleccionar **Nuevo** - **Recurso compartido**, pulsar en **Siguiente** y se mostrará una nueva pantalla.

- Indicar la ruta de la carpeta que desea compartir, se puede pulsar en examinar para seleccionarla. Si en esa pantalla se pulsa en **Crear nueva carpeta**, se podrá crear. En el caso del ejemplo se seleccionará la unidad **C**:. Pulsar en **Siguiente** y se mostrará una pantalla de aviso en la que le pide conformidad para compartir una unidad completa. Cuando se haya leído, pulsar en **Aceptar** y verá la pantalla siguiente:

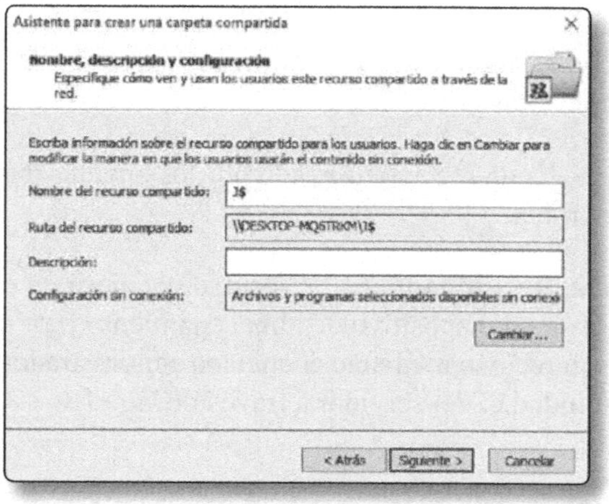

- Se indicará el nombre que se desea dar al recurso compartido (en el ejemplo se usará J$) y una breve descripción del recurso.

- En el apartado **Configuración sin conexión**, indicar si el contenido de este recurso compartido estará disponible para los usuarios cuando no se pueda establecer una conexión. Si se pulsa en **Cambiar**, se podrá modificar la opción por defecto. Cuando se haya finalizado, pulsar en **Aceptar**.

- Cuando se haya finalizado, pulsar en **Siguiente** y se verá la siguiente pantalla:

▶ Se pueden indicar los permisos que se desee para la carpeta que se acaba de compartir. Cuando se haya realizado, pulsar en **Finalizar** y se mostrará la pantalla de finalización del asistente en donde se indica que ya está compartida la carpeta.

▶ Desactivar la casilla **Cuando haga clic en finalizar, volver a ejecutar el asistente para compartir otra carpeta**, pulsar en **Finalizar** para salir del asistente.

▶ Se puede comprobar en los elementos mostrados en **Recursos compartidos** como aparece el nuevo recurso recién creado. Cuando se haya finalizado, cerrar la utilidad.

Si se abre la herramienta **Ejecutar** y se escribe **nombre del equipo\recurso compartido especial** y se pulsa [**Intro**], se verá que se muestran todas las carpetas del disco correspondiente del servidor.

12.11 COMPARTIR UNA IMPRESORA

Si se desea compartir una impresora y no lo hizo cuando la añadió al equipo (en el próximo capítulo se explicará en profundidad este proceso), desde el **Panel de control – Hardware y sonido**, se deberá pulsar en **Dispositivos e impresoras**, mostrándose una la lista de impresoras que hay en el equipo.

Se deberá seleccionar la impresora que se desee compartir y mostrar su menú contextual. Pulsar en **Propiedades de impresora** y, después, en la pestaña **Compartir**. Se verá la pantalla siguiente:

En ella se puede modificar si la impresora está compartida (**Compartir impresora**), el nombre que mostrará (**Recurso compartido**) y dónde procesar los trabajos de impresión (**Presentar trabajos de impresión en equipos cliente**).

También se pueden instalar otros controladores adicionales para la impresora (así, podrá ser usada por otros usuarios que la necesiten y que utilicen otras versiones de Windows). Para ello, pulsar en **Controladores adicionales**, activar las casillas correspondientes a los entornos que se desee y pulsar en **Aceptar**.

12.12 GRUPO HOGAR

En Windows 10 vuelve a estar presente el **Grupo Hogar,** característica implantada ya en Windows 7 gracias a la cual, los usuarios de una misma red doméstica podrán compartir archivos e impresora de una manera cómoda y sencilla.

El acceso a este grupo se podrá proteger con una contraseña de uso obligatorio para todos los usuarios que necesiten acceder a los datos.

Para crear un grupo de hogar hay que seguir los siguientes pasos:

▶ Desde el **Panel de control**, pulsar en **Redes e internet** y, finalmente, en **Centro de redes y recursos compartidos**.

▶ Para crear un **Grupo Hogar** (si es la primera vez que lo realiza y no está unido a una red de trabajo o pública), pulsar sobre **Grupo Hogar** y se verá la siguiente ventana:

Tal como se puede observar, para crear el **Grupo Hogar**, la ubicación de red del equipo debe estar configurada como privada. Utilizando los dos accesos inferiores, se procederá a solventar este problema.

Si se pulsa en **Cambiar la ubicación de red**, el sistema mostrará la siguiente ventana:

Al pulsar sobre **Sí** se modificará la configuración. Puede que sea necesario actualizar la ventana para tener acceso a las nuevas opciones.

▶ Pulsar en **Crear un grupo en el hogar** y, seguidamente, en **Siguiente**. El sistema mostrará la siguiente ventana:

▶ Se deberá seleccionar qué elementos se van a compartir y si se compartirán las impresoras. Una vez seleccionado, pulsar en **Siguiente**.

▶ Para poder tener acceso a los archivos e impresoras, el usuario se deberá acreditar con una contraseña que se mostrará en esta pantalla.

▶ Si se pulsa en **Imprimir contraseña e instrucciones**, se podrá imprimir una copia de la contraseña y las instrucciones para conectar un equipo al grupo hogar.

➤ Pulsar en **Finalizar** para terminar y se verá la siguiente ventana:

En esta ventana se podrá configurar el grupo Hogar:

En el apartado **Cambiar lo que comparte con el grupo de hogar**, se seleccionarán aquellos elementos que se van a compartir.

Si se pulsa sobre **Permitir que todos los dispositivos de esta red, como televisores y consolas de juego, reproduzcan mi contenido compartido**, el sistema mostrará la siguiente ventana:

Desde esta ventana se podrán configurar las opciones de transmisión por secuencias de multimedia para equipos y dispositivos.

En el apartado **Otras acciones del grupo en el hogar**, se encuentran varias opciones como:

▼ **Ver o imprimir la contraseña del grupo en el hogar**. Permite ver e imprimir la contraseña del grupo Hogar.

▼ **Cambiar la contraseña**. Permite el cambio de la contraseña del grupo Hogar.

▼ **Abandonar el grupo en el hogar**. Abandona el grupo Hogar.

▼ **Cambiar configuración de uso compartido avanzado**. Accede a la ventana **Configuración de uso compartido avanzado** desde la que se puede modificar la detección de redes, uso de archivos compartidos, etc.

▼ **Iniciar el solucionador de problemas de grupo Hogar**. Inicia el asistente para solucionar problemas con el grupo Hogar.

Una vez que se haya creado este grupo, para que otros equipos se unan a él, desde cada equipo, hay que acceder al **Panel de control**, **Redes e internet** y, finalmente, al **Grupo Hogar**.

Pulsar en **Unirse ahora** y, en la siguiente ventana, se configurarán las bibliotecas que va a compartir el nuevo equipo. Pulsar en **Siguiente** y el sistema solicitará la contraseña de acceso al grupo hogar con el que se quiere unir.

Cuando se haya indicado, pulsar en **Siguiente** para finalizar.

13

LA IMPRESIÓN

Aunque las nuevas políticas verdes en las empresas están favoreciendo el uso de las nuevas tecnologías para evitar un derroche de recursos como el papel, la impresión seguirá siendo un proceso muy utilizado al trabajar con un equipo, reproduciendo textos e imágenes utilizando tinta sobre papel.

Para realizar este proceso se utilizará uno de los dispositivos más usados, la impresora.

Antes de comenzar a explicar con más detalle la impresión y todo lo que con ella está relacionado, conviene distinguir entre los distintos elementos que pueden intervenir en ella.

La **Impresora** es la máquina en la que se va a producir físicamente la impresión de un trabajo.

Puede dar soporte a una o varias colas de impresión. Es importante distinguir entre impresora e impresora lógica, que es equivalente a la cola de impresión.

La cola de impresión es un archivo en el que se van a guardar los trabajos que se manden imprimir hasta que la impresora pueda darles salida.

Puede dar soporte a una o varias impresoras (es lo que se hace al agregar una impresora).

De manera predeterminada, la carpeta donde se guardan los archivos de cola de impresión se encuentra en **\windows\system32\spool\ PRINTERS**.

Un **servidor de impresión** es un ordenador (servidor o estación de trabajo) en el que está instalada y compartida la impresora y es el que se encarga de solicitar a la cola de impresión que le envíe los trabajos cuando esta esté disponible. Puede dar soporte a varias impresoras y a varias colas de impresión.

Utilizar un servidor de impresión proporciona las siguientes ventajas:

▼ El servidor de impresión administra la configuración del controlador de impresión.

▼ En todos los equipos que estén conectados a una impresora únicamente aparecerá una cola de impresión, lo que permite a los usuarios ver la posición de su trabajo de impresión respecto a los demás trabajos en espera.

▼ Los mensajes de error aparecen en todos los equipos, por lo que todos los usuarios conocen el verdadero estado de la impresora.

▼ Parte del proceso de impresión se transfiere del equipo cliente al servidor de impresión, por lo que aumenta la capacidad de trabajo de la estación.

▼ Se puede establecer un registro único para aquellos administradores que deseen auditar los sucesos de la impresora.

El **controlador de impresora** es un software que utilizan los programas para comunicarse con las impresoras, convirtiendo la información enviada desde el equipo a comandos que pueda entender cada impresora.

En general, los controladores de impresora están formados por tres tipos de archivos:

▼ **Archivo de configuración o interfaz de impresora**: muestra los cuadros de diálogo **Propiedades** y **Preferencias** cuando se configura una impresora (tiene la extensión DLL).

▼ **Archivo de datos**: proporciona información acerca de las capacidades de una impresora específica incluida su capacidad de resolución, si puede imprimir en ambas caras de la página y el tamaño de papel que puede aceptar (puede tener la extensión DLL, PCD, GPD o PPD).

▼ **Archivo de controlador de gráficos de impresora**: convierte los comandos de interfaz de controlador de dispositivo (DDI) en comandos que pueda entender la impresora. Cada controlador convierte un lenguaje de impresora diferente (tiene la extensión DLL).

El **procesador de impresión** indica a la cola de impresión que modifique un trabajo en función del tipo de datos del documento.

Envía los trabajos de impresión de la cola a la impresora (junto con el controlador de impresora).

El procesador de impresión de Windows admite varios tipos de datos. Entre ellos se encuentran:

▼ **NT EMF (metarchivo mejorado)**. Con este tipo de datos, el documento impreso se convierte a un formato de metarchivo mucho más portátil que los archivos RAW que, normalmente, pueden imprimirse en cualquier impresora. El tamaño de los archivos EMF suele ser menor que el de los archivos RAW que contienen el mismo trabajo de impresión. Referente al rendimiento, solo la primera parte del trabajo de impresión se altera o se procesa en el equipo cliente y la mayor parte del efecto lo experimenta el equipo servidor de impresión, lo que también permite que la aplicación del equipo del cliente devuelva el control al usuario con más rapidez. Es el tipo de datos predeterminado para la mayoría de los programas basados en Windows (hay varias versiones).

▼ **RAW**. Indica a la cola de impresión que no altere de ningún modo el trabajo antes de la impresión. Con este tipo de datos, todo el proceso de preparación del trabajo de impresión se realiza en el equipo cliente. Es el tipo de datos predeterminado para clientes que no utilizan programas basados en Windows.

▼ **RAW [ff appended]**. Actúa igual que el tipo RAW pero incluye un carácter de avance de página. Es útil para las impresoras PCL, ya que omiten la última página del documento si no hay un avance final de página.

▼ **RAW [ff auto].** Actúa igual que el tipo RAW pero, además, busca un carácter de avance de página al final del trabajo y, si no lo encuentra, lo añade.

▼ **TEXT**. Interpreta todo el trabajo como texto ANSI y agrega las especificaciones de impresión mediante la configuración predeterminada de fábrica del dispositivo de impresión. Es útil cuando el trabajo de impresión se ha realizado en texto sencillo y el dispositivo de impresión no es capaz de interpretarlo.

La **página de separación** (banner) indica el usuario que envió el documento a la impresora y la fecha y hora de la impresión. Se puede utilizar una de las páginas de separación que incorpora Windows 10 o crear una página personalizada.

Las páginas de separación que incorpora Windows 10 se encuentran en la carpeta **\windows\system32** y son las siguientes:

▼ **pcl.sep**. Cambia la impresora al modo PCL e imprime una página de separación antes de cada documento.

▼ **pscript.sep**. Cambia la impresora al modo PostScript pero no imprime ninguna página de separación antes de cada documento.

▼ **sysprint.sep**. Cambia la impresora al modo PostScript e imprime una página de separación antes de cada documento (existe una versión en japonés que es **sysprtj.sep**).

Las **Fuentes de impresora** permiten mostrar el texto en distinto formato y tamaño. Pueden ser de tres tipos:

▼ **Fuentes internas**. Se utilizan principalmente en impresoras láser, matriciales y de inyección de tinta. Se cargan previamente en la memoria de la impresora (ROM).

▼ **Fuentes de cartucho**. Son fuentes añadidas que están almacenadas en un cartucho o en una tarjeta que se conecta a la impresora.

▼ **Fuentes descargables**. Son juegos de caracteres enviados desde el equipo a la memoria de una impresora cuando se necesitan para imprimir (también se pueden llamar fuentes transferibles). Se usan principalmente en impresoras láser y otras impresoras de páginas, aunque también en algunas impresoras matriciales.

13.1 INSTALAR UNA IMPRESORA LOCAL

La instalación de una impresora local *Plug & Play* que Windows 10 detecte autónomamente, seguirá los pasos que se detallaron el epígrafe donde se agregaba nuevo hardware, ya que una impresora se considera como otro tipo de hardware.

En este epígrafe se explica cómo instalar una impresora que el sistema no detecte o que requiera una instalación manual.

Este proceso puede hacerlo un usuario que tenga el permiso de administrador.

Tal como ocurre con muchas pantallas de configuración y tal como ya se ha indicado muchas veces, en Windows 10 existe duplicidad entre muchas de las ventanas tradicionales y las añadidas en esta última versión. Habitualmente las ventanas tradicionales son más complejas pero más completas, mientras que las nuevas ventanas son más sencillas y pensadas para usuarios sin conocimiento amplios.

En este ejemplo se explicará principalmente con las ventanas tradicionales, aunque también se hará referencia a las nuevas.

Una vez que se haya conectado la impresora al puerto correspondiente del equipo, se seguirán los pasos siguientes:

▶ Acceder al **Panel de control**, por ejemplo realizando la búsqueda desde la pantalla inicial. Una vez abierto, pulsar en **Hardware y sonido** y, finalmente, en **Dispositivos e impresoras**.

▶ Pulsar en **Agregar una impresora**, en el apartado **Dispositivos e impresoras**, y se entrará en el asistente que intentará encontrar la impresora conectada. Si no la encuentra, para instalarla manualmente se deberá pulsar sobre **La impresora deseada no está en la lista**, mostrando la siguiente ventana:

▼ En esta ventana se mostrarán cinco opciones que deberá elegir:

- **Mi impresora es un poco antigua. Ayúdame a buscarla**. El sistema abrirá un asistente para intentar instalar impresoras antiguas.

- **Seleccionar una impresora compartida por nombre**. Esta opción permite indicar el nombre (si se sabe) o buscarla (si se pulsa en **Examinar**).

- **Agregar una impresora por medio de una dirección TCP/IP...** Esta opción permite indicar la dirección IP de una impresora.

- **Agregar una impresora de red, inalámbrica o Bluetooth**. Si se pulsa en esta opción, estará indicando que la impresora está instalada en otro equipo o en la red de forma independiente.

- **Agregar una impresora local o de red con configuración manual**. Si se pulsa en esta opción, estará indicando que la impresora está conectada al equipo donde está agregando la impresora (desde aquí también es posible agregar una impresora TCP/IP que se encuentre en la red).

▼ Como la impresora está situada en el mismo equipo, se seleccionará **Agregar una impresora local o de red con configuración manual**, se pulsará en **Siguiente** y verá la pantalla siguiente:

▼ En ella se podrá seleccionare **Usar un puerto existente**, el puerto local donde está conectada la impresora (si se pulsa en el triángulo que hay a la derecha del apartado, se podrá seleccionar uno).

En caso de necesitar añadir otro puerto, se activará la casilla **Crear un nuevo puerto** y se seleccionará uno de los disponibles:

- Si se selecciona **Local Port**, cuando se pulse en **Siguiente**, se deberá indicar el nombre del puerto.

- Si selecciona **Standard TCP/IP Port**, cuando se pulse en **Siguiente**, se deberá indicar el nombre del puerto o su dirección IP.

▼ En el ejemplo, se indicará que la impresora se encuentra en LPT1, se pulsará en **Siguiente** y aparecerá la pantalla:

▼ Ahora se deberá escoger la impresora que está conectada a dicho puerto para que cargue sus controladores.

Para ello deberá seleccionar (en la parte izquierda) el nombre del **Fabricante** de la impresora y, a continuación, el nombre de dicha impresora. Si no apareciese en la lista y dispusiera de los controladores de dicha impresora, se marcará en **Usar disco** y se insertará en la unidad correspondiente el software proporcionado por la casa para su instalación.

Si se pulsa en **Windows Update**, la lista de impresoras disponibles se actualizará desde Internet. Este proceso puede durar varios minutos.

▼ Al finalizar, se pulsará en **Siguiente** y el sistema pedirá que se indique el nombre que quiere que aparezca para la impresora (en caso de haberse instalado la impresora anteriormente y se hubiera borrado, mostrará previamente otra pantalla en la que indicará que ya hay instalado un controlador para dicha impresora y pedirá que especifique si desea conservar dicho controlador o reemplazarlo).

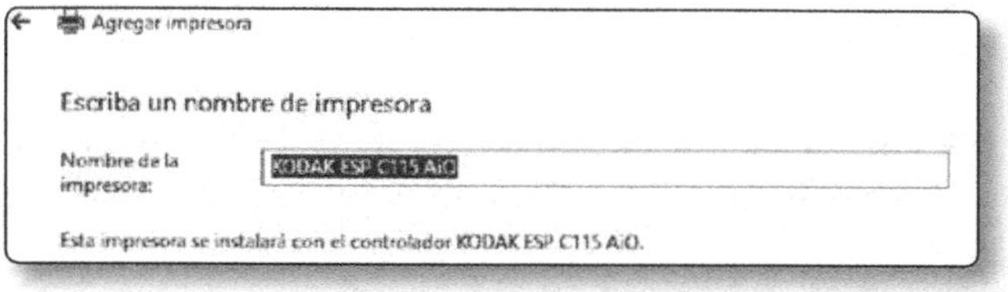
Agregar impresora
Escriba un nombre de impresora
Nombre de la impresora:
KODAK ESP C115 AiO
Esta impresora se instalará con el controlador KODAK ESP C115 AiO.

Cuando lo haya indicado, pulse en **Siguiente** y procederá a instalarla.

- En la nueva pantalla deberá indicar si la impresora va a estar compartida o no. Como en el ejemplo sí lo va a estar, se activará la casilla **Compartir esta impresora...** y se escribirá o aceptará el nombre que va a tener dicho recurso compartido (también se puede añadir su ubicación y un comentario).

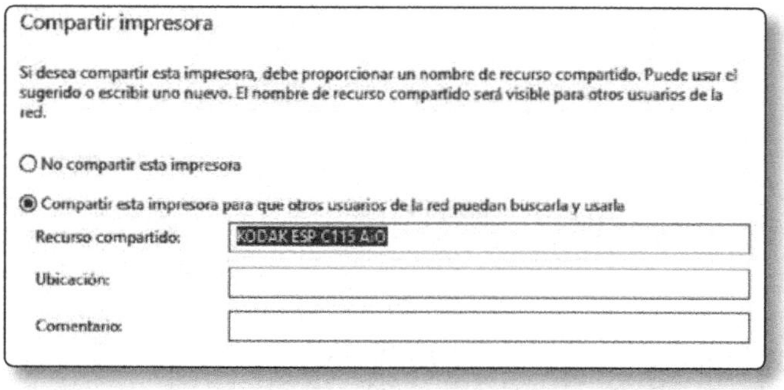
Compartir impresora
Si desea compartir esta impresora, debe proporcionar un nombre de recurso compartido. Puede usar el sugerido o escribir uno nuevo. El nombre de recurso compartido será visible para otros usuarios de la red.
No compartir esta impresora
Compartir esta impresora para que otros usuarios de la red puedan buscarla y usarla
Recurso compartido:
KODAK ESP C115 AiO
Ubicación:
Comentario:

- Cuando lo haya hecho, pulse en **Siguiente** y mostrará una nueva pantalla donde podrá pulsar en **Imprimir página de prueba** (si se desea imprimirla) o en **Finalizar** (si no se desea hacerlo).

  También se podrá configurar si la impresora se establece como predeterminada (está opción se mostrará dependiendo de las impresoras instaladas).

  Al cabo de un momento aparecerá un nuevo icono con el nombre de la impresora y empezará a imprimirse la página de prueba (si así lo ha indicado).

- Cuando se haya finalizado, se deberá cerrar la utilidad.

13.2 INSTALAR UNA IMPRESORA EN RED

Para agregar una impresora de red, inalámbrica o Bluetooth, se seguirán los pasos siguientes:

▼ Acceder al **Panel de Control** y, después, pulsar en **Hardware y sonido**.

▼ Pulsar en **Dispositivos e impresoras** y, seguidamente, en **Agregar una impresora**. Si no encuentra la impresora, se pulsará en la opción **La impresora deseada no está en la lista**, mostrando la siguiente ventana:

▼ En esta ventana se mostrarán cinco opciones, entre las que deberá elegir:

● **Mi impresora es un poco antigua. Ayúdame a buscarla**. El sistema abrirá un asistente para intentar ayudar al usuario en la búsqueda e instalar impresoras antiguas.

● **Seleccionar una impresora compartida por nombre**. Esta opción permite indicar el nombre (si se sabe) o buscarla (si se pulsa en examinar).

● **Agregar una impresora por medio de una dirección TCP/IP…** Esta opción permite indicar la dirección IP de una impresora.

● **Agregar una impresora de red, inalámbrica o Bluetooth**. Si se pulsa en esta opción, estará indicando que la impresora está instalada en otro equipo o en la red de forma independiente.

- **Agregar una impresora local o de red con configuración manual**. Si se pulsa en esta opción, estará indicando que la impresora está conectada al equipo donde está agregando la impresora (desde aquí también es posible agregar una impresora TCP/IP que se encuentre en la red).

▶ Se pulsará en agregar una impresora de red, inalámbrica o *Bluetooth*, mostrando una ventana de búsqueda, la cual mostrará las impresoras en red detectadas.

▶ Si no hubiera encontrado ninguna, se iniciará el proceso para volver a agregar una impresora manualmente:

▶ En esta ventana se mostrarán de nuevo las cinco opciones que deberá elegir.

▶ Siguiendo el ejemplo, se activará la casilla **Agregar una impresora por medio de una dirección TCP/IP**... y verá la pantalla siguiente:

En ella deberá indicar el tipo de dispositivo que es (si se pulsa en el triángulo que hay a la derecha del apartado, se podrá seleccionar), el nombre del equipo o su dirección IP, o el nombre del puerto.

También se podrá indicar si se desea seleccionar automáticamente los controladores de la impresora.

▶ En el ejemplo se indicará:

- **Tipo de dispositivo:** Dispositivo TCP/IP.
- **Nombre de host o dirección IP:** 192.168.0.50.
- **Nombre de puerto:** 192.168.0.50.
- **Consultar la impresora...** No se activará la casilla.

▶ Se pulsará en **Siguiente**. El asistente comenzará la búsqueda de la impresora con los datos aportados por el usuario. En el caso de no encontrarla, mostrará una nueva ventana indicando que no se ha encontrado la impresora con los datos aportados, y solicitando más información para continuar, tal como se observa en la siguiente captura:

Una vez aportados los datos, se pulsará en **Siguiente**, mostrando la siguiente ventana:

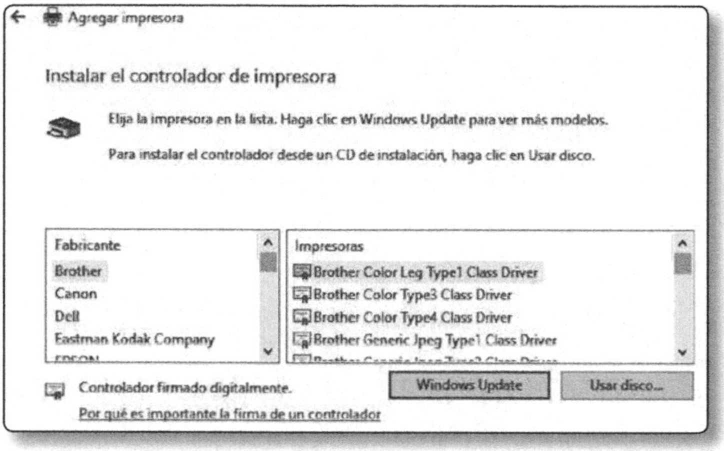

- Ahora se deberá escoger la impresora que está conectada a dicho puerto para que cargue sus controladores. Para ello, deberá seleccionar (en la parte izquierda) el nombre del **Fabricante** de la impresora y, a continuación, el nombre de dicha impresora. Si no apareciese en la lista y se dispusiera de los controladores de dicha impresora, se marcará en **Usar disco** y se insertará en la unidad correspondiente el software proporcionado por la casa para su instalación.

- Cuando haya finalizado, pulse en **Siguiente** y el sistema pedirá que indique el nombre que se quiere que aparezca para la impresora (en caso de haberse ya instalado la impresora anteriormente y se hubiera borrado, le mostrará previamente otra pantalla en la que indicará que ya hay instalado un controlador para dicha impresora y le pide que especifique si desea conservar dicho controlador o reemplazarlo). Cuando se haya indicado, pulsar en **Siguiente** y procederá a instalarla.

- En la nueva pantalla deberá indicar si la impresora va a estar compartida o no. Como en el ejemplo sí lo va a estar, se activará la casilla **Compartir esta impresora**... y se deberá escribir o aceptar el nombre que va a tener dicho recurso compartido (también se puede añadir su ubicación y un comentario).

Compartir impresora

Si desea compartir esta impresora, debe proporcionar un nombre de recurso compartido. Puede usar el sugerido o escribir uno nuevo. El nombre de recurso compartido será visible para otros usuarios de la red.

○ No compartir esta impresora

◉ Compartir esta impresora para que otros usuarios de la red puedan buscarla y usarla

Recurso compartido: Brother Generic Jpeg Type1 Class Driver

Ubicación:

Comentario:

▶ Cuando se haya realizado, pulse en **Siguiente** y mostrará una nueva pantalla en donde deberá pulsar en **Imprimir página de prueba** (si se desea imprimirla) o en **Finalizar** (si no se desea hacerlo). Al cabo de un momento, ya estará instalada la impresora y empezará a imprimirse la página de prueba (si así lo ha indicado).

▶ Cuando haya finalizado, cierre la utilidad.

13.3 ELIMINAR IMPRESORA DEL SISTEMA

Eliminar una impresora instalada en el sistema es un proceso muy sencillo.

El usuario deberá seguir los siguientes pasos:

▶ Acceder al **Panel de Control** y, después, pulsar en **Hardware y sonido**.

▶ Pulsar en **Dispositivos e impresoras** y se mostrarán todos los dispositivos instalados en el sistema.

El usuario deberá seleccionar la impresora a eliminar y, desde su menú contextual, pulsar en **Quitar dispositivo**, tal como se observa en la siguiente captura:

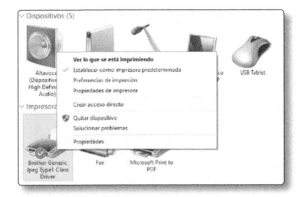

▼ Tras aceptar la siguiente validación, la impresora será dada de baja del sistema:

Quitar dispositivo

¿Está seguro de que desea quitar este dispositivo?

Brother Generic Jpeg Type1 Class Driver

| Sí | No |

⚠ Si quita este dispositivo cambiará el dispositivo predeterminado.

13.4 NUEVAS PANTALLAS WINDOWS 10

Para instalar impresoras utilizando las nuevas ventanas en Windows 10, el usuario tendrá que pulsar en el **Menú de inicio – Configuración – Dispositivos**.

En el menú situado a la izquierda se pulsará en **Impresoras y escáneres**, mostrándose las siguientes opciones:

⚙ DISPOSITIVOS

Buscar una configuración 🔎

Impresoras y escáneres

Dispositivos conectados

Mouse y panel táctil

Escritura

Reproducción automática

Agregar impresoras y escáneres

+ Agregar una impresora o un escáner

Impresoras

🖨 Brother Generic Jpeg Type1 Class Driver

📄 Microsoft Print to PDF

Para añadir una impresora se pulsará en **Agregar una impresora o un escáner**. El sistema comenzará a buscar la impresora. Si no la encuentra, mostrará la opción **La impresora que deseo no está en la lista**, que se deberá pulsar:

Agregar impresoras y escáneres

↻ Actualizar

Buscando impresoras y escáneres
• • • • •

La impresora que deseo no está en la lista

Al realizarlo, el sistema abrirá las pantallas de configuración que se han descrito anteriormente para la instalación de impresoras en local y en red.

En el apartado **Impresoras**, si se pulsa sobre una de las instaladas, se puede comprobar, en la siguiente captur,a como el sistema permite eliminarla, pulsando en **Quitar dispositivo**.

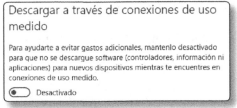

Por último, en el apartado **Descargar a través de conexión de uso medido**, se podrá activar o desactivar esta opción, con el fin de evitarse gastos adicionales no deseados.

> Descargar a través de conexiones de uso medido
>
> Para ayudarte a evitar gastos adicionales, mantenlo desactivado para que no se descargue software (controladores, información ni aplicaciones) para nuevos dispositivos mientras te encuentres en conexiones de uso medido.
>
> ⬤▬ Desactivado

13.5 PROPIEDADES DE LA IMPRESORA

Para configurar las propiedades de la impresora, habrá que seleccionarla desde **Dispositivos e impresoras** del **Panel de control**, mostrar su menú contextual, seleccionar **Propiedades de la impresora** y se verá una pantalla parecida a la siguiente (el número de pestañas y su denominación dependerá del modelo de impresora):

13.5.1 Propiedades generales de la impresora

Se encuentra en la pestaña **General**. En ella se puede indicar la localización en que se encuentra (**Ubicación**), escribir una breve descripción sobre la impresora (**Comentario**), ver información diversa sobre sus características (**Características**), mandar imprimir una página de prueba (**Imprimir página de prueba**) o cambiar las preferencias personales de presentación y otras opciones (**Preferencias de impresión**). Estas últimas opciones dependen de la impresora y pueden ser las siguientes: **orientación del papel**, **imprimir en ambas caras**, **orden de las páginas**, **páginas por hoja**, etc. (se describirán en el apartado **Propiedades avanzadas de la impresora**).

13.5.2 Propiedades de compartir impresora

Al pulsar en la pestaña **Compartir**, se verá la pantalla siguiente:

En ella se puede modificar si la impresora está compartida (**Compartir esta impresora**), el nombre que mostrará (**Recurso compartido**), dónde procesar los trabajos de impresión (**Presentar trabajos de impresión en equipos cliente**).

También se pueden instalar otros controladores adicionales para la impresora (así podrá ser usada por otros usuarios que la necesiten y que utilicen otras versiones de Windows). Para ello, hay que pulsar en **Controladores adicionales**, activar las casillas correspondientes a los entornos que desee y pulsar en **Aceptar**.

13.5.3 Propiedades de los puertos de impresora

Al pulsar en la pestaña **Puertos**, se verá la pantalla siguiente:

En ella se muestran los puertos locales donde pueden estar conectadas las impresoras y se indica las que hay conectadas en cada uno de ellos. Se pueden realizar las siguientes tareas:

▶ Si desea añadir otro, pulsar en **Agregar puerto**, seleccionar el tipo de puerto disponible y pulsar en **Puerto nuevo**. En función del tipo de puerto elegido, se deberá actuar de la manera siguiente:

  • Si se ha seleccionado **Local Port**, se deberá indicar el nombre de puerto local que desee, pulsar en **Aceptar**, y, después, en **Cerrar**.

  • Si se ha seleccionado **Standard TCP/IP Port**, se accederá en un asistente para que se indique la dirección IP que va a darle (seguir los pasos indicados hasta su finalización).

  • Si se desea añadir un nuevo tipo de puerto, pulsar en **Nuevo tipo de puerto** y seguir los pasos indicados.

▶ Si se desea configurar un puerto, hay que situarse sobre el puerto deseado, pulsar en **Configurar puerto** e indicar las características que desee.

▶ Si se desea eliminar alguno de ellos, se seleccionará y se pulsará en **Eliminar puerto** (pedirá confirmación del borrado).

► Al activar la casilla **Habilitar compatibilidad bidireccional**, se podrá utilizar esta característica de impresión, que consiste en que un monitor de lenguaje supervisa la comunicación entre el equipo y la impresora y, después, transfiere el trabajo de impresión al monitor de puerto que controla la entrada y salida a la impresora. Para poder utilizar la compatibilidad bidireccional, la impresora debe admitirla.

► Si se desea que una cola de impresión preste servicio a dos o más impresoras, se activará la casilla **Habilitar agrupación de impresoras**.

13.5.4 Propiedades avanzadas de la impresora

Si se pulsa en la pestaña **Opciones avanzadas**, verá la pantalla siguiente:

En ella se encuentran las siguientes opciones:

► **Siempre disponible**. Si se activa esta casilla, se estará indicando que la impresora va a estar disponible las 24 horas del día.

► **Disponible desde**. Si se activa esta casilla, se deberá indicar desde qué hora hasta qué hora estará disponible.

► **Prioridad**. Indica la prioridad predeterminada de esta impresora. Los documentos con mayor prioridad (99) se imprimirán antes que los de menor prioridad (1).

▼ **Controlador**. Indica el controlador de impresora que se está utilizando. Si se pulsa en el triángulo que hay a la derecha del apartado, se podrá seleccionar otro. En caso de que desee añadir uno nuevo, pulsar en controlador nuevo y se accederá al asistente para agregar controladores de impresora. Seguir los pasos para seleccionar uno nuevo.

▼ **Imprimir usando la cola para que el programa termine más rápido**. Si se activa esta casilla, los trabajos se enviarán a la cola de impresión en lugar de enviarse directamente a la impresora. Cuando esta esté libre, empezará a imprimir el trabajo.

▼ **Iniciar la impresión al entrar la última página en la cola**. Si se activa esta casilla, no empezará la impresión de un trabajo hasta que todo él esté almacenado en la cola de impresión, de esta manera, no se bloqueará la impresora si el ordenador que está preparando el trabajo es más lento que la impresión.

▼ **Empezar directamente en la impresora**. Al activar esta casilla, se empezará a imprimir nada más llegar la primera página a la cola de impresión (si la impresora está disponible).

▼ **Imprimir directamente en la impresora**. Al activar esta casilla, se mandará directamente el trabajo a la impresora. Se utilizará esta opción solo cuando no pueda imprimir utilizando la cola de impresión.

▼ **Dejar pendientes documentos no coincidentes**. Cuando esté activada esta casilla, la cola de impresión comprobará si el trabajo que tiene almacenado coincide con el documento antes de ser enviado. Si no coinciden, el documento quedará retenido pero se imprimirán los siguientes trabajos.

▼ **Imprimir primero los documentos de la cola de impresión**. Al activar esta casilla, se enviarán primero los documentos que estén completos en la cola de impresión, incluso si dichos documentos tienen menor prioridad que los otros.

▼ **Conservar los documentos después de su impresión**. Con esta casilla activada, los documentos no se borrarán de la cola de impresión una vez que hayan sido enviados, así, podrá volver a imprimirlos sin necesidad de hacerlo desde la aplicación.

▼ **Habilitar características de impresión avanzadas**. Al activar esta casilla, se utiliza la cola de impresión por metaarchivos (EMF) y se habilitarán opciones como Orden de páginas, Impresión en folleto, Páginas por hoja, etc., si el modelo de impresora lo permite.

▼ Si pulsa en **Valores de impresión**, verá una pantalla parecida a la siguiente (estará en función del modelo de impresora):

En ella se pueden indicar los valores por defecto que tendrán todas las impresiones que se hagan en esta impresora. Estos valores se pueden modificar para una impresión determinada desde **Preferencias de impresión** de la pestaña **General**.

▼ Si se pulsa en **Procesador de impresión**, se verá una pantalla donde puede indicar el tipo de datos predeterminado que utilizará el procesador de impresión.

▼ Si se pulsa en **Página de separación**, se verá una pantalla donde puede indicar la página de separación que se utilizará al comienzo de cada documento (si se pulsa en **Examinar**, se podrá seleccionar).

13.5.5 Propiedades de administración del color de la impresora

Si se pulsa en la pestaña **Administración del color**, se verá una pantalla desde donde podrá ajustar la configuración del color de la impresora.

13.5.6 Propiedades de seguridad de la impresora

Si se pulsa en la pestaña **Seguridad**, se verá la pantalla siguiente:

En ella se encuentran los nombres de los usuarios, grupos e identidades especiales que tienen permisos sobre el objeto y, debajo, los permisos estándar que posee cada uno de ellos.

Hay tres tipos de permisos estándar de impresora: **Imprimir**, **Administrar esta impresora** y **Administrar documentos**. De manera predeterminada, todos los usuarios tienen concedido el permiso **Imprimir** como miembros del grupo **Todos**.

Además, se encuentra **Permisos especiales**, que señala si se han indicado más permisos que los permisos estándar (son los que se obtienen al pulsar en **Opciones avanzadas** y se describirán posteriormente).

En la tabla siguiente se enumeran las posibles tareas que se pueden realizar con cada uno de los distintos tipos de permiso:

Tareas	Imprimir	Administrar documentos	Administrar esta impresora
Imprimir documentos	X	X	X
Pausar, reanudar, reiniciar y cancelar el documento del usuario	X	X	X
Conectar con una impresora	X	X	X
Controlar la configuración de los trabajos de impresión de todos los documentos		X	X
Pausar, reiniciar y eliminar todos los documentos		X	X
Compartir una impresora			X
Cambiar las propiedades de la impresora			X
Eliminar impresoras			X
Cambiar los permisos de impresora			X

Para trabajar con los permisos estándar sobre las impresoras, debemos seguir los pasos siguientes:

▶ Si se desea modificar los permisos de alguno de ellos, situarse sobre él y se verá que, en la parte inferior, se muestran los permisos que tiene establecidos. Para ello, activar la casilla correspondiente al permiso deseado en la columna **Permitir** (se le concede el permiso) o **Denegar** (se le deniega el permiso).

▶ Si se desea añadir otros usuarios o grupos a la lista de nombres, se deberá pulsar en **Agregar - Opciones avanzadas** y en **Buscar ahora.** Se abrirá una ventana con todos los posibles usuarios, grupos e identidades especiales a los que puede otorgar o denegar permisos.

Si se seleccionan elementos de la lista y se pulsa en **Aceptar** dos veces, se añadirán a los grupos o usuarios que tienen permisos sobre la impresora.

Una vez que estén en la lista, tiene que indicar los permisos que desea conceder o denegar a cada uno de los usuarios que ha añadido.

▶ Si se desea quitar algún usuario o grupo, se deberá situarse sobre él, pulsar en **Quitar** (no pedirá ninguna confirmación) y se verá cómo se elimina de la lista.

Para trabajar con los permisos especiales sobre las impresoras, hay que seguir los pasos siguientes:

▶ Pulsar en **Opciones avanzadas** y se verá una pantalla parecida a la siguiente:

En ella se encuentran los nombres de los usuarios, grupos e identidades especiales que tienen permisos especiales sobre la impresora, junto con una descripción de los permisos y dónde se aplican.

▶ Si desea modificar los permisos de alguno de ellos, se deberá situarse sobre él, pulsar en **Editar** y verá una pantalla parecida a la siguiente:

Se debe fijar en que muestra los permisos especiales que tiene establecidos el usuario o grupo seleccionado, si se pulsa sobre **Mostrar permisos avanzados**.

Puede modificar los permisos que se desee, utilizando el desplegable **Tipo** y marcando o desmarcando los permisos.

▶ Si desea añadir otros usuarios o grupos a la lista de nombres, pulsar en **Agregar**. Se abrirá una ventana para realizar la búsqueda de usuarios, grupos o identidades.

▶ Si desea quitar algún usuario o grupo, se debe situarse sobre él, pulsar en **Quitar** (no pedirá ninguna confirmación) y se eliminará de la lista.

▶ Cuando se haya finalizado, pulsar en **Aceptar**.

13.5.7 Propiedades de configuración de dispositivo

Si se pulsa en la pestaña **Configuración de dispositivo**, se verá una pantalla en la que se encuentran las posibles opciones que hay disponibles para modificar su configuración.

Cuando haya acabado de hacer las modificaciones necesarias, pulsar en **Aceptar** o **Aplicar** y saldrá de la pantalla de **Propiedades**.

13.6 PREFERENCIAS DE IMPRESIÓN POR USUARIO

Aunque las aplicaciones imprimen con unos valores predeterminados establecidos en la impresora por el administrador o los operadores con permisos suficientes, los usuarios pueden modificarlos si lo desean para sus documentos (deberán disponer del permiso **Imprimir**). Para ello, hay que seguir los pasos siguientes:

▼ Seleccionar **Dispositivos e impresoras**.

▼ Seleccionar la impresora a configurar y desde su menú contextual, seleccionar **Preferencias de impresión** y se verá la pantalla correspondiente (es la misma que se muestra en valores de impresión del apartado **Propiedades avanzadas de la impresora**).

▼ Cuando se haya acabado de hacer las modificaciones que se considere convenientes, pulsar en **Aceptar**.

Hay que tener en cuenta que las modificaciones se aplican a todos los documentos que se impriman en la impresora por dicho usuario. Si se desea realizar una modificación para un documento, se deberá hacer desde **Configurar página** o **Configurar impresión** del programa que se esté utilizando.

13.7 DOCUMENTOS EN LA COLA DE IMPRESIÓN

Cuando los usuarios imprimen sus trabajos, si la impresora se encuentra ocupada, se almacenarán en la cola de impresión en espera de que puedan ser enviados a la impresora.

Dichos documentos pueden ser administrados por los propios dueños de los trabajos y por los usuarios que tengan permiso de administrar documentos, tanto desde el servidor de impresión como desde cualquier equipo de la red que tenga instalada dicha impresora.

Para poder administrar unos documentos enviados a una impresora y que se encuentran a la espera de imprimirse, se deberán seguir los pasos siguientes:

▼ Seleccionar ver **Dispositivos e impresoras** del **Panel de control**.

▼ Pulsar dos veces el botón izquierdo del ratón sobre la impresora que se quiere administrar y se verá una pantalla parecida a la siguiente:

En dicha pantalla se muestra la siguiente información de los documentos que se van a imprimir: **Nombre del documento**, **Estado** en que se encuentra el documento, **Propietario**, **Páginas** que tiene, **Tamaño** que ocupa, la fecha y la hora en que fue **Enviado** y el **Puerto** por donde se imprimirá.

Se pueden realizar las siguientes operaciones:

- **Parar temporalmente la impresión de todos los documentos**. Si se abre el menú **Impresora** y se selecciona **Pausar la impresión** (estando esta opción sin marcar), dejarán de imprimirse todos los documentos.

- **Reiniciar la impresión**. Si se abre el menú **Impresora** y se selecciona **Pausar la impresión** (estando esta opción marcada), se volverán a imprimir los documentos.

- **Parar la impresión de un documento**. Si se elige un documento, se abre el menú **Documento** y se selecciona **Pausa**, este dejará de imprimirse.

- **Reanudar la impresión de un documento**. Si se elige un documento, se abre el menú **Documento** y se selecciona **Reanudar**, este volverá a imprimirse desde la página en que hizo la pausa. Si hay otro documento imprimiéndose, se acabará de imprimir antes de reanudar la impresión.

- **Reiniciar la impresión de un documento**. Si se elige un documento, se abre el menú **Documento** y se selecciona **Reiniciar**, este volverá a imprimirse desde la primera página. Si hay otro documento que se esté imprimiendo, se acabará de imprimir antes de reiniciar la impresión.

- **Cancelar un documento**. Si se elige un documento o varios, se abre el menú **Documento** y se selecciona **Cancelar**, los documentos seleccionados se eliminarán de la cola de impresión.

- **Cancelar todos los documentos**. Si se abre el menú **Impresora** y se selecciona **Cancelar** todos los documentos, se eliminarán todos los documentos de la cola de impresión.

- **Ver y modificar las propiedades de un documento**. Si se elige un documento, se pulsa el botón derecho del ratón para ver su menú contextual y se elige **Propiedades**, se verá una pantalla parecida a la siguiente referida al documento que se encuentra en la cola de impresión:

En ella podrá indicar a qué usuario se enviará una notificación cuando se imprima el trabajo, la prioridad que se desea dar (a mayor prioridad, antes se imprimirá) y el momento en que se imprimirá (sin restricción de tiempo o en un intervalo de tiempo que deberá especificar).

El resto de pestañas son las mismas que las de valores predeterminados de impresión del apartado **Propiedades avanzadas de la impresora**, y no se pueden modificar.

▶ Cuando haya terminado, pulsar en **Aceptar**.

14

....

LA SEGURIDAD

14.1 PERMISOS NTFS ESTÁNDAR

Cuando se establecen los permisos sobre un directorio se define el acceso de un usuario o de un grupo a dicho directorio y sus archivos.

Estos permisos solo puede establecerlos y cambiarlos el propietario o aquel usuario que haya recibido el permiso del propietario.

Una vez establecidos los permisos, afectarán a los archivos y subdirectorios que dependan de él, tanto los que se creen posteriormente como los que ya existían previamente; este hecho se denomina herencia. Si no desea que se hereden, deberá indicarse expresamente cuando se establezcan los permisos.

Existen tres modos de realizar cambios en los permisos heredados:

▸ Realizar los cambios en la carpeta principal y entonces la carpeta secundaria heredará estos permisos.

▸ Seleccionar el permiso contrario (**Permitir** o **Denegar**) para sustituir al permiso heredado.

▸ Desactivar la casilla de verificación **Incluir todos los permisos heredables del objeto primario de este objeto**. De esta manera, podrá realizar cambios en los permisos, ya que la carpeta no heredará los permisos de la carpeta principal.

Los permisos NTFS estándar para directorios que se pueden conceder o denegar son:

- ▼ **Control total**. Es el máximo nivel y comprende poder realizar todas las acciones, tanto de archivos como de directorios.

- ▼ **Modificar**. Comprende todos los permisos, menos eliminar archivos y subdirectorios, cambiar permisos y tomar posesión.

- ▼ **Lectura y ejecución**. Comprende la visualización de los nombres de los archivos y subdirectorios, de los datos de los archivos, de los atributos y permisos y la ejecución de programas.

- ▼ **Mostrar el contenido de la carpeta**. Comprende los mismos permisos que **Lectura y ejecución** pero aplicables solo a las carpetas.

- ▼ **Lectura**. Comprende ver los nombres de los archivos y directorios, ver los datos de los archivos, así como ver los atributos y permisos.

- ▼ **Escritura**. Comprende crear archivos y subdirectorios, añadir datos a los archivos, modificar los atributos y leer los permisos.

- ▼ **Permisos especiales**. Se activa cuando se indican permisos más concretos (se indicará cómo hacerlo posteriormente).

Estos permisos son acumulables pero denegar el permiso **Control total** elimina todos los demás.

> ⓘ **NOTA**
> Los permisos NTFS estándar para los archivos son muy similares a los de los directorios.

14.1.1 Cómo establecer los permisos NTFS estándar

Para establecer los permisos NTFS estándar, se deberán seguir los pasos siguientes:

▼ Desde el **Explorador de archivos** seleccionar el directorio o archivo que se desee (en el ejemplo, se seleccionará el directorio Baralla), se mostrará su menú contextual, seleccionar **Propiedades**, después **Seguridad** y se verá la pantalla siguiente:

▼ En ella se encuentran los nombres de los usuarios, grupos e identidades especiales que tienen permisos sobre dicha carpeta o archivo y, debajo, los permisos estándar que posee cada uno de ellos.

▼ Si se desea consultar los permisos de alguno de ellos, hay que situarse sobre él y se verá que, en la parte inferior, se muestran los permisos que tiene establecidos. Si hay marcas grises, corresponden a permisos heredados.

▼ Si se desea modificar los permisos de alguno de ellos, pulsar en **Editar**, sitúese sobre él y se verá que, en la parte inferior, se muestran los permisos que tiene establecidos. Si hay casillas grises, corresponden a permisos heredados. Activar la casilla correspondiente al permiso deseado en la columna **Permitir** (se le concede el permiso), o **Denegar** (se le deniega el permiso).

▼ Si desea añadir otros usuarios o grupos a la lista de nombres, pulsar en **Editar - Agregar**, en **Opciones avanzadas** y, finalmente, en **Buscar ahora**. Se abrirá una ventana con todos los posibles usuarios, grupos e identidades especiales a los que puede otorgar o denegar permisos.

▼ Si se seleccionan elementos de la lista, hay que pulsar en **Aceptar** y se
volverá a pulsar en **Aceptar**, se añadirán a los grupos o usuarios que
tienen permisos sobre la carpeta o archivo. Una vez que estén en la lista,
hay que indicar los permisos que desea conceder o denegar a cada uno de
los usuarios que ha añadido.

▼ Si se desea quitar algún usuario o grupo, situarse sobre él y pulsar en
Quitar.

▼ Pulse en **Aceptar** hasta volver a la pantalla principal de la utilidad.

14.2 PERMISOS NTFS ESPECIALES

Generalmente, todo lo que se necesitará para proteger los directorios y los
archivos son los permisos NTFS estándar que se han descrito anteriormente. Sin
embargo, si lo que se desea crear es un sistema personalizado de permisos, se puede
utilizar los permisos NTFS especiales.

Se puede establecer permisos NTFS especiales para directorios, para todos
los archivos de los directorios seleccionados o para los archivos seleccionados; los
no seleccionados mantendrán sus actuales permisos.

Estos permisos solo puede establecerlos y cambiarlos el propietario o aquel
usuario que haya recibido el permiso del propietario.

Los permisos NTFS especiales para directorios y archivos son:

▼ **Control total**. Es el máximo nivel y permite realizar todas las acciones
tanto con archivos como con directorios.

▼ **Recorrer carpeta/ejecutar archivo**. El permiso **Recorrer carpeta**, que
solo afecta a los directorios, permite el desplazamiento por las carpetas
para llegar a otros archivos o carpetas, incluso si el usuario no tiene
permisos para las carpetas recorridas. Solo entra en vigor cuando el grupo o
usuario no tiene otorgado el derecho de usuario **Omitir la comprobación
de recorrido** en la directiva de seguridad. El permiso **Ejecutar archivo**
permite la ejecución de archivos de programa (únicamente afecta a los
archivos) y al configurar el permiso **Recorrer carpeta** en un directorio
no se define de manera automática el permiso **Ejecutar archivo** en todos
los archivos de esa carpeta.

- ▼ **Mostrar carpeta/leer datos**. El permiso **Mostrar carpeta** solo afecta a los directorios y permite ver los nombres de los archivos y subdirectorios de la carpeta. El permiso **Leer datos** permite ver los datos de los archivos y únicamente afecta a los archivos.

- ▼ **Leer atributos**. Permite ver los atributos normales de un archivo o directorio.

- ▼ **Leer atributos extendidos**. Permite ver los atributos extendidos de un archivo o directorio; estos atributos se definen mediante programas y pueden variar según el programa.

- ▼ **Crear archivos/escribir datos**. El permiso **Crear archivos** solo afecta a los directorios y permite la creación de archivos dentro de la carpeta. El permiso **Escribir datos**, que únicamente afecta a los archivos, permite los cambios en los archivos y la sobrescrita de su contenido.

- ▼ **Crear carpetas/anexar datos**. El permiso **Crear carpetas** solo afecta a los directorios y permite la creación de subdirectorios dentro de la carpeta. El permiso **Anexar datos** únicamente afecta a los archivos y permite el añadido de contenido al final del archivo pero no el cambio, eliminación ni sobrescritura de los datos existentes.

- ▼ **Escribir atributos**. Permite el cambio de los atributos normales de un archivo o directorio.

- ▼ **Escribir atributos extendidos**. Permite el cambio de los atributos extendidos de un archivo o directorio; estos atributos se definen mediante programas y pueden variar según el programa.

- ▼ **Eliminar subcarpetas y archivos**. Permite la eliminación de subdirectorios y archivos de una carpeta.

- ▼ **Eliminar**. Permite la supresión del archivo o directorio.

- ▼ **Permisos de lectura**. Permite ver los permisos del archivo o directorio.

- ▼ **Cambiar permisos**. Permite el cambio de los permisos del archivo o directorio.

▼ **Tomar posesión**. Permite la toma de posesión del archivo o directorio. El propietario de un archivo o carpeta siempre puede cambiar los permisos de la misma, independientemente de los permisos existentes que protejan al archivo o carpeta.

14.2.1 Cómo establecer los permisos NTFS especiales

Para establecer los permisos NTFS especiales de archivo o directorio, se deben seguir los pasos siguientes:

▼ Desde el **Explorador de archivos** seleccionar el directorio o archivo que se desee (en el ejemplo, se seleccionará el directorio Baralla, pero el proceso a seguir es similar para un archivo), mostrar su menú contextual, seleccionar **Propiedades**, después **Seguridad** y se verá la pantalla de propiedades del directorio.

▼ Pulsar en **Opciones avanzadas** y se verá una pantalla en donde se encuentran los nombres de los usuarios, grupos e identidades especiales que tienen permisos sobre dicho directorio o archivo junto con una descripción de los permisos y dónde se aplican.

▼ Para poder modificar los permisos establecidos, hay que seleccionar un usuario y pulsar en **Editar**, se verá una pantalla parecida a la siguiente:

▼ Como se ve, muestra los permisos básicos y especiales que tiene establecidos el usuario o grupo seleccionado (se puede alternar entre ambos pulsando sobre la opción situada a la derecha de la pantalla). Si hay casillas grises, corresponden a permisos heredados.

Se podrán modificar los permisos que se desee. Para ello, se activará la opción correspondiente al tipo permiso deseado en el campo **Tipo**, y seguidamente se deberá marcar o desmarcar el permiso en la zona inferior, donde se encuentran todos los permisos.

Hay que indicar, en el apartado **Aplicar a**, el ámbito de los permisos que está indicando; se puede modificar el ámbito si pulsa en el triángulo que hay a la derecha del apartado, desplegando las opciones disponibles.

Si se activa la casilla **Aplicar estos permisos solo a objetos y/o contenedores dentro de este contenedor**, se evitará que los archivos y subcarpetas secundarias hereden estos permisos. Cuando haya finalizado, pulse en aceptar y volverá a la pantalla anterior.

▶ Si se desea añadir otros usuarios o grupos a la lista de nombres, hay que pulsar en **Agregar**, en **Seleccionar una entidad de seguridad**, **Opciones avanzadas** y en **Buscar ahora**. Se abrirá una ventana con todos los posibles usuarios, grupos e identidades especiales a los que se puede otorgar o denegar permisos.

▶ Si desea quitar algún usuario o grupo, se deberá situar sobre él, pulsar en **Quitar**.

▶ Si se desea que los permisos de la carpeta principal no se hereden a esta carpeta secundaria (hay que fijarse en que hay casillas de permisos que pueden estar en gris porque son permisos heredados), pulsar sobre **Deshabilitar herencia** y mostrará la pantalla siguiente:

- Si se pulsa en la primera opción, los permisos heredados se convertirán en permisos explícitos del objeto.

- Si se pulsa en la opción de **Quitar todos los permisos**..., el objeto no heredará los permisos del objeto principal y podrán añadirse nuevos permisos.

▶ Si se desea que los permisos indicados para esta carpeta se hereden a todos los subdirectorios secundarios, hay que activar la casilla **Reemplazar todos las entradas de permisos de objetos secundarios por permisos heredables de este objeto**, y pulsar en **Aplicar**, se mostrará una pantalla que indica que se eliminarán los permisos explícitos indicados en los subdirectorios y archivos que cuelgan de este directorio. Validar para finalizar el proceso.

14.3 PROPIETARIO DE UN DIRECTORIO, ARCHIVO U OBJETO

Cuando un usuario crea un directorio, un archivo o un objeto, se convierte automáticamente en su propietario (también durante el proceso de instalación se adjudicaron propietarios a todos los directorios y archivos que se crearon).

Un propietario puede asignar permisos a sus directorios, archivos u objetos aunque no puede transferir su propiedad a otros usuarios. Se puede conceder el permiso tomar posesión, que permitirá, a los usuarios a los que se les conceda, tomar posesión en cualquier momento.

También pueden tomar posesión los administradores pero no pueden transferirla a otros usuarios. De esta manera, un administrador que tome posesión y cambie los permisos podrá acceder a los archivos para los que no tienen concedido ningún permiso.

Para ver quién ha infringido los permisos asignados, se puede comprobar la información de posesión, auditoría.

14.3.1 Cómo establecer el permiso de toma de posesión

Aunque es un permiso especial y se actúa como se ha indicado en el apartado anterior, como tiene consideraciones especiales, se indica expresamente cómo hacerlo. Para conceder el permiso de toma de posesión, hay que seguir los pasos siguientes:

▼ Desde el **Explorador de archivos** seleccionar el directorio o archivo que se desee. Mostrar su menú contextual, seleccionar **Propiedades**, pulsar en la pestaña **Seguridad** y, después, en **Opciones avanzadas**.

▼ Seleccionar el usuario o grupo que va a tomar posesión y pulsar en **Editar**. Mostar los permisos avanzados y seleccionar **Tomar posesión**.

▼ Pulsar en **Aceptar** hasta salir de la pantalla de Configuración de seguridad avanzada del directorio. Volver a pulsar en **Aceptar** para salir de la pantalla de propiedades y cerrar la utilidad.

14.3.2 Cómo tomar posesión

Una vez que se ha establecido el permiso de tomar posesión, cualquier grupo o usuario que tenga concedido dicho permiso podrá tomar posesión de dicho directorio, archivo u objeto. Para ello, se deben seguir los pasos siguientes:

▼ Desde el **Explorador de archivos** seleccionar el directorio o archivo. Mostrar su menú contextual, seleccionar **Propiedades**, pulsar en la pestaña **Seguridad**, pulsar en **Opciones avanzadas** y pulsar la opción **Cambiar**, en **Propietario**, mostrando la siguiente pantalla:

▼ Pulsar en **Opciones avanzadas** y, después, en **Buscar ahora**. Se abrirá una ventana con todos los posibles usuarios, grupos e identidades especiales. Si se seleccionan elementos de la lista, pulsar en Aceptar.

▼ Si activa la casilla **Reemplazar propietario en subcontenedores y objetos**, se reemplazará el propietario en todos los objetos y subcarpetas que cuelgan de esta carpeta. Cuando se haya finalizado, pulsar en **Aceptar** hasta volver a la pantalla principal de la utilidad.

14.4 ATRIBUTOS DE ARCHIVOS Y DIRECTORIOS

Definir los atributos no es lo mismo que asignar permisos a un archivo o un directorio, porque los atributos de un archivo o de un directorio son los mismos para todos los usuarios o grupos, mientras que los permisos para un archivo o un directorio pueden ser distintos para cada usuario o grupo.

Los atributos normales que se pueden definir son:

- **Solo lectura**. Impide que se pueda sobrescribir o eliminar accidentalmente.
- **Oculto**. Impide que se visualice al listar y, por tanto, no se puede copiar ni suprimir a no ser que se conozca su nombre.

Los atributos avanzados que se pueden definir son:

- **Carpeta lista para archivarse** (Archivo listo para archivarse si es un archivo). Indica si el archivo o carpeta se debe guardar cuando se realice una copia de seguridad. Por defecto no está activado pero en cuanto se haga una modificación de los permisos se activará automáticamente.
- **Permitir que los archivos de esta carpeta...** (Permitir que este archivo tenga... si es un archivo). Indica que el archivo o carpeta se indexará para realizar una búsqueda rápida de texto en su contenido, propiedades o atributos. Por defecto está activado ya que es heredable desde el directorio raíz.
- **Comprimir contenido para ahorrar espacio en disco**. Indica que el archivo o carpeta se comprimirá automáticamente para ahorrar espacio en disco.
- **Cifrar contenido para proteger datos**. Indica que el archivo o carpeta se cifrará para evitar que su contenido pueda ser visto por otro usuario.

14.5 ESTABLECER UN ATRIBUTO

Para establecer un atributo de un directorio o archivo, se debe seguir los pasos siguientes:

▼ Acceder al **Explorador de archivos** y seleccionar el directorio o archivo, mostrando su menú contextual, seleccionar **Propiedades**.

▼ Activar la casilla del atributo que se desee (**Solo lectura** y **Oculto**) y pulsar en **Aceptar** para volver a la pantalla principal de la utilidad.

14.6 ESTABLECER LA COMPRESIÓN DE ARCHIVOS Y DIRECTORIOS

La compresión permite reducir el espacio que los archivos y/o directorios ocupan en el disco duro.

Puede haber dos tipos de compresión:

▼ **Compresión de carpetas**. Consiste en generar un fichero ZIP de directorios o archivos. Para realizarlo, hay que seleccionar la opción carpeta comprimida (en ZIP) de la opción **Enviar a** del menú contextual de los archivos o directorios.

▼ **Compresión NTFS**. Con este tipo únicamente se pueden comprimir archivos y directorios en unidades formateadas para que sean utilizadas por el sistema NTFS. Es la que se va a desarrollar en este apartado.

Si se mueve o copia un archivo en una carpeta comprimida, se comprime automáticamente.

Si se mueve un archivo de una unidad NTFS distinta a una carpeta comprimida, también se comprime automáticamente. Sin embargo, si se mueve un archivo de la misma unidad NTFS a una carpeta comprimida, el archivo conserva su estado original, comprimido o sin comprimir.

No se pueden cifrar los directorios ni los archivos que estén comprimidos.

Para comprimir el contenido de un directorio o un archivo con la compresión NTFS, debemos seguir los pasos siguientes:

• Acceder al **Explorador de archivos** y seleccionar el directorio o archivo mostrando su menú contextual, seleccionar **Propiedades** y pulsar en **Opciones avanzadas**.

• Activar la casilla **Comprimir contenido para ahorrar espacio en disco** y pulsar en **Aceptar** para volver a la pantalla de propiedades. Volver a pulsar en **Aceptar** y, si está estableciendo el atributo a un directorio que tiene subdirectorios o archivos, se mostrará una nueva pantalla para que se indique si se desea que los cambios que ha realizado en los atributos se apliquen solo a dicha carpeta o también a todas sus subcarpetas y archivos.

● Indicar lo que se desee y pulsar en **Aceptar** y se volverá a la pantalla principal de la utilidad. Hay que fijarse en que el directorio o archivo comprimido está escrito en un color distinto (azul). Cuando se desee, cerrar la utilidad.

14.7 ESTABLECER EL CIFRADO DE ARCHIVOS Y DIRECTORIOS

El Sistema de archivos de cifrado (EFS) permite a los usuarios almacenar sus datos en el disco de forma cifrada.

El **Cifrado** es el proceso de conversión de los datos a un formato que no puede ser leído por otro usuario. Cuando un usuario cifra un archivo, este permanece automáticamente cifrado mientras esté almacenado en disco.

El **Descifrado** es el proceso de reconversión de los datos de un formato cifrado a su formato original. Cuando un usuario descifra un archivo, este permanece descifrado mientras esté almacenado en un disco.

Los agentes de recuperación designados pueden recuperar datos cifrados por otro usuario. De esta forma, se asegura la accesibilidad a los datos si el usuario que los cifró ya no está disponible o ha perdido su clave privada.

Solo se pueden cifrar archivos y directorios en volúmenes de unidades formateadas para ser utilizadas por el sistema NTFS.

Los archivos cifrados se pueden descifrar si se copian o mueven a una unidad que no esté formateada para ser utilizada por el sistema NTFS.

No se pueden cifrar las carpetas ni los archivos que estén comprimidos ni los archivos del sistema.

Al mover archivos descifrados a una carpeta cifrada, automáticamente se cifrarán en la nueva carpeta; sin embargo, la operación inversa no se hará automáticamente y se deberá realizar explícitamente el descifrado.

Cuando se cifra un directorio, el sistema preguntará si se desea que se cifren también todos los archivos y subcarpetas de dicho directorio. Si se decide hacerlo, se cifrarán todos los archivos y subcarpetas que se encuentren en dicha carpeta, así como los archivos y subcarpetas que se agreguen posteriormente a ella. Si se cifra solo la carpeta, no se cifrarán los archivos ni las subcarpetas que contenga pero se cifrarán todos los archivos y subcarpetas que se agreguen posteriormente a ella.

Cuando se cifra un archivo, el sistema preguntará si se desea que se cifre también el directorio que lo contiene. Si decide hacerlo así, se cifrarán todos los archivos y subcarpetas que se agreguen posteriormente a la carpeta.

Para cifrar el contenido de un directorio o un archivo, siga los pasos siguientes:

▼ Acceder al **Explorador de archivos** y seleccionar el directorio o archivo mostrando su menú contextual, seleccionar **Propiedades** y pulsar en **Opciones avanzadas.**

▼ Activar la casilla **Cifrar contenido para proteger datos** y pulsar en **Aceptar** para volver a la pantalla de propiedades.

▼ Si se está estableciendo el atributo a un directorio que tiene subdirectorios o archivos, se mostrará una nueva pantalla para que se indique si se desea que los cambios que ha realizado en los atributos se apliquen solo a dicha carpeta o también a sus subcarpetas y archivos. Si está estableciendo este atributo a un archivo pero la carpeta donde se encuentra no está cifrada, se mostrará una nueva pantalla para que indique si desea que los cambios que ha realizado en los atributos se apliquen solo al archivo o también a la carpeta en donde se encuentra.

▼ Indicar lo que se desee y pulsar en **Aceptar** y se volverá a la pantalla principal de la utilidad. Hay que fijarse en que el directorio o archivo cifrado está escrito en un color distinto (verde). Cuando se desee, cerrar la utilidad.

14.8 BITLOCKER

BitLocker permite cifrar una unidad completa ayudando a proteger los datos de los usuarios ante amenazas como el acceso de hackers al sistema, ya que necesitarían la contraseña para poder acceder a ellos. También es útil si la unidad física es sustraída e instalada en otro equipo, con la intención de robar la información.

Para activar BitLocker, se accederá al **Panel de control** y se pulsará en **Cifrado de unidad BitLocker**.

Ventana principal del Panel de control

Cifrado de unidad BitLocker

Proteja sus archivos y carpetas del acceso no autorizado protegiendo sus unidades con BitLocker.

Unidad de sistema operativo

C: BitLocker desactivado

Activar BitLocker

Unidades de datos fijas

Nuevo vol (E:) BitLocker desactivado

Nuevo vol (F:) BitLocker desactivado

Para comenzar el proceso se pulsará en **Activar BitLocker**, mostrando la siguiente ventana:

Elija cómo desea desbloquear la unidad

☐ Usar una contraseña para desbloquear la unidad

Las contraseñas deben contener mayúsculas y minúsculas, números, espacios y símbolos.

Escribir la contraseña

Vuelva a escribir la contraseña

☐ Usar la tarjeta inteligente para desbloquear la unidad

Deberá insertar la tarjeta inteligente. El PIN de la tarjeta inteligente será necesario cuando desbloquee la unidad.

Se deberá seleccionar el método para desbloquear la unidad. En el ejemplo, se seleccionará el desbloqueo mediante contraseña, por lo que se deberá indicar en el apartado correspondiente y se pulsará en **Siguiente**, mostrando la siguiente ventana:

¿Cómo desea realizar la copia de seguridad de la clave de recuperación?

Si olvida la contraseña o pierde la tarjeta inteligente, puede usar la clave de recuperación para acceder a la unidad.

→ Guardar en la cuenta Microsoft

→ Guardar en una unidad flash USB

→ Guardar en un archivo

→ Imprimir la clave de recuperación

En ella se deberá indicar como se va a realizar la copia de seguridad de la clave. En el caso del ejemplo que se sigue, la clave se va a imprimir. El resultado es el siguiente:

Clave de recuperación de Cifrado de unidad BitLocker

Para comprobar que esta es la clave de recuperación correcta, compare el comienzo del siguiente identificador con el valor de identificador que se muestra en su equipo.

Identificador:

DF9DC4F2-56F7-424A-A195-4EE90D86856F

Si el identificador anterior coincide con el que se muestra en su equipo, use la siguiente clave para desbloquear la unidad.

Clave de recuperación:

412478-001243-386034-525173-024717-409475-461010-639914

Si el identificador anterior no coincide con el que se muestra en su equipo, esta no es la clave correcta para desbloquear la unidad.
Intente con otra clave de recuperación o visite
http://go.microsoft.com/fwlink/?LinkID=260589 para obtener ayuda.

Se pulsará en **Siguiente** para continuar el proceso, mostrando la siguiente ventana donde se indicará qué cantidad de la unidad se desea cifrar.

Elegir qué cantidad de la unidad desea cifrar

Si está instalando BitLocker en una unidad nueva o un equipo nuevo, solo es necesario cifrar la parte de la unidad que se está usando actualmente. BitLocker cifrará los datos nuevos automáticamente conforme los agregue.

Si están instalando BitLocker en un equipo o una unidad que ya se está usando, entonces cifre la unidad completa. Al cifrar la unidad completa, se asegura de que todos los datos están protegidos, incluso datos que haya podido eliminar pero que aún puedan contener información recuperable.

◉ Cifrar solo el espacio en disco utilizado (mejor y más rápido para unidades y equipos nuevos)
○ Cifrar la unidad entera (más lento, pero mejor para unidades y PCs que ya se encuentran en uso)

Seguidamente, comenzará el cifrado.

Una vez finalizado, si se accede a la ventana **Cifrado de unidad BitLocker**, se podrá comprobar cómo está activado BitLocker para esa unidad y se tiene acceso a nuevas opciones de administración, como, por ejemplo, realizar una copia de la clave, cambiar o quitar la contraseña o desactivar BitLocker.

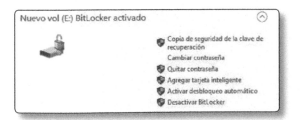

Cuando un usuario intente acceder a la unidad, el sistema mostrará una ventana parecida a la siguiente, solicitando la contraseña o, en su defecto, solicitando la clave de recuperación.

BitLocker (E:)

Escriba la contraseña para desbloquear esta unidad.

Menos opciones

Escribir clave de recuperación

Desbloquear

15

COPIA DE SEGURIDAD Y RECUPERACIÓN DEL SISTEMA

Las copias de seguridad permiten al usuario salvar los datos del ordenador y recuperarlos ante un problema que pudiera ocurrir.

Este proceso se recomienda realizarlo a menudo para tener una copia de respaldo de los datos e, incluso, cada vez que se instale un nuevo controlador o dispositivo, ante un posible conflicto en el equipo.

Con esta herramienta, el usuario podrá programar la copia de los datos, realizar la copia en una unidad de disco externa, como otro disco duro o DVD, e, incluso, a través de la red. El proceso permitirá realizar copias tanto de grupos de ficheros como de unidades completas.

15.1 COPIA DE SEGURIDAD

Para realizar una copia de seguridad debe seguir los siguientes pasos:

▶ Desde el **Panel de control**, pulsar en **Sistemas y seguridad**. Seguidamente pulsar sobre **Historial de archivos**. Verá la siguiente ventana:

▼ Para realizar una copia, el primer paso será seleccionar el destino de la copia de seguridad. Para ello, se pulsará sobre **Seleccionar unidad**.

▼ Se deberá seleccionar una de las unidades disponibles o, en su defecto, una unidad de red. Para ello, se pulsará en **Agregar ubicación de red**.

▼ Se pueden excluir carpetas en el proceso de copia de seguridad. Para ello, se deberá pulsar en **Excluir carpetas**.

En esta ventana se deberá pulsar sobre **Agregar** para incluir nuevas carpetas a excluir en el proceso de copia, o sobre **Quitar**, si se desea añadir de nuevo la carpeta al proceso de copia. Para finalizar se pulsará en **Guardar cambios**.

▼ Para realizar la configuración del proceso, se deberá pulsar sobre **Configuración avanzada**, mostrando la siguiente ventana:

En el apartado **Versiones**, se podrá determinar cada cuánto se va a ejecutar el proceso de copia y cuánto tiempo se van a mantener las versiones anteriores de la copia de seguridad.

Si se pulsa en **Limpiar versiones**, se eliminarán las copias realizadas con anterioridad. Para ello se deberán desplegar las opciones disponibles en eliminar archivos y pulsar en **Limpieza**.

▼ Una vez configurados todos los parámetros, se pulsará en **Activar** y el proceso de copia de seguridad quedará activo.

▼ El sistema podrá mostrar un aviso indicando si se desea recomendar esta unidad a otros miembros del grupo Hogar, siempre que anteriormente en **Configuración avanzada** no se activó la recomendación al grupo Hogar.

15.2 RESTAURAR COPIA DE SEGURIDAD

El usuario podrá restaurar archivos concretos, grupos de archivos o todos los archivos de una copia de seguridad. También podrá restaurar el sistema completo, devolviéndolo al estado que tenía cuando se realizó la copia de seguridad.

Para realizar este proceso, hay que seguir los pasos siguientes:

▶ Desde el **Panel de control**, pulsar en **Sistemas y seguridad**. Seguidamente pulsar sobre **Historial de archivos**.

▶ Seguidamente, se pulsará en la opción **Restaurar archivos temporales**, situada a la izquierda de la ventana. Al realizarlo, el sistema mostrará una ventana parecida a la siguiente:

La ventana se divide en tres partes.

- La primera de ellas, situada en la parte superior, muestra la fecha en la que se realizó la copia de seguridad seleccionada.

- La parte central de la ventana muestra los archivos y carpetas que se incluyen dentro de la copia de seguridad.

    Si se desea recuperar un archivo que estaba ubicado dentro de una carpeta, bastará con pulsar dos veces sobre la carpeta en cuestión para acceder a su contenido.

- Por último, en la parte inferior se encuentra la barra de acciones. Utilizando los botones con forma de flechas podrá ir moviéndose entre las distintas copias de seguridad disponibles. El botón central iniciará el proceso de recuperación de datos.

Para realizar la recuperación de datos, en primer lugar se deberá seleccionar la copia deseada.Seguidamente se irán seleccionando los archivos o carpetas que se desea recuperar. Se podrán hacer selecciones múltiples dejando pulsadas las teclas [**Ctrl**] o [**Mayus**] mientras se seleccionan los objetos a recuperar.

▸ Una vez seleccionados, se pulsará en el botón **Restaurar en ubicación original**.

▸ Una vez finalizada la recuperación, el sistema abrirá el Explorador de archivos en la ubicación destino.

15.3 RECUPERACIÓN DEL SISTEMA

En el epígrafe anterior se ha explicado el procedimiento para realizar una copia de seguridad de los datos y cómo recuperarlos.

Windows 10, al igual que sus predecesores, incluye nuevas herramientas para trata de facilitar al usuario todo lo posible la recuperación del sistema, evitando graves contratiempos, como ocurría en versiones antiguas del sistema.

Por este motivo, incorpora algunas herramientas que solventarán casi cualquier circunstancia que provoque que el usuario no pueda trabajar adecuadamente.

15.3.1 Imagen del sistema

En ocasiones, el sistema puede estar corrupto y dejar de funcionar correctamente, ya sea por algún error interno, por alguna aplicación instalada, virus, etc. En este caso, es posible recuperar todo el sistema y dejarlo tal cual estaba en el momento de realizarse la copia.

Para realizar la copia del sistema se seguirán los siguientes pasos:

Desde el **Panel de control**, pulsar en **Sistemas y seguridad**. Seguidamente, pulsar sobre **Historial de archivos.**

Después, se pulsará en la opción **Copia de seguridad de imagen del sistema**, mostrando la siguiente ventana:

Desde esta ventana se tendrá acceso a varias herramientas muy interesantes.

▸ Permitirá al usuario **Crear una imagen de sistema**, pudiendo ser utilizada para recuperar el sistema en caso de algún error grave.

Para ello, se pulsará sobre la opción **Crear una imagen de sistema**. El sistema mostrará una ventana donde se deberá seleccionar el destino de la imagen.

Una vez seleccionado, se pulsará en **Siguiente** y, si el sistema tiene alguna unidad más de las que utiliza el propio sistema operativo, mostrará la siguiente ventana donde se deberán seleccionar las unidades a incluir en la imagen:

¿Qué unidades desea incluir en la copia de seguridad?

Las unidades necesarias para ejecutar Windows se incluirán de forma predeterminada. No se puede incluir la unidad en la que se esté guardando la copia de seguridad.

Las copias de seguridad se guardarán en Nuevo vol (F:).

Unidad	Tamaño total	Espacio usado
Reservado para el sistema (Sistema)	500,00 MB	331,91 MB
(C:) (Sistema)	21,74 GB	10,03 GB
Nuevo vol (E:)	9,77 GB	41,06 MB

Espacio necesario para guardar una copia de seguridad de las unidades seleccionadas: 10,36 GB

Espacio disponible en Nuevo vol (F:):   31,92 GB

Una vez indicadas, se pulsará en **Siguiente**, y en la nueva ventana se pulsará en **Iniciar la copia de seguridad** para comenzar el proceso.

▸ También es posible **Crear un disco de reparación del sistema**.

Este disco ofrecerá al usuario varias herramientas con las que intentará corregir los errores del sistema y subsanarlos con el fin de que el usuario pueda continuar utilizando el equipo.

Para crear dicho disco, se pulsará sobre **Crear un disco de reparación del sistema**, mostrando una ventana donde se deberá indicar la unidad donde se va a crear el disco de reparación.

Una vez indicada, se seguirán las instrucciones para completar el proceso de creación.

▸ Por último, esta ventana también permite al usuario configurar la **Copia de seguridad del sistema**. Para ello se pulsará **Configurar copias de seguridad**, mostrando una ventana donde se deberá indicar el destino la copia.

Una vez seleccionado el destino, se pulsará en **Siguiente** para continuar con el proceso. El sistema mostrará la siguiente ventana:

¿De qué desea hacer una copia de seguridad?

◉ Dejar a Windows que elija (recomendado)

Windows hará una copia de seguridad de los archivos de datos guardados en bibliotecas, en el escritorio y en las carpetas de Windows predeterminadas. También creará una imagen de sistema, que sirve para restaurar el equipo si deja de funcionar. Se hará una copia de seguridad de estos elementos según una programación regular.

○ Dejarme elegir

Puede seleccionar bibliotecas o carpetas, y si desea incluir o no una imagen de sistema en la copia de seguridad. Se hará una copia de seguridad de los elementos que elija según una programación regular.

En ella se deberá seleccionar si se permite a Windows seleccionar los datos que serán incluidos en la copia o si, por el contrario, será el usuario quien los seleccione.

En el caso de seleccionar esta última opción (no recomendable), el sistema mostrará una ventana donde se deberán seleccionar los datos a incluir en la copia, además de poder incluir o no una imagen de sistema.

Una vez completa, se pulsará en **Siguiente**, mostrando el sistema una ventana con el resumen de las acciones a realizar.

En esta ventana se podrá cambiar la programación de la copia de seguridad. Para ello, se pulsará en **Cambiar programación**.

Programación: Cada domingo a las 19:00 Cambiar programación

Al pulsar, el sistema mostrará una ventana donde, primeramente, se configurará si la copia de seguridad se realiza de forma programada.

En caso afirmativo, será necesario indicar, en las opciones inferiores, la programación de las copias, tal como se puede observar:

¿Con qué frecuencia desea hacer la copia de seguridad?

Se agregarán a la copia de seguridad los archivos que hayan cambiado y los nuevos archivos que se hayan creado desde la última copia de seguridad según la programación que establezca a continuación.

☑ Ejecutar la copia de seguridad de forma programada (recomendado)

Frecuencia: Semanal

Día: domingo

Hora: 19:00

Finalmente, para iniciar el proceso se pulsará en **Guardar configuración y ejecutar copia de seguridad**.

En la parte inferior de la ventana, están disponibles las opciones de restauración, tal como se puede observar:

Restaurar

Puedes restaurar los archivos de los que se ha hecho una copia de seguridad en la ubicación actual.   Restaurar mis archivos

🛡Restaurar los archivos de todos los usuarios

🛡Selecciona otra copia de seguridad de la que restaurar archivos

Entre ellas, se observa la opción de cambiar de copia de seguridad, restaurar solo los archivos del usuario o de todos.

Al pulsar sobre una de estas dos opciones, se podrá navegar por la copia de seguridad para seleccionar los elementos a recuperar, ya sean carpetas o archivos.

Nombre	En la carpeta	Fecha de modifica...	Buscar...
desktop	C:\Users\Usuario2\Co...	16/11/2015 11:44	Buscar archivos
			Buscar carpetas

15.3.2 Herramientas de recuperación avanzada

Dentro de la misma ventana (**Historial de archivos**) se tendrá acceso a tres opciones muy interesantes a la hora de gestionar problemas con el sistema, accesibles pulsando sobre **Recuperación.**

> **Crear una unidad de recuperación**
> Crea una unidad de recuperación para solucionar problemas cuando el equipo no pueda iniciarse.
>
> **Abrir Restaurar sistema**
> Deshace los cambios recientes en el sistema, pero no modifica los documentos, las imágenes ni la música.
>
> **Configurar Restaurar sistema**
> Cambia la configuración de restauración, administra el espacio en disco, y crea o elimina los puntos de restauración.

▼ **Crear una unidad de recuperación**

Al acceder a esta herramienta, el sistema guiará al usuario en la creación de una unidad extraíble, la cual facilitará la restauración o restablecimiento del sistema. Esta recuperación será posible realizarla incluso sin tener acceso al sistema operativo.

▼ **Abrir restaurar sistema**

Esta opción va a deshacer los cambios más recientes en el sistema, pero no va a modificar los documentos del usuario.

Al acceder a la herramienta, se mostrará una ventana con los puntos de restauración disponibles.

Si la protección esta desactivada, el sistema mostrará el siguiente mensaje, indicando que se debe configurar.

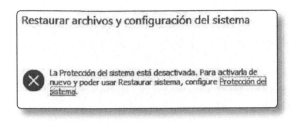

Una vez seleccionado el punto, se deberá pulsar en siguiente y en la nueva ventana, en finalizar, para que comience el proceso.

▼ Configurar Restaurar sistema

Al pulsar sobre esta opción, el sistema abrirá la ventana de **Propiedades del sistema**, en la pestaña **Protección del sistema**.

La opción **Restaurar sistema** llevará al usuario la herramienta explicada en el punto anterior.

La opción **Configurar** va a permitir al usuario activar o desactivar esta herramienta. También va a permitir seleccionar el espacio disponible para realizar los puntos de restauración y la posibilidad de eliminar todos los puntos de restauración.

Por último, la opción **Crear** va a permitir crear un punto de restauración en ese momento. El sistema solicitará un nombre para dicho punto.

15.3.3 Herramientas de recuperación de uso general

Desde el menú de **Configuración**, el usuario también tendrá acceso a más opciones a la hora de recuperar el sistema.

Para acceder, desde la pantalla de **Configuración**, se pulsará en **Actualización y seguridad** y, seguidamente, en **Recuperación**.

La primera opción, **Restablecer este PC**, lanzará un asistente que básicamente reinstalará completamente el sistema operativo, pero el usuario podrá mantener gran cantidad de sus aplicaciones, perfiles y configuraciones después de la instalación.

Al pulsar sobre **Comenzar**, el sistema mostrará la siguiente ventana, donde el usuario debe decidir el proceso a seguir.

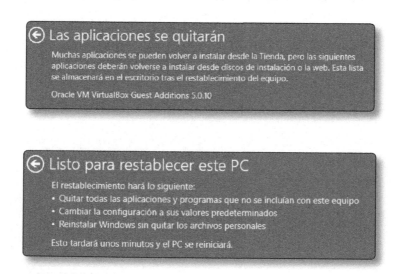

Con la primera opción, **Mantener mis archivos**, el sistema se instalará de nuevo, eliminando las configuraciones y aplicaciones, pero mantendrá los archivos personales.

Con la segunda opción, **Quitar todo**, el sistema se instalará de nuevo, eliminando todo los datos.

Una vez se haya pulsado en **Comenzar** y seleccionada la opción deseada, el sistema indicará en qué consiste el proceso, mostrando avisos sobre el resultado del proceso dependiendo de la elección seleccionada, como los siguientes:

Una vez finalizado el proceso, el sistema se reiniciará de nuevo.

El sistema también generará un informe con aspectos relativos al proceso realizado. En el caso del ejemplo, se puede observar como muestra información respecto a las aplicaciones quitadas en el proceso de restauración del sistema, incluso en este caso, ofrece al usuario información sobre la versión, editor y un enlace a la página de descarga de la aplicación.

La segunda opción disponible en el apartado de **Recuperación** es **Inicio avanzado**, va a permitir al usuario acceder a las opciones de arranque del sistema.

> **(i) NOTA**
>
> Estas opciones también son accesibles si durante el arranque del sistema se presiona la tecla [**F8**], pero en muchos casos es bastante difícil acceder con este procedimiento, por lo que Microsoft ha facilitado el acceso mediante este nuevo procedimiento.

Si se pulsa en **Reiniciar ahora**, el sistema se reiniciará de forma automática, y de igual forma, se accederá a las opciones de arranque avanzadas.

La primera pantalla que se muestra al reiniciar, permite seleccionar entre continuar con la carga normal del sistema, solucionar problemas o apagar el equipo.

En el caso del ejemplo, se pulsará en la segunda opción, mostrando la siguiente ventana:

La opción **Restablecer este equipo** proporciona acceso a las herramientas que ya se han explicado en el epígrafe anterior: **Mantener mis archivos** y **Quitar todo**.

Si se pulsa sobre **Opciones avanzadas**, se accederá a la siguiente ventana:

Las opciones disponibles son:

▼ **Restaurar sistema**. Se abrirá el asistente de Restauración del Sistema de Windows, para utilizar algún punto creado por el sistema operativo o por el usuario para dejar el sistema idéntico a ese estado.

▼ **Recuperación de imagen de sistema**. Se accederá a la recuperación del sistema mediante una imagen creada con anterioridad.

▼ **Reparación Inicio**. El sistema tratará de solucionar problemas comunes con el arranque e iniciar Windows nuevamente.

▶ **Símbolo del sistema**. Abrirá la consola del Símbolo del sistema.

▶ **Configuración de inicio**. Opción que permitirá iniciar Windows, pero con una serie de cambios.

El sistema, al reiniciarse, mostrará la siguiente ventana desde la que se podrá seleccionar la opción deseada a la hora de reiniciar el sistema operativo:

- **Habilitar depuración**. Permite iniciar el sistema mientras se envía información de depuración a otro equipo a través de un cable serie conectado al puerto COM2 a otro ordenador con el *debugger* activo.

- **Habilitar el registro de arranque**. Permite iniciar el sistema mientras se registran todos los controladores y servicios que el sistema cargó, o no, en un archivo. Este archivo se denomina NTBTLOG.TXT (se encuentra en el directorio \windows). El modo seguro, modo seguro con funciones de red y modo seguro con símbolo de sistema agrega al registro de inicio una lista de los controladores y servicios que se han cargado.

- **Habilitar vídeo de baja resolución**. Permite iniciar el sistema con el controlador básico de vídeo de baja resolución (640 x 480). Se utiliza cuando se ha instalado un nuevo controlador para la tarjeta de vídeo que hace que no se inicie correctamente el sistema.

  Siempre se habilita el modo de vídeo de baja resolución cuando se inicia el sistema en modo seguro, modo seguro con funciones de red o modo seguro con símbolo de sistema.

- **Habilitar modo seguro**. Permite iniciar el sistema únicamente con los archivos y controladores básicos: ratón (exceptuando el ratón serie), monitor, teclado, unidades de disco, vídeo de baja resolución, servicios predeterminados del sistema y ninguna conexión de red.

- **Habilitar modo seguro con funciones de red**. Permite iniciar el sistema únicamente con los archivos y controladores básicos indicados anteriormente junto con las funciones de red.

- **Habilitar modo seguro con símbolo del sistema**. Permite iniciar el sistema únicamente con los archivos y controladores básicos indicados anteriormente. Después de iniciar una sesión, se mostrará el símbolo del sistema en lugar del escritorio de Windows.

- **Deshabilitar el uso obligatorio de controladores firmados**. Permite la carga de controladores que no están firmados por Microsoft.

- **Deshabilitar protección antimalware de inicio temprano**. Evita que se inicie el controlador antimalware de inicio temprano, lo que permitiría que se instalaran controladores que podrían contener malware.

- **Deshabilitar reinicio automático tras error**. Evita que Windows se reinicie automáticamente después de haberse producido un error del sistema que produzca un bloqueo. Seleccionar esta opción únicamente en caso de que Windows quede atrapado en un bucle en el que se genera un error, intenta reiniciarse y vuelve a generar el error reiteradamente.

▼ **Revertir a la compilación anterior**. El sistema volverá a una compilación anterior para intentar solventar los problemas. Este proceso no afectará a los archivos personales del usuario, pero se perderán los cambios que se hayan realizado en la configuración y las aplicaciones desde la actualización más reciente.

16

APÉNDICE

16.1 TECLAS DE ACCESO RAPIDO EN WINDOWS 10

▶ [Tecla de Windows] + [A]. Abre el centro de actividades.

▶ [Tecla de Windows] + [C]. Activa el reconocimiento de voz de Cortana.

▶ [Tecla de Windows] + [D]. Muestra el Escritorio.

▶ [Tecla de Windows] + [E]. Abre el Explorador de Windows.

▶ [Tecla de Windows] + [G]. Activa Game DVR.

▶ [Tecla de Windows] + [H]. Activa la función para compartir.

▶ [Tecla de Windows] + [I] .Abre la configuración del sistema.

▶ [Tecla de Windows] + [K]. Inicia "Conectar".

▶ [Tecla de Windows] + [L]. Bloquea el equipo.

▶ [Tecla de Windows] + [U]. Abrir el centro de acceso fácil.

▶ [Tecla de Windows] + [P]. Abre configuración Proyectar.

▼ [Tecla de Windows] + [Q]. Inicia Cortana lista para recibir órdenes de voz.

▼ [Tecla de Windows] + [R]. Ejecutar un comando.

▼ [Tecla de Windows] + [S]. Activa Cortana.

▼ [Tecla de Windows] + [X]. Abre el menú de opciones avanzadas.

▼ [Tecla de Windows] + [T]. Cambiar de aplicación entre las que se encuentran en la barra de tareas (presionar [**Intro**] para elegir).

▼ [Tecla de Windows] + Izquierda. Snap de la ventana activa a la izquierda.

▼ [Tecla de Windows] + Derecha. Snap de la ventana activa a la derecha.

▼ [Tecla de Windows] + Arriba. Snap de la ventana activa a arriba.

▼ [Tecla de Windows] + Abajo. Snap de la ventana activa abajo.

▼ [Tecla de Windows] + [+]. Ampliar o acercar la pantalla usando la lupa virtual.

▼ [Tecla de Windows] + [-]. Alejar o disminuir la pantalla usando la lupa virtual.

▼ [Tecla de Windows] + [Home]. Minimizar todas las ventanas excepto la que estás usando.

▼ [Tecla de Windows] + [Tab]. Visualizar todos los Escritorios y aplicaciones.

▼ [Tecla de Windows] + [,]. Temporalmente oculta todas las aplicaciones para mostrar el Escritorio.

▼ [Tecla de Windows] + [Espacio]. Cambiar el idioma del teclado.

▼ [Tecla de Windows] + Cualquier tecla numeral. Abrir la aplicación de la barra de tareas ubicada en esa posición.

▼ [Tecla de Windows] + [Imp Pant]. Tomar una captura de pantalla y enviarla directo a tu carpeta de imágenes.

▼ [Tecla de Windows] + [Ctrl] + [D]. Crea un nuevo Escritorio virtual.

▼ [Tecla de Windows] + [Ctrl] + Flecha izquierda o derecha. Cambia de Escritorio virtual.

▼ [Tecla de Windows] + [Ctrl] + [F4]. Cerrar el Escritorio actual.

▼ [Tecla de Windows] + [Shift] + Izquierda o Derecha. Mueve la ventana actual de un monitor a otro.

▼ [Tecla de Windows] + [Alt] + [G]. Inicia la grabación de pantalla en la ventana que te encuentras.

▼ [Tecla de Windows] + [Alt] + [R]. Detener la grabación.

▼ [Alt] + Arriba. Subir un nivel en el Explorador de archivos.

▼ [Alt] + Izquierda. Ir a la carpeta anterior en el Explorador de archivos.

▼ [Alt] + Derecha. Ir a la siguiente carpeta en el Explorador de archivos.

▼ [Alt] + [F4]. Cerrar la ventana actual.

▼ [Alt] + [TAB]. Cambia entre las ventanas abiertas en todos los Escritorios.

▼ [Alt] + [Enter]. Mostrar las propiedades del artículo seleccionado.

▼ [Ctrl] + [Shift] + [M]. Restaurar todas las aplicaciones minimizadas.

▼ [Ctrl] + [Shift] + [Esc]. Abrir el administrador de tareas de Windows.

▼ [Shift] + [Borrar]. Borrar archivos permanentemente sin enviarlos a la Papelera de reciclaje.

16.2 ACTUALIZACION 1511,10586.

Microsoft aplica actualizaciones a sus sistemas de forma habitual y continua. Estas actualizaciones son necesarias para que la integridad y la seguridad del equipo no peligren.

Habitualmente, estas actualizaciones corrigen pequeños errores detectados por Microsoft, pero en ocasiones, Windows recibe una actualización de gran volumen, con un gran número de novedades y cambios.

Este tipo de actualizaciones son conocidas en el mundo Microsoft como *ServicePack*. Windows 10, ha recibido en noviembre del 2015 una actualización que, aunque no se ha denominado *ServicePack*, por su tamaño y relevancia podría serlo.

Como ya se vio en el capítulo dedicado a las actualizaciones, Windows 10 se encargará de descargarla e instalarla de forma automática.

Es posible que tras la actualización, algunos programas sean necesario volver a instalarlos.

Las principales novedades de esta actualización son:

▸ **Cortana**. Ahora Cortana reconoce la escritura realizada por el usuario en dispositivos táctiles o utilizando un *Surface Pen*.

▼ **Microsoft Edge**. Ahora permite la sincronización de los favoritos, los ajustes y las listas de lectura entre dispositivos. Para activar esta opción, desde Edge, se accederá a su **Configuración**, activar dicha opción, tal como se observa en la siguiente captura:

Además, se ha añadido la vista previa en las pestañas, facilitando ver el contenido de dichas pestañas sin necesidad de salir de la actual.

▼ **Correo y Calendario**. Permite una mayor personalización de la interfaz y además se han añadido nuevos calendarios (lunares, religiosos, zodiacales, etc.)

▼ **Fotos**. Se ha mejorado la visualización de formatos de imagen, como los archivos GIF.

Ahora permite crear álbumes de fotos manuales y posibilita la sincronización con los demás dispositivos de los usuarios.

▼ **Mapas**. Nuevas opciones disponibles como "Llevar a casa", la cual indicará el trayecto hasta la casa del usuario con una sola pulsación. También se ha mejorado el sistema para evitar el tráfico en las rutas elegidas y por último, una nueva opción que guarda el lugar donde se ha estacionado el coche, para no tener problemas en encontrarlo.

▼ **Xbox**. El usuario podrá acceder a sesiones multijugador más rápido. Se agiliza la búsqueda del contenido multimedia más actual para tener acceso a lo último en cada momento.

▼ **Skype**. Mayor integración de Skype en el sistema, pudiendo realizar llamadas desde el menú de inicio o la barra de tareas.

▼ **Acoplar ventanas**. Ahora *Aero Snap* permite redimensionar automáticamente dos ventanas. Al ajustar una ventana, Windows ajustará automáticamente cualquier ventana adyacente.

Para activar esta opción se deberá acceder a **Configuración - Sistema - Multitarea**.

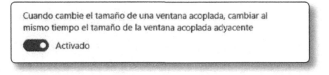

▼ **Reproducir contenido en un dispositivo**. Microsoft Edge incluye una función para enviar contenido multimedia a otro dispositivo compatible con DLNA.

Para activarlo, desde Edge se accederá a su menú, pulsar sobre **Reproducir contenido multimedia en un dispositivo** y elegir dicho dispositivo, el cual debe de encontrarse en la misma red que Windows.

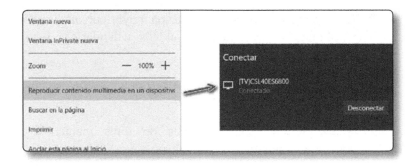

▼ **Instalar aplicaciones en otros dispositivos**. Accediendo a **Configuración – Sistema – Almacenamiento**, el usuario podrá seleccionar la ubicación por defecto para las nuevas aplicaciones, documentos, música, etc. Muy útil para los usuarios con problemas de espacio.

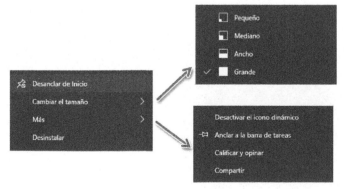

▼ **Rendimiento**. El sistema ha recibido mejoras, gracias a las cuales tanto el arranque como el funcionamiento del sistema son más rápidos y fiables.

▼ **Pantalla de bloqueo**. Ahora se puede configurar como fondo más opciones, como una **Presentación** de imágenes o **Contenido destacado de Windows**. Todo ello configurable desde la opción de **Personalización – Pantalla de bloqueo.**

▼ **Menú de inicio más grande**. Ahora el Menú de inicio es más grande, y permite añadir hasta cuatro columnas para mosaicos.

También se ha modifica la interfaz con los mosaicos, tal como se observa a continuación:

ÍNDICE ALFABÉTICO

Made in the USA
Columbia, SC
18 July 2021